SEX
HERZ &
BINDUNG

für Sandra

Saleem Matthias Riek

SEX
HERZ &
BINDUNG

Dein Liebesleben
selbstbestimmt komponieren

Die Dreieckstheorie der Liebe 2.0

1. Auflage März 2025

Bibliografische Information der Deutschen Nationalbibliothek: Die Deutsche Nationalbibliothek verzeichnet diese Publikation in der Deutschen National-bibliografie; detaillierte bibliografische Daten sind im Internet über http://dnb.dnb.de abrufbar.

info@schule-des-seins.de / www.schule-des-seins.de

Lektorat und Korrektorat: Schule des Seins

Coverfotos: cottonbro studios (pexels) und inarik (istockphoto)

Verlag: BoD · Books on Demand GmbH, In de Tarpen 42, 22848 Norderstedt, bod@bod.de

Druck: Libri Plureos GmbH, Friedensallee 273, 22763 Hamburg

ISBN: 978-3-7693-5075-3

Inhalt

Vorwort

Was gibt es Schöneres als ein erfüllendes Liebesleben? Fällt dir etwas ein? Mir nicht. Mein Leben ist – pathetisch ausgedrückt – eine Ode an die Kunst der Liebe, eine Reise, die mich durch Höhen und Tiefen menschlichen Erlebens geführt hat. Ich habe viel erlebt, einiges gelernt und manches erlitten, persönlich wie professionell. Einige meiner Erkenntnisse möchte ich in diesem Buch mit dir teilen.

Warum fühlen sich manche Begegnungen beglückend an, während andere uns unbefriedigt zurücklassen? Warum gehen Beziehungen in die Brüche, die vielversprechend begonnen haben? Woran liegt es, dass unsere Liebe oder unser Begehren oft nicht so will, wie wir uns das vorstellen? Und wenn es mal gut läuft: Wie sorgen wir dafür, dass diese Erfahrung von Dauer ist?

Auch wenn sich diese Fragen nicht endgültig beantworten lassen, so finden wir doch wertvolle Hinweise im tieferen Verständnis von Sex, Herz und Bindung.

So viel vorab: Mit Sex meine ich nicht allein den sexuellen Akt, mit Herz meine ich nicht, was uns romantisches Kino vorgaukelt, und mit Bindung weit mehr als das gegenseitige Jawort. Es geht um die spezifische Qualität oder Energie, welche die drei wesentlichen Dimensionen unseres Liebeslebens auszeichnet.

In meinem Leben musste einiges passieren, bis ich die Dynamik von Sex, Herz und Bindung besser verstand. Es begann in großer Not.

Die Dornenhecke

Als Teenager war ich in meiner Suche nach Lust und Liebe krass überfordert. Nach ein paar verunglückten Flirtversuchen zog ich mich tief in mich selbst zurück. Die spröde Atmosphäre eines Jungengymnasiums lockte mich auch nicht gerade aus meinem emotionalen Schneckenhaus. Einsamkeit war, trotz einer großen Familie, mein ständiger Begleiter, und so stellte ich mir eines Tages die Frage: Wie lange würde ich das noch aushalten, wie lange noch warten, um die Liebe zu finden, die mich aus meinem Elend befreien würde? Ich setzte mir eine Frist – zwei Jahre noch, dann müsste sich etwas verändert haben, sonst … zum Glück hatte das Schicksal andere Pläne. Kurz nachdem ich sogenannt erwachsen wurde, fand jemand den Weg durch die Dornenhecke meiner Einsamkeit, begrüßte meinen Sex und berührte mein Herz.

Diese *Rettung* war der Beginn einer langen Entdeckungsreise, die auch heute nicht zu Ende ist. Ich mag Sex und ich mag es, aus vollem Herzen zu lieben und ganz besonders mag ich es, wenn beides zusammenkommt und zudem auf Gegenseitigkeit beruht. Leider reicht es dafür nicht, die richtige Partnerin zu finden und sich von ihr *retten* zu lassen. Auch bei mir reichte das nicht. In diesem Buch möchte ich dich mit auf die Reise nehmen durch die üppigen Landschaften der Liebe, die sich manchmal zu undurchdringlichem Dschungel verdichten oder schlicht in Wüsten verwandeln können.

Für wen habe ich dieses Buch geschrieben? Zunächst für alle, die sich nach mehr Erfüllung in ihrem Leben sehnen. In deinen Beziehungen wiederholen sich unerfreuliche Muster, deine Sexualität bleibt unter ihren Möglichkeiten, du fragst dich, was Liebe überhaupt ist? Du genießt dein Liebesleben und möchtest, dass es nachhaltig so bleibt oder bist neugierig auf mehr? Mit alledem bist du hier richtig. Allerdings ist dieses Buch kein Rezeptbuch, sondern erfordert deine Kooperation. Lass dich dazu anstiften, ein wenig weiter zu denken und zu fühlen, als du es gewohnt bist.

Das Buch richtet sich aber auch an alle, die beruflich mit den Themen Liebe, Lust und Beziehung zu tun haben, z. B. als Coach, als Psychotherapeutin oder im Bildungsbereich. Es ist gut möglich, dass dir die Landkarte von Sex, Herz und Bindung, die ich in diesem Buch vorstelle, neue Orientierung und Inspiration verschafft. Sie geht auf die *Dreieckstheorie der Liebe* von Robert Sternberg aus den 1980er Jahren zurück, ich entwickle sie jedoch weiter und entbinde sie von ihrer Normativität. Ich habe das Dreieck in meiner Arbeit als Therapeut und als Seminarleiter vielfältig eingesetzt und erprobt, und es hat sich sowohl dort als auch in meinem Privatleben als sehr hilfreich erwiesen. Es trägt erheblich zum Verständnis von Beziehungsdynamiken bei und all der Hindernisse, die dem Glück in der Liebe im Wege stehen.

Theoretische Abschnitte wechseln sich ab mit Beispielen und praktischen Übungen zur Selbsterkundung. Die Kapitel bauen aufeinander auf, aber wenn dich Themen speziell ansprechen, kannst du gerne zum entsprechenden Kapitel vorblättern. Bei den Beispielen wurden Namen und Details verändert, um eine ausreichende Anonymität zu gewährleisten.

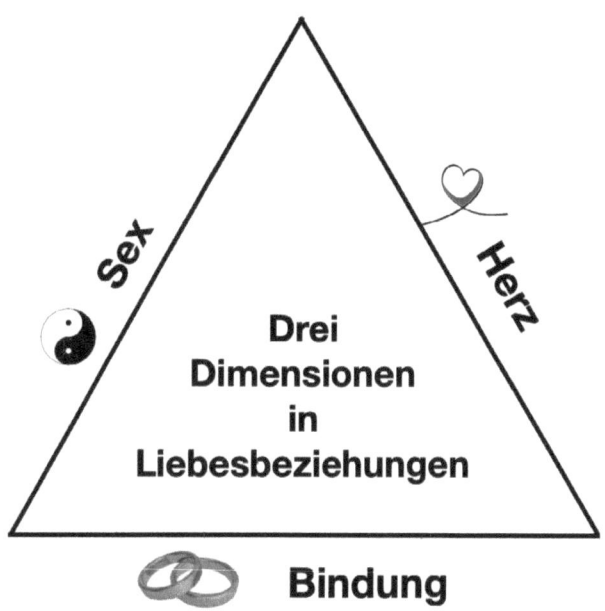

Abb. 1: Sex, Herz und Bindung: die Dreieckstheorie der Liebe 2.0

Was das Gendern angeht, bin ich undogmatisch, es gibt leider keine Ideallösung. Neben dem generischen Maskulinum nutze ich auch das generische Femininum, was auch nicht nur das weibliche, sondern alle Geschlechter meint. Auch weitere Formen wie das Gendersternchen kommen vor. Du darfst dich von allen Formulierungen gleichermaßen angesprochen fühlen – oder auch nicht.

Ich wünsche dir, liebe Leserin, lieber Leser, vielfältige Einsichten in das, was dich in Liebesangelegenheiten bewegt. Zusätzlich bist du eingeladen, immer mal wieder deine Perspektive zu wechseln, um zu erahnen, wie andere Menschen ticken. Auf der Basis gelungener Differenzierung – wo wir jeweils stehen und wohin wir wollen – können wir Brücken zueinander bauen und ein Stück des Weges gemeinsam gehen, bis sich unsere Wege wieder trennen. Sei herzlich willkommen, mich in meinen Gedanken ein Stück des Weges zu begleiten.

Saleem Matthias Riek

im Februar 2025

Einführung

Im Mittelpunkt dieses Buches steht die Triangel aus Sex, Herz und Bindung und die Frage, um was es sich bei diesem Dreieck handelt. Die Antwort scheint auf den ersten Blick banal:

Sexualität bezieht sich auf die körperliche Anziehung zwischen zwei Personen und die körperlichen Aktivitäten, die daraus resultieren. Liebe bezieht sich auf die emotionale Verbindung zwischen zwei Personen und die Gefühle, die daraus resultieren. Bindung bezieht sich auf die langfristige Verpflichtung zwischen zwei Personen, die sich gegenseitig treu und unterstützend sind.[1]

Zufrieden? Dann kannst du das Buch jetzt beruhigt zur Seite legen. Mich befriedigt diese Antwort allerdings nicht. Ich war schon immer viel zu neugierig darauf, all die faszinierenden Phänomene des Lebens in ihrer Tiefe und Komplexität zu begreifen. Woher kommen all die Schwierigkeiten, denen Menschen in ihrem Liebesleben begegnen? All die Dramen, von denen uns Autorinnen und Regisseure aller Sparten erzählen und von denen wir uns fesseln lassen, wenn wir sie nicht gerade selbst aufführen. Es gibt zwischen Himmel und Erde noch viel zu entdecken, insbesondere was uns Menschen erfüllt und beglückt.

Am Anfang einer Entdeckungsreise steht oft eine Sehnsucht, früher oder später begegnen uns dann die diversen Hindernisse. In diesem Buch wie auch sonst im Leben bewegen wir uns immer wieder zwischen verschiedenen Polen. Beginnen wir unsere Reise doch gleich mit einer der brisantesten Polaritäten, wenn es ums Liebesleben geht: Treue und Freiheit.

Verliebt in die Katastrophe

Ich saß im Zug von Münster gen Süden und mir schwante Unheil. Hätte ich lieber nicht anrufen sollen? Hätte ich das nicht erzählen dürfen?
Ein halbes Jahr waren wir erst zusammen und lebten eine Wochenendbeziehung, sie arbeitete als Erzieherin in Düsseldorf, ich studierte Deutsch und Philosophie in Münster. Ich hatte gerade mein erstes philosophisches

Blockseminar hinter mir und war begeistert über die Offenheit und Nähe, die mit einigen Kommilitoninnen entstanden war. Eine gemeinsame Lerngruppe mit dem anderen Geschlecht, aus Schulzeiten kannte ich das überhaupt nicht. Und so erzählte ich am Telefon voller Überschwang: „Ich habe mich in gleich drei Frauen verliebt!" Am anderen Ende der Leitung wurde es still. Ich kam nicht einmal dazu, so etwas Albernes zu sagen wie „Es ist nicht das, wonach es sich anhört!", da war das Gespräch schon zu Ende.

Zwei Stunden später brach die Katastrophe über mich herein und meine innere Welt zusammen. In meiner grenzenlosen Naivität hatte ich geglaubt, dass sich meine Liebste mit mir freuen würde, zumal ich ja wusste, dass „nichts gelaufen" war. Ich hatte in dieser Hinsicht gar keine Ambitionen gehabt, ich war ja froh, nach so vielen Jahren der Einsamkeit endlich in einer festen Beziehung zu leben. Aber dann musste ich die Erfahrung machen, dass ich mich nicht verständlich machen konnte, weder was „verliebt" bedeutet hatte und schon gar nicht in der Frage, ob man mehr als einen Menschen lieben könne oder nicht. Ich lernte, dass dieses Thema rasend schnell zum Minenfeld werden kann.

Ganz aufgegeben habe ich meine Naivität bis heute nicht. Warum können so viele Menschen nicht offen und vertrauensvoll über Liebe jenseits traditioneller Treuevorstellungen sprechen, ohne dass gleich Rollladen heruntergelassen werden oder Tassen durch die Gegend fliegen?

Es gibt kaum eine größere Herausforderung für Paare als den Konflikt zwischen Treue und Freiheit. Beides genießt in unserer Kultur hohes Ansehen, doch die Kombination stellt uns vor schier unlösbare Probleme. Wer sich ganz der Treue verschreibt, verliert seine Freiheit, wer vollkommen frei sein will, kann bestenfalls sich selbst treu bleiben, vielleicht aber nicht einmal das.

Wir könnten diesen Widerspruch als *conditio humana*, als Grundbedingung des Menschseins, anerkennen, analog zu anderen Polaritäten des Lebens. Ob wir es mögen oder nicht, auf jeden Tag folgt eine Nacht, es gibt Männer und Frauen und mit jeder Geburt ist der Tod gesetzt. Zwischen diesen Polen spannt sich das Leben auf. Warum fällt es so schwer zu akzeptieren, dass Treue und Freiheit zwei Bedürfnisse sind, die in einem fundamentalen Widerspruch zueinander stehen? Mit Treue legen wir uns fest und begrenzen unsere Freiheit, in Freiheit lösen wir uns von Festlegungen und begrenzen möglicherweise unsere Bereitschaft zur Treue. Ein echtes Dilemma. Wie gehen wir damit um? Gibt es dafür überhaupt eine Lösung?

In diesem Buch geht es vorrangig um die Dynamik einzelner menschlicher Beziehungen, doch diese ist mit kollektiven Vorstellungen eng verschränkt, beide hängen voneinander ab. Ob und in welcher Weise zwei Menschen sich frei lassen oder einander treu sind, ist wesentlich von gesellschaftlichen Einstellungen mitbeeinflusst. Die großen Religionen haben uns über Jahrtausende hinweg vorgeschrieben, wie Liebe zu verstehen sei und auch der Staat spricht ein Wörtchen dabei mit, welche Art von Beziehung sozial, finanziell und rechtlich gefördert und welche sanktioniert wird.

Verletzungen in der „Black Box"

Vor diesem Hintergrund ist es nicht verwunderlich, dass sich die Frage, wie wir Liebe leben, in jeder intimen Beziehung neu stellt. Nach meiner Beobachtung resultieren die größten Enttäuschungen nicht durch einen Mangel an Liebe oder Sex, wie viele glauben, sondern durch unseren Umgang mit dem Thema Bindung. Was macht eine befriedigende Bindung aus, wie entsteht sie und wie können wir sie wieder lösen, ohne uns unnötig zu verletzen?

Die Antwort befindet sich allzu oft in einer „Black Box", sie entzieht sich unserer Aufmerksamkeit und zieht Konsequenzen nach sich, die wir nicht verstehen. Stattdessen versuchen wir unverdrossen, Liebe und Sexualität zu optimieren. Das kann uns durchaus voranbringen, doch wenn unsere Schwierigkeiten Symptome problematischen Bindungsverhaltens darstellen, können wir sie nur in dessen Kontext verstehen und verändern.

In der Psychologie wurde viel über die Bedeutung von Bindung in der frühkindlichen Entwicklung geforscht. Es ist unumstritten, dass Partnerschaftsprobleme oft durch Bindungsmuster aus der Kindheit entstehen, die in erwachsenen Liebesbeziehungen reaktiviert werden. Das gehört schon zur Allgemeinbildung[2]. Leider hat diese Erkenntnis wenig dazu beigetragen, die wir die Dimension von Bindung in erwachsenen Liebesbeziehungen bewusster gestalten. Die Rolle kindlicher Vorerfahrungen in erwachsenen Beziehungen zu verstehen, ist ein wichtiger Schritt. Aber was dann? Die Antwort auf diese Frage wird durch romantische Mythen ersetzt.

Die große Verheißung

Eine Liebesbeziehung beginnt, indem sich zwei Menschen ineinander verlieben, das erscheint selbstverständlich. Sie fühlen sich zueinander hingezogen, lassen sich aufeinander ein, verlieben sich, schlafen miteinander, entwickeln eine gewisse Vertrautheit und dann sind sie ein Paar. Die Reihenfolge kann variieren, doch ohne Verliebtheit? Nein! Sie gilt heutzutage als Basis romantischer Liebe, hat aber einen gravierenden Nachteil: Verliebtheit können wir nicht herstellen, sie entzieht sich der Planbarkeit. Sie gilt als Geschenk des Himmels oder Schicksal, manchmal auch als Katastrophe, aber wir können sie willentlich kaum beeinflussen. Vielleicht können wir sie notfalls unterdrücken, doch wenn ihr nichts entgegensteht, verheißt sie uns den Weg ins Beziehungsparadies.

Dass Verliebtheit nur zu Liebe reifen kann, wenn wir in der Lage sind, auftretende Differenzen erfolgreich zu bewältigen, kommt in den Mythen selten vor. In zahllosen Varianten wird ewig junge Verliebtheit besungen, sie steht im Zentrum von Gedichten und Popsongs, von Romanen, Opern und Operetten, von bildender Kunst, Kino- und Fernsehfilmen. Diese Geschichten haben wir in die Zellen unseres Körpers aufgesogen, die Sehnsucht nach Verliebtheit erscheint als Ausdruck unseres Wesenskerns. Nur ungern mögen wir sie hinterfragen. Wir unterwerfen uns voller Inbrunst ihrer Macht.

Du bist die Rose meiner Liebe,
Die Ros' auf meines Herzens Flur
Es waren andre Blumentriebe
Vorahnung meiner Rose nur.
Es kam der Flor, dass er zerstiebe,
Verschwinden musste jede Spur,
Dass Raum für meine Rose bliebe,
Die mir zu bleiben ewig schwur.

Friedrich Rückert[3]

Liebe nüchtern betrachtet

Die Wissenschaft entzieht sich der Mystifizierung romantischer Liebe, indem sie ihre Bestandteile analysiert. Daraus können wertvolle Erkenntnisse gewonnen werden, doch ihr Gültigkeitsbereich ist limitiert:

1. Die Naturwissenschaft stößt an die Grenzen ihres materialistischmechanistischen Weltbildes, wenn sie sich Liebe und Begehren lediglich als Wirkung chemischer Substanzen im Körper vorstellen kann. Hormonelle und neurobiologische Prozesse stehen in enger Wechselbeziehung zu unseren Empfindungen, aber das bedeutet nicht, dass sie deren Ursache sind.

2. Die Evolutionsbiologie verengt ihre Perspektive auf Überlebensvorteile, die angeblich unsere Liebes-Präferenzen in einem über Jahrmillionen während Prozess determiniert haben.

3. Die naturwissenschaftlich orientierte Psychologie beschränkt sich freiwillig auf die Analyse beobachtbarer Verhaltensweisen und verbannt Einfühlung ins Reich der Spekulation.

Der geisteswissenschaftliche Horizont ist weiter gespannt. Hier finden wir Ansätze, die unsere Motive und deren lebensgeschichtliche Entwicklung zu erfassen suchen. Das Beobachtbare gilt nur als die Spitze des Eisberges, denn seit Sigmund Freud ahnen wir, das große Teile unseres Denkens, Fühlens und Verhaltens von unbewussten Triebkräften gesteuert werden. Über Unbewusstes lässt sich prächtig spekulieren, qua Definition aber kaum Exaktes herausfinden. Den Theorien über Wesen und Struktur der menschlichen Psyche sind keine Grenzen gesetzt, doch sie lassen sich weder verifizieren noch falsifizieren.

Die Methode der Introspektion kann wertvolle Verständnisansätze zutage fördern und auch dieses Buch ist wesentlich von meiner Selbsterforschung inspiriert. Allerdings sagen auf Innenschau aufbauende Theorien oft mehr über ihre Urheber als über den Gegenstand ihrer Forschung aus. Das muss kein Nachteil sein, wenn die subjektive Komponente transparent ist. Durch Introspektion öffnen wir unserer Kreativität Tür und Tor, aber auch verschiedensten Formen von Ideologie, einem bedeutsamen Gegenspieler von Erkenntnis. Dazu später mehr (ab Seite 140).

Nicht nur in der Wissenschaft, sondern auch in unseren persönlichen Weltanschauungen gibt es höchst unterschiedliche Perspektiven, aus denen heraus wir unser Liebesleben betrachten. Haben wir unsere Sichtweise bewusst gewählt? Oft eher nicht. Es lohnt sich näher hinzuschauen und dieses Buch stellt dafür vielfältige Anregungen zur Verfügung. Die Art und Weise, wie wir Kontakte und Beziehungen gestalten, ist eng mit Verletzungen verknüpft, die wir im Laufe unseres Lebens erlitten haben. Aus diesen Erfahrungen heraus entwickelt sich unsere Sicht auf alle Facetten naher Beziehungen. Ohne eingehende Reflexion halten wir unsere Überzeugungen für allgemeingültig. Ein emotional vernachlässigtes Kind wird später womöglich einen stärkeren Wunsch nach fester Bindung haben als ein Mensch, der in seiner Kindheit mit Fürsorge überflutet wurde. Solange uns unsere spezifischen Prägungen nicht bewusst sind, interpretieren wir Liebe, Sex und Bindung aus unserer eigenen

Warte, ohne es zu bemerken. Wir nehmen unsere persönlichen Bindungsmuster als Blaupause für das Phänomen Bindung insgesamt.

Wenn die Affäre auffliegt

Peter und Maria waren mehr als zwanzig Jahre zusammen, als für die beiden eine Welt zusammenbrach. Peter hatte eine heimliche Affäre und war damit aufgeflogen. Maria wollte die Beziehung sofort beenden, was Peter jedoch nicht akzeptierte. Warum willst du dich trennen, wo ich dich doch liebe? Was ich mit Britta erlebe, hat mit uns gar nichts zu tun. Und außerdem ist es vorbei.

Dann fassten die beiden einen folgenreichen Entschluss. Sie saßen zusammen vor der Internetsuchmaschine und gaben die Frage ein: „Muss man sich nach einem Seitensprung trennen?" Schließlich landeten sie in einer Paartherapie und hatten Glück. „Die Therapeutin hat uns von Anfang an klar gemacht, dass es viele Möglichkeiten gibt, Liebe zu leben und mit Treue oder Untreue umzugehen. Sie werde uns nicht sagen, was richtig und was falsch ist. Das müssten wir schon selbst herausfinden."

Es wurde ein mühsamer Prozess, in dem sie herausfanden, warum sie Monogamie niemals in Frage gestellt hatten und was der Preis vermeintlicher Selbstverständlichkeit war: Heimlichkeit. Maria entdeckte, dass sie sich niemals erlaubt hatte, andere Männer attraktiv zu finden und dass letzten Endes auch Peter darunter zu leiden hatte, weil sie ihn irgendwann nicht mehr begehrte. Peter hatte sie nie bedrängt, das wäre ihm widerlich vorgekommen. Stattdessen hatte er sich in eine sexuelle Fantasiewelt zurückgezogen. Als etwas von seiner Traumwelt die Chance bekam, Wirklichkeit zu werden, konnte er nicht widerstehen. Doch seine Schuldgefühle führten zu einem baldigen Ende der Affäre. „Dass ich damals das Handy mit ihrer Nachricht so offen habe liegen lassen … ich hielt das damals für den größten Fehler meines Lebens. Heute denke ich, das war die Rettung."

Es ist nicht entschieden, wie es weiter geht, aber inzwischen sind beide dankbar für die Offenheit, mit der sie jetzt über Bedürfnisse, Wünsche und Ängste sprechen können. Es eröffnen sich Optionen, die ihnen ohne die Krise nie in den Sinn gekommen wären.

Neugierig forschen

Wenn wir neugierig sind, können wir auch anders. Wir können Bindungsmuster als solche erkennen und Unvorstellbares wird möglich. Könnte Eifersucht etwas Anderes anzeigen als die Gottgegebenheit von Monogamie? Ist erotische Langeweile die Folge eines natürlichen Nachlassens sexueller Begierde in langjährigen Beziehungen oder gibt es andere Gründe? Können wir unser Liebesleben in weit größerem Ausmaß steuern als bisher angenommen, ohne auf seine Magie zu verzichten? Um solche Fragen beantworten zu können, müssen wir besser verstehen, was in der Black Box (oder in der rosaroten Box) geschieht, wenn wir uns verlieben.

Um es vorwegzunehmen: Wir wissen es nicht. Nichtwissen steht in unserer Kultur nicht hoch im Kurs, doch die Bereitschaft dazu stellt in intimen Beziehungen eine Kernkompetenz dar. Wann immer wir zu wissen glauben, wie der andere tickt, verschließen wir uns vor möglichen Überraschungen. Die Annahme zu wissen, was eine erfüllende Partnerschaft ausmacht, begrenzt uns auf das, was wir bereits kennen. Alles zu wissen mag erstrebenswert erscheinen, ist aber selten erfüllend.

Warum dann nicht in seliger Unwissenheit verharren? In diesem Buch geht es nicht primär um Wissen, obwohl ich zuweilen die Wissenschaft zitiere. Es geht um Bewusstsein. Es geht nicht um Antworten, es geht um bessere Fragen. Wer sich mit Wein nicht auskennt, wird den edlen Tropfen kaum vom Durchschnitt unterscheiden können. Kenntnisse führen zu tieferer Aufmerksamkeit, größerer Differenzierung und mehr Genuss. Wenn wir nicht bei den Kenntnissen stehen bleiben, sondern sie als Sprungbrett für unsere Neugier nutzen, wächst mit jedem Erkenntnisgewinn die Magie des Nichtwissens. Wenn die nachfolgenden Kapitel mehr Fragen aufwerfen als sie beantworten, muss das also nicht zu deinem Nachteil sein.

- Im **ersten Teil** geht es um die Bedeutung und Dynamik der Zahl drei, es geht um die Grundlagen unserer Liebesfähigkeit und darum, wie sich diese in Kindheit und Adoleszenz entwickeln.
- Im **zweiten Teil** tauchen wir tief in die drei Dimensionen ein, die im Mittelpunkt dieses Buches stehen: Sex, Herz und Bindung. Was macht sie in ihrem Wesen aus und wie nehmen wir ihre Qualität und Energie konkret wahr?
- Im **dritten Teil** gehe ich im Detail darauf ein, wie wir typische Verwechslungen vermeiden, welche Rolle Bewertungen spielen und wie wir Defizite und Fixierungen überwinden können, um eine für uns passende Komposition aus Sex, Herz und Bindung zu ermöglichen.
- Der abschließende **vierte Teil** beleuchtet die Bedeutung von Perspektivwechseln und wie wir jenseits ideologischer Verengungen zu einer Beziehungsgestaltung finden, die unsere persönlichen Bedürfnisse und Prägungen berücksichtigt.

Eher theoretische Ausführungen werden durch zahlreiche konkrete Beispiele, lebensnahe Erfahrungsberichte und Übungen zur Selbsterkundung illustriert und ergänzt. Du kannst das Buch von vorne bis hinten durchlesen oder gezielt zu den Kapiteln springen, die dich am meisten ansprechen. Dich interessiert vor allem „Was ist Sex?", „Was ist Liebe?" oder „Was ist Bindung?" Dann lies vielleicht das entsprechende Kapitel zuerst. Oder lass dich Schritt für Schritt zu den Kernfragen dieses Buches hinführen.

Genug der Vorrede, nun kann unsere Reise beginnen.

Teil 1

Grundlagen
unserer
Beziehungsfähigkeit

1. Aller guten Dinge sind drei

„Heute back' ich, morgen brau' ich, übermorgen hol ich
der Königin ihr Kind." (Brüder Grimm)[4]

Bei Lust und Liebe denken die meisten Menschen an Zweisamkeit. Doch wenn
wir zu zweit nicht weiterkommen – was leider immer wieder vorkommt –
brauchen wir etwas Drittes, das uns aus der Polarisierung herausführt. Das
muss keine dritte Person sein, wir müssen dafür weder eine Beziehung öffnen
noch eine Therapeutin aufsuchen, obwohl auch das hilfreiche Optionen sein
können. Schauen wir uns die Bedeutung der Drei näher an. Hat sie eine besondere Relevanz für unser Thema?

Die Bedeutung der Drei

Wir begegnen der Drei in vielerlei Zusammenhängen, beispielsweise in der
Familie (Mutter, Vater, Kind), Religion (die Dreieinigkeit von Vater, Sohn und
Heiliger Geist) oder in der Politik (Freiheit, Gleichheit und Brüderlichkeit). In
vielen Märchen hören wir „Drei Wünsche hast du frei!" Auch in der Liebe
wurde bereits vor Jahrtausenden die Dreiheit hervorgehoben, z. B. bei den alten
Griechen in Form von Eros, Philia und Agape[5].

Oft wird der Drei eine gewisse Magie[6] zugesprochen: „Die Drei, das Maß aller
guten Dinge". Steckt mehr dahinter als pure Zahlenmystik? Ich denke ja. Nach
der Eins, welche wir als Symbol für die Einheit allen Seins verstehen können,
und der Zwei, die Unterscheidung und Polarität in die Welt bringt, stellt die
Drei die elementarste Struktur dar, welche Unterschiede integrieren kann. Doch
die Integration von Unterschieden oder gar Gegensätzen stellt uns vor große
Herausforderungen, sie ist kein Selbstläufer.

In der Entwicklung unserer Liebesfähigkeit kommt dem Schritt von zwei zu
drei Personen besondere Bedeutung zu. Aus der Symbiose von Mama und
ihrem Baby wird ein Dreieck, sobald Papa (oder eine andere nahe Bezugsper-
son) hinzukommt und dem Kind die Welt jenseits der Mutter-Kind-Dyade eröffnet. Dieser Prozess kann tiefe Krisen mit sich bringen, doch eine erfolgreiche

„Triangulierung" gilt als wesentliche Voraussetzung für die Entwicklung von Beziehungsfähigkeit.

Ein Dreieck bietet einerseits mehr Stabilität (man stelle sich einen Stuhl auf zwei Beinen vor) und Entfaltungsraum, andererseits besteht immer die Möglichkeit, dass sich zwei gegen einen verbünden oder ihn ausschließen. Nicht zuletzt deswegen gelten Dreierkonstellationen im Liebesleben als besonders brisant. Zugleich bringen Impulse von außen Lebendigkeit in die Zweisamkeit. Zeichnen sich gelingende Beziehungen womöglich durch ihre Offenheit gegenüber einer dritten Perspektive aus, die sie über konfliktträchtige Polaritäten wie Autonomie versus Zugehörigkeit oder Sex versus Herz hinauswachsen lässt?

Auch für meine Arbeit stellte die Öffnung gegenüber einer dritten Dimension einen Meilenstein dar. Früher hat mich vor allem die Dynamik von Sex und Herz beschäftigt, auf die ich in den Büchern Herzenslust[7] und Herzensfeuer[8] ausführlich eingegangen bin. Sowohl unsere Sexualität als auch unser Herz gut zu spüren und beides einfühlsam zu verbinden, genau das macht eine gute Beziehung aus, so dachte ich. Dann kam ich zunehmend der dritten Dimension auf die Spur, die entwicklungspsychologisch gesehen sogar grundlegender ist: Bindung. Mir wurde klar, dass Prozesse rund um das Phänomen der Bindung mindestens ebenso viel Aufmerksamkeit verdienen wie Sex und Herz. Was verhalf mir zu dieser Erkenntnis?

Auf Drama programmiert

Ich wusste, dass sie sich auf der Suche nach einem festen Partner befand. Sie wusste, dass ich bereits in festen Händen war und meine Partnerin nicht verlassen würde, auch wenn wir eine Nacht zusammen verbringen. Sie wollte auf keinen Fall Geliebte sein, ich war offen für eine intime Begegnung, wollte mich aber auf keinen Fall deswegen trennen. Warum ließen wir uns dennoch aufeinander ein und wurden bald ein Paar? Die Sollbruchstelle war von Anfang an offensichtlich. Das Drama war somit vorprogrammiert, auch wenn es noch eine Weile dauerte, bis es mit Wucht über uns hereinbrach.

Als wir später die Beziehung beendeten, lag es nicht am Sex, der auch nach vielen Jahren noch quicklebendig war. Es lag auch nicht an mangelnder Liebe, wir konnten trotz unserer Differenzen immer wieder unsere Herzen füreinander öffnen. Was nicht zueinander passte, war etwas Drittes, was ich heute der Domäne der Bindung zuordnen würde: unsere unterschiedlichen Vorstellungen von Treue und Partnerschaft. Wir konnten das jahrelang aus-

*blenden, waren blind vor lauter Lust und Liebe, bis wir die Augen davor
nicht mehr verschließen konnten.*
*Neben meinen persönlichen Erfahrungen waren auch meine Beobachtun-
gen im Seminarraum höchst aufschlussreich. Ich konnte häufig miterleben,
wie Bindungen zwischen Teilnehmenden entstanden und sich wieder lös-
ten, ersteres meist mit Glücksgefühlen, letzteres oft mit viel Schmerz verbunden. Musste das so sein? Gab es etwas, das wir regelmäßig übersahen?
Aus der Polarität wurde ein Dreieck, das weitere Polaritäten offenbart.*

Die Dreieckstheorie der Liebe

Eine der interessantesten Theorien über die Liebe ist das Modell von Robert
Sternberg[9]. Er geht davon aus, dass sich Liebe aus den drei Komponenten Leidenschaft (passion), Vertrautheit (intimacy) und Entschiedenheit (commitment)
zusammensetzt. Seine Theorie findet bis heute großen Anklang und wird auch
im deutschsprachigen Raum häufig zitiert, obwohl seine einschlägigen Texte
nicht ins Deutsche übersetzt wurden.

Sternbergs Landkarte kann entscheidend dabei helfen, die Dynamik in Liebesbeziehungen besser zu verstehen. Ich habe seine Theorie im Rahmen der Re-
cherche für dieses Buch wiederentdeckt und war zunächst begeistert. Es besteht
eine große Verwandtschaft zum Dreieck aus Sex, Herz und Bindung. Fast hätte
es sich erübrigt, dieses Buch zu schreiben.

Bei näherer Betrachtung stellte ich jedoch wesentliche Unterschiede fest. Während intimacy tatsächlich als Herzensqualität verstanden werden kann und
passion als Qualität des Eros, so stellt commitment nur die Spitze des Eisberges
dar, der Bindung ausmacht, nämlich nur deren sichtbaren und bewussten Teil.
Der bewusste Entschluss oder gar die lebenslange Entscheidung sich zu binden, sind zwar eine besonders klare Manifestation von Bindung, doch der viel
größere Teil des Bindungsgeschehens wird von unbewussten Bindungsbedürfnissen und Bindungsängsten gesteuert. Es findet unterhalb unseres Radars
statt, wodurch unser Liebesleben und speziell die Partnerwahl zur Lotterie
wird, vorzugsweise zum Sechser im Lotto. Mit derlei Unwahrscheinlichkeiten
mochte ich mich nicht abfinden und wollte herausfinden, wie Bindungen auch
auf unterbewusster Ebene zustande kommen und sich lösen. Mit einem ver-
tieften Verständnis, so meine Hypothese, lässt sich die Wahrscheinlichkeit einer
gelingenden Beziehung deutlich erhöhen.

Und tatsächlich: Vor dem Hintergrund von Sex, Herz und Bindung als eigen-
ständigen Dimensionen können wir rätselhafte Phänomene unseres Liebes-

lebens – solche, die uns beglücken und solche, die uns quälen – sinnvoller einordnen. Was genau macht diese drei Dimensionen in ihrem Wesen aus? Wie interagieren sie, wie kommen sie sich in die Quere oder bilden eine beglückende Synergie?

Wie wichtig diese Fragen sind, möge folgende Analogie veranschaulichen. Jedes Gericht enthält verschiedene Zutaten, die wir mehr oder weniger herausschmecken können oder auch nicht. Was wir genießen, ist jedoch das Gericht als Ganzes. Die Zutaten und deren wohldosierte Kombination zu kennen, ist für den späteren Genuss nicht entscheidend, für das Gelingen der Zubereitung allerdings schon. In Liebesbeziehungen sind in verschiedener Gewichtung immer alle drei „Zutaten" beteiligt; wenn es gut schmeckt, ist die Kenntnis ihrer Zusammensetzung und Zubereitung nicht wichtig. Wenn es aber nicht schmeckt und wir etwas an der Zusammensetzung ändern wollen, dann sehr wohl. Obwohl im Erleben alles „in einen Topf" wandert, ist es doch sinnvoll, mehr über die Zutaten und deren Wechselwirkungen zu wissen.

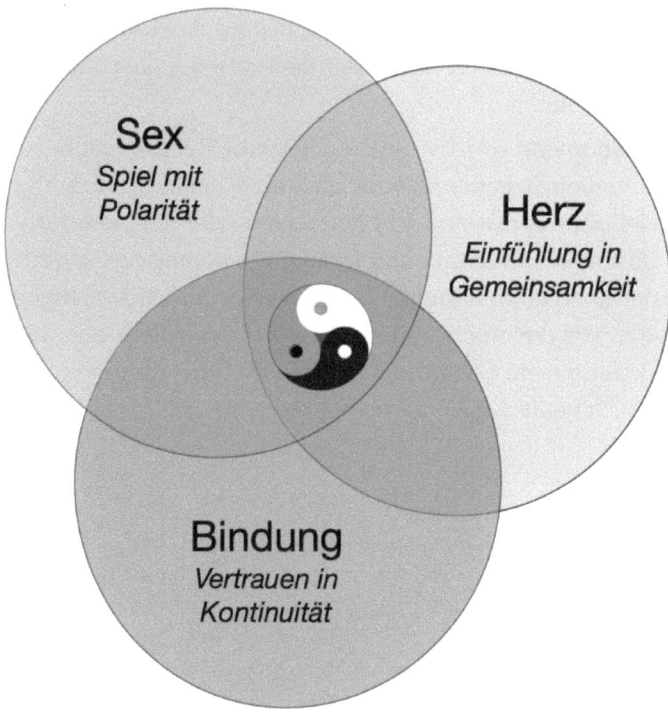

Abb. 2: Sex, Herz und Bindung: drei Kreise mit Schnittmengen

Anders als die Zutaten eines kulinarischen Gerichts existieren die drei Kreise (siehe Abbildung 2) auch unabhängig voneinander und sind in ihrer jeweils eigenen Qualität „genießbar". Doch erst in einer gelungenen Komposition entfalten sie ihr volles „Aroma". Was es kompliziert macht: Es gibt keine Konstellation, die für alle Menschen gleichermaßen erfüllend wäre. Wir Menschen sind – zum Glück – unterschiedlich und genauso divers sind auch die Beziehungen, die uns beglücken oder bedrücken. Anstatt ein allgemeinverbindliches Idealbild vorzustellen (wie es die meisten Religionen getan haben), möchte ich mit meiner Landkarte helfen, dich im Dschungel der Liebe besser zu orientieren und deinen eigenen Weg zu finden.

Es gibt Pfade, die zielführender sind als andere. Das hängt nicht nur von der Begehbarkeit des Pfades ab, sondern auch vom jeweiligen Ziel, von deinen Wünschen und Sehnsüchten. Entscheidend ist auch, inwieweit wir in der Lage sind, Hindernisse rechtzeitig zu erkennen und zu überwinden, denn Hindernisse finden sich – zumindest beim Thema dieses Buches – auf jedem Weg. Mal zeigt ein veralteter Wegweiser in die falsche Richtung, mal liegt ein Tabu wie ein Baumstamm quer über den Weg, mal ist die Brücke der Kommunikation zeitweilig gesperrt und wir müssen wohl oder übel unsere Pläne ändern und einen Umweg in Kauf nehmen.

Viele spannende Phänomene werden uns auf unserer Reise begegnen, von denen dir manche vielleicht bekannt oder gar allzu bekannt vorkommen. Andere wirst du vielleicht in neuem Licht betrachten oder sind neu für dich. So erweitern wir unsere Ortskenntnis und lernen, die Verantwortung für ein erfüllendes Liebesleben zu übernehmen. Die dafür erforderlichen Fähigkeiten haben wir teilweise bereits erworben, andere gilt es noch zu entwickeln. Werfen wir also einen Blick auf unsere Lehrjahre: Welche Prägungen bringen wir mit und wie wirken sie sich heute aus?

2. Die Wurzeln unserer Beziehungsfähigkeit

„Aus einer schlechten Verbindung kann man sich
schwerer lösen als aus einer guten." (Whitney Houston)[10]

In Beziehungen versuchen wir eine Vielfalt körperlicher, emotionaler und sozialer Bedürfnisse erfüllt zu bekommen, was längst nicht immer gelingt. Wie komplex dieses Geschehen sein kann, zeigt die nachfolgende Grafik.

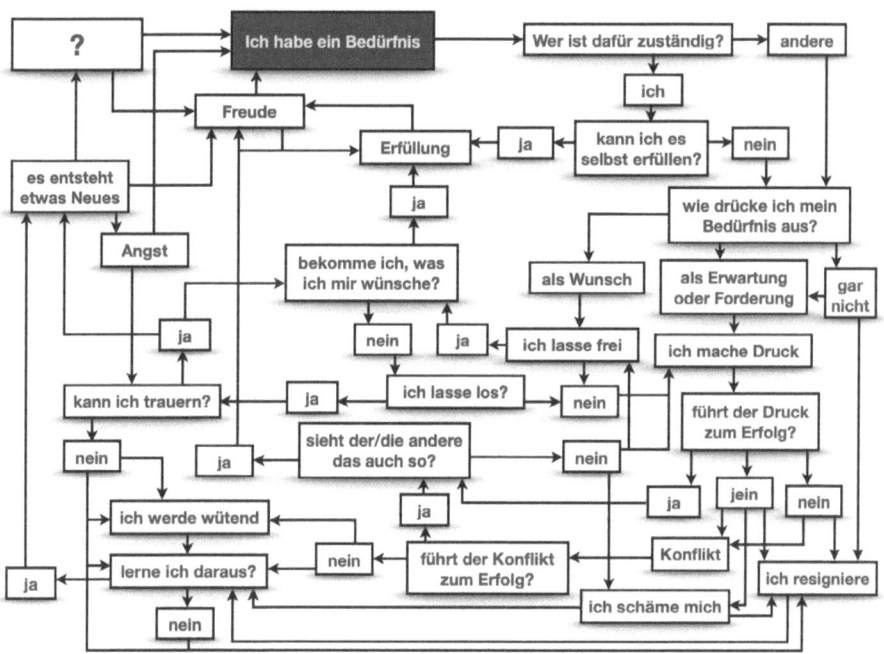

Abb. 3: Der Umgang mit Bedürfnissen gleicht zuweilen einem Labyrinth

An dieser Stelle eine kleine Warnung: Sich die eigenen Schwächen im Beziehungsverhalten einzugestehen, ist weder leicht noch angenehm. Es kann verlockend erscheinen, stattdessen einfach auf den oder die Richtige zu warten, mit der wir all das erleben können, was wir uns erhoffen und ersehnen. Leider geht diese Rechnung selten auf. Je klarer uns das wird, desto eher sind wir hinreichend motiviert, den manchmal schmerzhaften Blick nach innen zu wagen und uns zu fragen: Wie stehen wir unserem Beziehungsglück im Weg? Wie konnte es dazu kommen? Welche Ressourcen könnten uns weiterhelfen?

Wer diese Fragen scheut oder mit dem *Inneren Kind* längst im Reinen ist, kann dieses Kapitel und vielleicht auch das nächste zum Thema Pubertät getrost überspringen und sich gleich mit Sex, Herz und Bindung näher befassen.

Es ist längst kein Geheimnis mehr: Die Basis für unsere Beziehungsfähigkeit und -unfähigkeit entwickelt sich in den ersten Lebensjahren. Schauen wir uns diesen Prozess genauer an. Wir wirken sich frühe Erfahrungen später aus?

Wenn das Innere Kind weinen darf

Ich war dreiundzwanzig Jahre alt, fühlte mich aber wie drei. Zitternd hielt ich den Hörer in der Hand und brachte vor Tränen kein Wort heraus. Obwohl es weh tat, war es eine Erleichterung, endlich weinen zu können. Dass meine Freundin einen Lover hatte, das hatte ich seit Wochen gewusst, aber erst gestern hatte sie mir klargemacht: Sie wird mich verlassen. Seitdem befand ich mich im Schock, starrte die Wände an und aß nichts mehr. Meine Mitbewohner hielten das nicht mehr aus, wählten die Nummer einer Therapeutin und hielten mir den Hörer hin.

Ich musste nichts sagen, sie hörte einfach meinem Weinen zu. Nach Minuten des Schweigens sagte sie: „Du fühlst dich wie ein kleines Kind, oder? Kannst du dir vorstellen, dieses kleine Kind in den Arm zu nehmen und es weinen zu lassen, solange es will? Du hältst es im Arm und bist für es da. Meinst du, du könntest das tun?"

Das konnte ich natürlich nicht, stattdessen weinte ich umso heftiger. Erst viel später begriff ich, was die Therapeutin für mich getan hatte. Es waren weniger ihre Worte, sondern dass sie einfach für mich da war. Diese Erfahrung tat, bei allem Schmerz, unglaublich gut. Ich hätte nie gedacht, dass füreinander da zu sein so wichtig ist. Hatte meine Freundin mich verlassen, weil ich für sie nicht wirklich da gewesen war?

Was uns in nahen Beziehungen gelingt oder misslingt, hat seinen Ursprung meistens in Kindheitserfahrungen. Kinder brauchen – neben materiellem Versorgtsein – vor allem liebevolle Aufmerksamkeit für ihre körperlichen, emotionalen und geistig-seelischen Bedürfnisse. Es ist nicht lange her, da wurde das noch anders gesehen. Bis in die zweite Hälfte des letzten Jahrhunderts wurden Mütter davor gewarnt, ihre Kinder zu „verhätscheln“. Besonders einflussreich war im deutschsprachigen Raum Johanna Haarer mit ihrem Buch aus der Zeit des Nationalsozialismus. Falls ein Kind schreit und der Schnuller als „Beruhigungsmittel“ versagt, forderte sie: „Dann, liebe Mutter, werde hart! Fange nur ja nicht an, das Kind aus dem Bett herauszunehmen, es zu tragen, zu wiegen, zu fahren oder es auf dem Schoß zu halten, es gar zu stillen.“[11]

Die Auswirkungen derart rabiater Erziehungsmethoden habe ich noch persönlich zu spüren bekommen. Durch einen rigorosen 4-Stunden-Takt beim Stillen habe ich früh gelernt, dass sich niemand um meinen Rhythmus schert. Wer sich anpassen muss, bin ich. Statt meine Wünsche zu äußern, habe ich gelernt, mich innerlich zur Verfügung zu halten, bis sich jemand etwas von mir wünscht. Mit etwas Glück würden sich die Wünsche decken. Es hat lange gedauert, mich aus dieser Prägung zu befreien, und bis heute ist mir das nicht vollständig gelungen.

Die kindlichen Entwicklungsphasen

Je nachdem, wie unsere kindlichen Bedürfnisse beantwortet wurden, haben wir eine gewisse Bindungsfähigkeit entwickelt oder – wenn es gravierende oder chronische Defizite gab – Bindungsstörungen. Deren Ausprägung hängt von den Phasen ab, in denen grundlegende Bedürfnisse unerfüllt blieben. Ein kurzer Überblick:

1. **Symbiose im Mutterleib.** Schon vor der Geburt können Erfahrungen im Mutterleib tiefgreifende Spuren in unserer Psyche hinterlassen. Die emotionale Verfassung der Mutter beeinflusst den Embryo, obwohl dieser sich dessen nicht bewusst ist und er sich ganz auf die Versorgung durch die „Gebärmutter“ verlässt.

2. **Geburt.** Die Geburt, natürlicherweise vom Kind selbst eingeleitet, zählt zu den prägendsten Erlebnissen im Leben. Ihr Verlauf kann euphorisierend bis traumatisch wirken und langfristige psychische Folgen haben.

3. **Vorbindung.** In den ersten Lebensmonaten signalisieren Neugeborene durch reflexartiges Verhalten ihre Bedürfnisse und bauen so eine erste Beziehung zu ihrer Umwelt auf. Je nachdem, wie adäquat auf diese Signale reagiert wird, entsteht ein mehr oder weniger großes Grundvertrauen ins Leben.

4. **Erste Bindung.** Zwischen zwei und sechs Monaten beginnen Babys, ihre Bezugspersonen zu unterscheiden und eine primäre Bindung, meist zur Mutter, aufzubauen. In dieser Phase kann Vertrauen weiter wachsen, es können sich aber auch gravierende Ängste ausbilden, wenn das Kind zu früh allein gelassen wird oder seine Grenzen missachtet werden.

5. **Bindungshierarchie.** Vom sechsten Monat an bis zum Alter von zwei Jahren entwickelt das Kind eine Bindungshierarchie, Hauptbezugsperson bleibt meistens die Mutter. Das Kind lernt, Nähe und Distanz zu regulieren, wobei fehlende elterliche Präsenz diesen Prozess verzögern oder unterminieren kann.

6. **Gegenseitigkeit.** Ab zwei bis drei Jahren werden die Beziehungen zunehmend durch Gegenseitigkeit geprägt. Kinder beginnen, die Absichten anderer zu verstehen und mit ihnen zu verhandeln. Ab drei bis fünf Jahren können sie sich in Zustände anderer Personen hineinversetzen. In Abgrenzung zu anderen bilden sie ein Selbstkonzept und Selbstwertgefühl aus und lernen, eigene Fähigkeiten, Eigenschaften, Einstellungen und Wertvorstellungen von denen anderer zu unterscheiden.

7. **Mit Identitäten spielen.** Im Spiel mit anderen Kindern und durch Rollenspiele beginnt das Kind, verschiedene Identitäten zu erforschen und auch mit seiner Geschlechtsidentität zu experimentieren. Diese Phase ist wichtig für die Entwicklung seines Selbstbewusstseins im Spannungsfeld zwischen eigenen Bedürfnissen und gesellschaftlichen Erwartungen.

Bindungsstile

Mit zunehmendem Alter erinnern wir uns kaum noch an die ersten Phasen unseres Lebens, und doch lassen sich typische Verhaltensweisen, die wir in Partnerschaften an den Tag legen, regelmäßig auf diese Zeit zurückführen. Was wir in jungen Jahren erleben, wird Teil unseres Selbstbildes, vor allem wenn es sich wiederholt. Wir verinnerlichen unsere Bindungserfahrungen und erschaffen uns dafür innere Ablagefächer oder Schubladen, sogenannte *Repräsentationen*, in denen wir wiederholte Beziehungserfahrungen sammeln und zu einem Muster von Gefühlen und Einstellungen zu Beziehungen verdichten.

Insbesondere die Fähigkeit, Nähe und Distanz zu regulieren, ist bei vielen Erwachsenen erstaunlicherweise kaum weiterentwickelt als bei einem Kleinkind. Wenn es gut lief, fühlten wir uns sicher und entwickelten uns weiter. Doch wenn wir uns nicht willkommen fühlten oder unsere Autonomiebestrebungen untergraben oder forciert wurden, steckt uns das noch in den Zellen. Jahrzehnte später können wir demzufolge unterschiedliche Kontaktbedürfnisse mit unserem Partner leicht und moderat verhandeln oder wir neigen dazu, Konflikte zu provozieren bzw. uns resignativ zurückzuziehen. Unsere kindlichen Erfahrungen und die daraus entstandenen Beziehungsformen sind uns oft nicht bewusst. Sie steuern aber – insbesondere in überfordernden Situationen – unsere typischen Verhaltensweisen, die wir mit dem Begriff „Bindungsstil"[12] zusammenfassen können. In der Psychologie werden dafür häufig folgende Kategorien verwendet, vielleicht hast du sie schon einmal gehört:

1. **Sichere Bindung.** Du vertraust darauf, dass deine Bedürfnisse gesehen und berücksichtigt werden.

2. **Unsicher vermeidende Bindung.** Du erwartest lieber nicht zu viel, um nicht enttäuscht zu werden

3. **Unsicher ambivalente Bindung.** Aus alten Verletzungen heraus neigst du zu intensiven emotionalen Reaktionen, von Anhänglichkeit bis zu Wutausbrüchen.

4. **Desorganisierte Bindung.** Du spürst dich kaum, verhältst dich unberechenbar und kannst kaum echte Resonanz mit einem Gegenüber aufbauen.

Erkennst du dich in einer der Kategorien wieder? Kategorien werden selten unserer Individualität gerecht und unser Bindungsstil ist so einzigartig, wie wir es sind. Doch es gibt typische Tendenzen. Beim Bindungsstil geht es im Wesentlichen darum, wie wir mit der Polarität aus

- *Sicherheit, Geborgenheit und Schutzbedürfnis* einerseits und
- *Abenteuerlust, Entdeckerfreude und Risikobereitschaft* andererseits

umzugehen gelernt haben.

Sicherheit und Abenteuer

Die Polarität von Sicherheit und Abenteuer beschreibt das Wechselspiel zwischen kindlichem Bindungsbedürfnis und Erkundungswillen. Es pendelt zwischen der Suche nach Schutz bei Mama oder Papa und dem Drang nach Entdeckung hin und her. Eine sensible Unterstützung dieses Wechselspiels durch die nahen Bezugspersonen fördert die Entwicklung eines sicheren

Bindungsstils, der sich durch ein entspanntes Verhältnis zu Nähe und Risiko sowie ein gewisses Vertrauen in Beziehungen auszeichnet. Fehlt diese Unterstützung, etwa durch Überbehütung, Distanzierung oder unberechenbares Verhalten der Eltern, kann dies zu unsicheren Bindungsstilen führen, im Extremfall zu Bindungsstörungen, die eine intensive Therapie erfordern. Unsicherheiten aus der Kindheit können demnach zu anklammerndem, vermeidendem oder ambivalentem Verhalten im Erwachsenenalter führen, wobei ambivalente Bindungen durch ihre Unvorhersehbarkeit oft für alle Beteiligten besonders verletzend und schmerzhaft sind.

Wie Erfahrung uns bindet

Unsere frühesten Lebenserfahrungen prägen uns, fast wie bei Graugänsen, die allem folgen, was sie direkt nach dem Schlüpfen zu sehen bekommen. Beim Menschen ist die Prägung flexibler und komplexer, doch auch wir binden uns an die unmittelbare Erfahrung mit unserer Umgebung, sei es an die Stille in unserem Bettchen, die Angst vor Überforderung, das Chaos der Unberechenbarkeit oder gar Gewalt. Nicht immer führt eine solche Bindung zur Nachahmung; manchmal meiden wir genau das, was uns geprägt hat, indem uns ständig streitende Eltern z. B. besonders konfliktscheu werden lassen.

Mit zunehmender Reife entwickeln wir innere Ressourcen, sogenannte Repräsentanzen, die für eine Weile das ersetzen, was uns im Außen fehlt. In diesem Prozess helfen oft Ersatzobjekte wie Stofftiere oder Teddybären, welche uns Geborgenheit vermitteln, bis wir das Gefühl von Geborgenheit soweit verinnerlicht haben, dass wir es auch ohne äußere Stimulation empfinden können.

Wir binden uns nicht nur an Menschen, sondern auch an Tiere, leblose Objekte, Situationen und Fantasien bis hin zu verinnerlichten Regeln und Glaubenssätzen. Dementsprechend sind unsere Bindungsmuster mehr oder weniger flexibel bzw. starr. Wenn Kinder lebendige Resonanz erfahren, indem nahe Bezugspersonen empathisch auf sie eingehen und ihre Bedürfnisse berücksichtigen, entwickeln sie das Vertrauen, dass Beziehungen spontan, variabel und dennoch verlässlich sein können. Bevor die Sprache in den Vordergrund rückt, sind vor allem Stimme, Berührungen, Gesten, Mimik und Blicke wichtige Kommunikationskanäle, in denen einfühlsame Resonanz zum Ausdruck gebracht werden kann.

Fühlt sich ein Kind häufig alleingelassen oder missverstanden oder erlebt die Art und Weise, wie mit ihm kommuniziert wird, nicht als Antwort auf seine

Lebensäußerungen, findet es wenig Halt in nahen Beziehungen. Es sucht dann auf andere Weise nach Sicherheit, beispielsweise durch emotionalen Rückzug oder Anpassung. Ein Baby, das schreiend im Bett liegen gelassen wird, kann sich nicht mit dem Gedanken beruhigen, dass Mama vielleicht gerade Wichtigeres zu tun hat. Im Alter von fünf Jahren kann es schon eher verstehen, dass Mama z. B. ein Spiel unterbricht, um Essen zu kochen. Zur lebendigen Resonanz gehört nicht zuletzt auch der Respekt für unsere Grenzen, wenn wir z. B. Omas Küsschen oder Tätscheleien nicht mögen. Respekt für ein Nein erfahren zu haben, erleichtert es uns später, die Grenzen anderer zu respektieren, während häufige Übergriffe uns später möglicherweise selbst zu Tätern werden lässt.

Wenn die Resonanz ausbleibt

In einem Video[13], das ich auf der Website einer Traumatherapeutin fand, wird eindrücklich gezeigt, wie ein sicher gebundenes Baby mit seiner Mutter kommuniziert. Es wedelt mit den Armen, lächelt, stößt glucksende Laute aus und freut sich, dass die Mutter einfühlsam und in der gleichen „Sprache" antwortet. Als kleines Experiment friert die Mutter für eine Weile ihre Mimik und Gestik ein und betrachtet das Kind wie versteinert. Das Kind zeigt zunächst seine Verunsicherung und fängt kurz darauf an zu quengeln und zu weinen.

Als Zuschauer atmete ich auf, als das Experiment abgebrochen wurde. Die Mutter antwortet wieder empathisch, wenig später fasst das Kind wieder Vertrauen und kehrt zu lebendiger Kommunikation zurück.

Kinder, die nicht sicher gebunden oder gar traumatisiert sind und deren Lebensäußerungen selten passende Resonanz gefunden haben, finden nach einer solchen Störung nicht so schnell zum Vertrauen zurück. Sie quengeln oder schreien viel länger oder ziehen sich so weit in sich selbst zurück, dass sie kaum noch erreichbar sind. Letztere Kinder leiden später sehr häufig an schweren Bindungsstörungen.

Je nach Alter suchen wir unterschiedliche Formen von Resonanz. Ein Baby braucht weniger Herausforderung als Sicherheit, Nähe und Kontakt. Je mehr wir dann die Welt erkunden können und wollen, desto mehr brauchen wir die Ermutigung, eigene Erfahrungen zu machen, auch wenn wir dann mal auf die Nase fallen. Wiederum etwas später konfrontieren uns Mama und Papa damit, dass auch sie eigene Bedürfnisse haben und dass die Erfüllung unserer Bedürfnisse nicht immer unmittelbar erfolgen muss, sondern verhandelbar wird.

Bindungsfähigkeit entwickelt ein Kind nicht durch abstrakte Regeln, sondern indem es nach und nach Mitgefühl entwickelt und versteht, dass sich die Welt nicht immer nur um es selbst drehen kann und muss.

Kindliche Sexualität jenseits erwachsener Projektionen

Wie gesagt, angemessene Resonanz bedeutet je nach Altersstufe etwas anderes. Im Bereich kindlicher Sexualität ist dies besonders heikel. Auch wenn Sexualität im engeren Sinne erst in der Pubertät aufblüht, so hat die sexuelle Entwicklung schon viel früher begonnen. Was genau ist kindliche Sexualität, was macht sie aus? Wie würde sie sich zeigen, wenn sie sich auf „natürliche" Weise entwickeln könnte? Die Antwort liegt weitgehend im Dunklen. Was wir darüber zu wissen glauben, ist unvermeidlich durch die Brille unserer erwachsenen Sexualität geprägt. Das kann dazu führen, dass Kindern eine erwachsene Form von Sexualität unterstellt wird und sie damit überfordert oder gar missbraucht werden. Unzählige Missbrauchsskandale in Kirchen, in Sportvereinen, aber auch im Umfeld der sogenannten sexuellen Revolution in Folge der 68er Jahre erzählen diesbezüglich eine traurige Geschichte. Doch die Existenz kindlicher Sexualität komplett zu verleugnen, um bloß nicht schuldig zu werden, ist auch keine Lösung. Fehlende Resonanz lässt Kinder verkümmern, dies gilt auch für ihre Sexualität und stellt ebenfalls eine gravierende Verletzung dar. Aber was bedeutet heilsame Resonanz und worin unterscheidet sie sich von einem Missbrauch?

Keine leichte Frage, der Grat dazwischen ist schmal. Wir können aber unser Nichtwissen und unsere Unsicherheit zum Anlass nehmen, besonders achtsam zu sein und auf die Signale zu horchen, die Kinder aussenden. Das ist nicht einfach. Kinder müssen aufgrund ihrer Abhängigkeit von uns Erwachsenen ihr Bedürfnis nach Autonomie hinter dem nach Angenommensein und Zugehörigkeit zurückstellen und sind daher besonders anfällig für Missbrauch. Vermeintlicher Konsens ist trügerisch, denn es besteht immer die Möglichkeit, dass Kinder Zustimmung zu etwas signalisieren, was sie überhaupt nicht wollen, nur um angenommen und geliebt zu werden.

Das Thema ist heikel und ich möchte es hier nicht weiter vertiefen. Doch unsere grundlegende Unsicherheit bezogen auf kindliche Sexualität anzuerkennen birgt eine Chance, die auch erwachsener Sexualität zugutekommen kann. Bei aller Aufklärung, bei allem Wissen: Sex bleibt etwas Geheimnisvolles. Wir können uns nie sicher sein, was er in uns und in unserer Partnerin berührt und wohin er uns führt. Wir können das bedauern, uns aber auch damit anfreunden. Unsicherheit als Ressource, das ist in unserer Kultur keineswegs selbstverständlich. Wir kommen später darauf zurück. (Seite 64)

Übung 1: Die Wurzeln deiner Beziehungsfähigkeit erkunden

Ziel: Die Übung soll dir dabei helfen, alte, vielleicht unbewusste Verletzungen oder Muster zu erkennen, die sich in heutigen Beziehungen wiederholen. Durch das bewusste Erforschen dieser Themen können sich neue Wege der Verbindung zu dir selbst und zu anderen Menschen öffnen.

1. **Einstimmung.** Finde einen ruhigen Ort, an dem du dich ungestört auf die Übung einlassen kannst. Schließe die Augen und nimm ein paar tiefe Atemzüge. Erlaube dir, in diesem Moment präsent zu sein. Beantworte dann in Gedanken oder schriftlich die folgenden Fragen. Lass dir Zeit und erlaube dir, ehrlich mit dir selbst zu sein.

2. **Kindheitserfahrungen**
   - Wie hast du als Kind Liebe und Zuneigung erfahren? Wurdest du mit Nähe überschüttet oder war die Atmosphäre in deiner Familie eher distanziert?
   - Gab es Menschen in deiner Kindheit wie Eltern, Großeltern oder Geschwister, von denen du dir mehr Aufmerksamkeit und Zuwendung gewünscht hättest?
   - Welche Art von Beziehung hattest du zu deinen Eltern? War sie stabil, wechselhaft, konfliktreich oder unsicher?
   - Gab es Situationen, in denen du dich verlassen, nicht gesehen oder ungenügend gefühlt hast? Wie bist du mit diesen Gefühlen umgegangen?
   - Wie wurde auf deine unterschiedlichen Bedürfnisse und Gefühlsäußerungen eingegangen?
   - Was fällt dir spontan noch zu deiner Kindheit ein?

3. **Aktuelle Beziehungsmuster**
   - Wie erlebst du heute deine Beziehungen? Inwieweit fühlst du dich in der Lage, emotionale Nähe zuzulassen und Vertrauen zu entwickeln?
   - Neigst du dazu, dich in Beziehungen zurückzuziehen oder klammerst du eher? Wovon denkst du, wird dieses Verhalten beeinflusst?

- Welchen wiederkehrenden Herausforderungen begegnest du in Beziehungen (z. B. Eifersucht, Angst vor Ablehnung, Bedürfnis nach Kontrolle)?
- Welche Verbindungen siehst du zwischen den Erfahrungen in deiner Kindheit und deinen heutigen Beziehungsdynamiken?

4. **Begegnung mit deinem Inneren Kind.** Schließe erneut die Augen und stelle dir vor, du begegnest deinem jüngeren Selbst – deinem inneren Kind. Wie alt ist dieses Kind? Wie sieht es aus, was fühlt es in diesem Moment? Nimm dir einige Minuten Zeit, um dieser Version von dir zu begegnen. Frage dieses Kind:
   - Was brauchst du, um dich sicher und geliebt zu fühlen?
   - Was fehlt dir, welche Verhaltensweisen haben dich verletzt oder tun dir weh?
   - Was wünscht du dir von den Erwachsenen um dich herum?

   Höre auf die Antwort deines inneren Kindes. Es kann dir Hinweise geben, wie du heute mit dir und deinen Beziehungsbedürfnissen umgehst.

5. **Integration und Abschluss.** Nimm dir Zeit, die gewonnenen Einsichten zu integrieren. Wie kannst du die Bedürfnisse deines inneren Kindes in deine erwachsenen Beziehungen einbringen? Gibt es etwas, was du heute anders machen möchtest? Schreibe abschließend auf, wie du deine Beziehungsfähigkeit weiterentwickeln möchtest. Zum Beispiel:
   - Ich werde meine Bedürfnisse genauer erspüren und mitteilen
   - Ich werde mich meiner Angst vor Zurückweisung stellen

Sich den eigenen Bindungsstil und dessen Entstehungsgeschichte bewusst zu machen, ist ein wesentlicher Schritt in Richtung Beziehungsfähigkeit. Ich kenne niemanden, der oder die in der Kindheit keinerlei Wunden davongetragen hat. Der Unterschied liegt in unserem Umgang damit. Wir können uns in den oft reflexhaften Verhaltensweisen und einengenden „Mindsets" (den Perspektiven auf uns selbst und auf die Welt) häuslich einrichten. Wir können uns aber auch von all dem verabschieden, was wir uns damals unbewusst angeeignet haben, um uns vor Schmerz zu schützen. Wie dieser Abschied gelingen kann und was darauf folgt, damit werden wir uns in den folgenden Kapiteln immer wieder beschäftigen.

Fassen wir nochmal zusammen: Die meisten Verletzungen in der Kindheit hatten mit fehlender oder nicht ausreichender Resonanz zu tun. Wann immer lebendige und empathische Resonanz ausbleibt – auf welcher Ebene auch immer – tendieren wir dazu, uns weniger an lebendige Menschen zu binden, sondern eher an leblose Objekte oder fixe Ideen: an materielle Güter, Gewohnheiten, Regeln, Glaubenssätze oder Ideologien. So entstehen besondere Formen von Bindungsmustern, die in der zivilisierten Welt so verbreitet sind, dass sie als normal gelten und kaum auffallen. Wir vertiefen uns lieber in unser Smartphone oder schauen einen aufregenden Film, anstatt das Leben diesseits des Bildschirms spannend zu gestalten. Um uns sicher und geborgen zu fühlen, konsumieren wir was das Zeug hält, anstatt uns z. B. bei jemandem anzukuscheln. Gesellschaftlich sind wir anfällig für Demagogen und Populisten, die durch einfache Botschaften trügerische Sicherheiten vermitteln. Und in unseren Beziehungen halten wir an fixen Vorstellungen und Erwartungen fest und meiden Überraschungen und Risiken.

All das spiegelt sich auch in unserem Erleben und Verhalten rund um Lust und Liebe, um die es vorrangig in diesem Buch geht. Halten wir lieber an alten Gewohnheiten fest, sind wir anfällig für falsche Propheten oder machen wir uns voller Neugier auf unseren eigenen Weg? Was würde es bedeuten, wirklich erwachsen zu werden?

Bevor wir – mehr oder weniger – erwachsen werden, stehen uns die Herausforderungen der Pubertät ins Haus. Unsere Sexualität erwacht in eine neue Dimension, wir suchen neue Bezugspersonen und brechen womöglich aus den Konventionen unserer kindlichen Umgebung aus. In der Pubertät haben wir die Chance, uns neu zu erfinden, während Bindungsmuster aus früherer Kindheit zunächst weiter wirksam bleiben. Wie gehen wir mit diesem Chaos um? Was brauchen wir in dieser Phase, um später im erwachsenen Leben unsere „Reifeprüfungen" zu bestehen, die nahe Beziehungen für uns bereithalten?

3. Erwachsen werden

„Altern ist naturbedingt und unvermeidlich –
Erwachsen werden dagegen ist eine Option." (Willi Meurer)[14]

Die Entwicklung unserer Persönlichkeit ist niemals abgeschlossen, sie begleitet uns von der Wiege bis ins Grab. Was wir Persönlichkeit nennen, entsteht aus der Interaktion unseres individuellen genetisch-biologischen Erbes mit unserer Umwelt, besonders mit unseren Bezugspersonen. Jede Phase unserer Entwicklung hinterlässt Spuren. Je nachdem, wie weit wir die jeweiligen Herausforderungen unserer Kindheit bewältigt haben, sind wir heute in der Lage, unser eigenes Leben zu leben.

Um die volle Verantwortung für uns übernehmen zu können, müssen wir uns aus der existenziellen Nähe derjenigen Bindungen lösen, die unser Leben und Überleben erst möglich gemacht haben. Es ist kein Wunder, dass uns dieser Prozess auf besondere Weise herausfordert, und er spitzt sich in der Lebensphase zu, in der „die Eltern schwierig werden": in der Pubertät. Jetzt gilt es, in eigener Regie soziale Kompetenzen zu entfalten wie Kommunikation, Gespür für Gerechtigkeit, Bereitschaft zu Kooperation, Streben nach Erkenntnis sowie Sinn für Moralität, Freiheit und Gemeinwohl. Das Ich entwickelt sich im Kontakt mit einem Du, aber das Du ist jetzt keine biographische Konstante mehr, sondern kann und darf selbst gewählt werden.

Neustart in der Pubertät

Die Pubertät geht mit fundamentalen Veränderungen einher. Durch die hormonelle Umstellung verändert sich der Körper und das körperliche Empfinden. Auch wenn wir davon ausgehen, dass bereits Kinder sexuelle Wesen sind: In der Pubertät erwacht die Sexualität zu unbekannter Qualität und Intensität, verbunden mit Verwirrung und enormen Gefühlsschwankungen. Dazu kommt der Drang, sich von den Eltern und deren Weltsicht abzugrenzen und eigene Vorlieben, Interessen und Weltanschauungen zu entwickeln.

Eltern oder Lehrer taugen jetzt immer weniger zur Orientierung. Neben der Peergroup spielen Idole aus den Sozialen Medien, aus Kino, Sport und Popkultur eine wichtige Rolle. Wenn wir vor Eintritt der Pubertät genügend innere Sicherheit aufbauen konnten, können wir mit verschiedenen Formen von Bindung experimentieren. Beziehungen entstehen und enden schleichend, können aber auch plötzlich beginnen oder abbrechen, bis wir herausfinden, welche Menschen und welche Kultur oder Subkultur zu uns passen und welche nicht.

Wer zuvor keine stabile Bindungsfähigkeit aufbauen konnte, bleibt eher an der erstbesten Bindungsmöglichkeit hängen, um endlich der Kindheit zu entkommen. Wir verlieben uns „unsterblich", bis wir irgendwann aus dem süßen Traum aufwachen, was auch zu einem bösen Erwachen werden kann.

Orientierungslosigkeit und haltlose Bedürftigkeit machen anfällig für emotionalen und auch sexuellen Missbrauch, was z. B. von „Loverboys" gnadenlos ausgenutzt wird. Drogenmissbrauch oder Anfälligkeit für politischen Extremismus können ebenfalls Symptome einer inneren Haltlosigkeit sein; oft kommt es auch zum Rückzug in einen inneren Kokon, von dem aus überhaupt keine belastbaren Bindungen mehr eingegangen werden. Die Angst vor einer Bindung – oder die Sehnsucht danach – kann so übermächtig werden, dass die Abnabelung von zuhause gradewegs in bittere Einsamkeit führt.

Im Selbstbild gefangen

Wie nahe ich diesem Schicksal gegen Ende meiner Pubertät war, habe ich bereits geschildert. Während andere sich auf Partys herumtrieben, habe ich philosophische Texte gelesen und ausgewählte Werke der Weltliteratur studiert. Nach einem verunglückten Kussversuch im zarten Alter von 14 hatte ich das Thema Mädchen abgehakt und mich in meine innere Welt zurückgezogen. Nach einer weiteren Enttäuschung in der Tanzstunde war mein Mut, auf Mädchen zuzugehen, auf den Nullpunkt gesunken; dass sich ein Mädchen für mich interessieren könnte, erschien nun absolut ausgeschlossen. Ich war in meiner Innenwelt eingeschlossen, was niemandem aufzufallen schien, auch meinen Eltern nicht.

Ich hatte die 50 überschritten, als ich von einer unbekannten Frau seltsame Nachrichten bekam. Typischer Fall von Lockangebot, um mir für das Alte-Freunde-Portal einen Premiumaccount zu verkaufen, dachte ich. Dann kam eine detailliertere Nachricht, die mich aufhorchen ließ. „Hallo Matthias, erinnerst du dich an mich? Wir waren als Teenager mal in Paris. Wie geht es dir?" Da ich mich an keinen Paristrip erinnern konnte, antwortete ich nicht. Doch sie ließ nicht locker. „Ich bin die Schwester von Jörg aus dem

Schwimmverein. Du hast einen Zwillingsbruder und dein Vater war Arzt."
Wow, sie musste mich tatsächlich gekannt haben! Einige Mails später – inzwischen hatte sie mir ein Beweisfoto von uns vor der Pariser Notre-Dame geschickt – war genügend Neugier in mir geweckt und wir verabredeten uns in einem Café meiner Heimatstadt. Nach einer Stunde Smalltalk kam ihr Geständnis. „Weißt du noch, wie wir immer nebeneinander auf der Wärmebank des Hallenbades saßen?" „Ich kann mich leider nur sehr vage erinnern", druckste ich herum. In Wahrheit konnte ich mich überhaupt nicht erinnern. Doch inzwischen dämmerte es mir, was sie bald offenbaren würde. Aber nein, das konnte ja gar nicht sein!
Es konnte. „Ein Jahr lang habe ich dich angeschmachtet und du hast nichts davon gemerkt, oder? Es ist 35 Jahre her, aber ich musste immer mal wieder an dich denken. Du warst so anders als die anderen Jungen. Ich musste unbedingt erfahren, was aus dir geworden ist. War das ein Hirngespinst oder bist du wirklich anders? Es ließ mir keine Ruhe."

Da hatte ich im Schwimmverein Woche für Woche meine Runden gedreht, aber dass sich ein Mädchen für mich interessierte, war so weit jenseits meines Selbstbildes, dass es ihr unmöglich erscheinen musste, mich anzusprechen. Trotzdem hatte sie etwas von mir mitbekommen und war wenig überrascht, von meiner Karriere als Tantralehrer zu erfahren.

Die Begegnung hat mich nachhaltig beeindruckt. Ihre Offenbarung hat mein damaliges Selbstbild voll über den Haufen geworfen. Ein Satz von ihr auf der Wärmebank, und womöglich wäre alles ganz anders gelaufen.

Wie viele Jugendliche teilen ein ähnliches Schicksal, trauen sich nicht, sich mit ihren Wünschen und Ängsten zu zeigen und bleiben einsam – auch wenn sie äußerlich vielleicht nicht so allein sind, wie ich es damals war?

Das Bindungssteuer selbst in die Hand nehmen

Die wesentliche Aufgabe in der Pubertät ist der Wechsel von vorgegebenen familiären Bindungen zu solchen, die aus eigenem Antrieb aufgebaut werden, eine bis dahin beispiellose Herausforderung. Wir haben nun die Wahl, aber spüren wir überhaupt, was wir wollen und was nicht? Trauen wir uns, damit sichtbar zu werden? Die neuen Bindungen – wenn sie denn zustande kommen – sind erstmal brüchig, das kann kaum anders sein. Haben wir genug inneren Halt und Geduld, um die Unzuverlässigkeit der Welt aushalten und neue Zugehörigkeiten entwickeln zu können? Selbst wenn unsere Eltern sich verständnisvoll zeigen, können sie einem das Risiko nicht abnehmen, schmerzhaft enttäuscht zu werden. Zuverlässige Bedürfnisbefriedigung steht jetzt nicht mehr im Vordergrund, sondern die Inbesitznahme eigener Autonomie. Nicht jede schafft es in dieser Phase, das häusliche Nest von Mama und Papa zu verlassen, manche Kinder wohnen weit über ihre Volljährigkeit hinaus bei ihren Eltern. Noch häufiger aber wohnen die Eltern in ihnen: Als verinnerlichte Instanz geben sie weiter den Ton an.

Rebellion scheint eine naheliegende Möglichkeit, sich zu lösen und hilft, elterliche Werte und Normen zu hinterfragen oder zurückzuweisen. Aber auch Rebellion bewahrt uns nicht vor der Gefahr, innerlich stecken zu bleiben. Womöglich begehren wir lebenslang gegen Autoritäten auf, ohne die innere elterliche Autorität jemals zu entmachten.

Wenn mit dem Ende der Pubertät die Wirren und Kämpfe nachlassen, haben wir in der Regel eine eigene, stabilere Persönlichkeit aufgebaut. Jugendlichen mit früher Bindungsstörung fehlt dieses Fundament. Stabilität kann allerdings sowohl Fluch als auch Segen sein, eine solide Basis für innere Freiheit oder ein Gefängnis. Es gehört zu den Herausforderungen des Erwachsenwerdens, den Unterschied zu erkennen. Die Fähigkeit zu persönlicher Eigenständigkeit und Verantwortlichkeit kann von außen unterstützt, aber nicht erzeugt werden, das wäre ein Widerspruch in sich.

Die weitere Entwicklung der Persönlichkeit findet nun weniger in Abhängigkeit von bestimmten Personen statt, sondern durch eine selbstbestimmte Auseinandersetzung mit Menschen unserer Wahl, im risikoreichen Zusammenspiel und in Resonanz mit Lebensbedingungen und Erfordernissen. Ein wichtiger Teil dieses Prozesses besteht darin, unmittelbare Impulse zügeln zu lernen, mögliche Konsequenzen unseres Handelns zu überdenken und Alternativen abzuwägen. Das verleiht Handlungsfreiheit, nicht zuletzt mit Bezug darauf, mit *wem* wir *wie* unser Leben verbringen. Doch was wir in früheren Bindungen an Verletzungen erlebt haben, wirkt weiter und lässt uns womöglich zwischen Anpassung und Rebellion hin und her pendeln, solange wir noch keinen ruhenden Pol in uns selbst entwickeln konnten. Das geschieht allerdings meist erst in reiferem Alter.

Wie Teenies sich binden

Da Teenager naturgemäß anfällig für Stimmungsschwankungen sind, stürzen sie sich Hals über Kopf in neue Bindungen hinein, können sich aber auch auf lähmende Weise verunsichert fühlen. Hormone, Mythen und Medien machen es ihnen nicht unbedingt leichter. Hier einige Facetten des typischen pubertären Durcheinanders:

- Die hormonelle Umstellung beschert eine ganze Palette neuer Empfindungen, die integriert werden müssen. Kommunikation kann helfen, doch obwohl das Thema Sex nicht mehr so tabuisiert ist wie früher, ist die Gefahr von Beschämung und Überforderung nach wie vor groß.
- Sind Pornos hilfreich, bevor die erste sexuelle Begegnung stattfindet, oder befördern sie die pubertäre Verunsicherung?
- In erstaunlicher Gleichzeitigkeit zum verbreiteten Pornokonsum besteht das romantische Ideal fort, den Sex für die große Liebe zu reservieren.
- Da familiäre Zuwendung an Bedeutung verliert, stellt sich immer heftiger die Frage: Wer liebt mich? Wen kann ich lieben? Und was ist das überhaupt: Liebe? Es besteht kein Mangel an kulturellen Idealen und Mythen, aber die quälenden Fragen werden dadurch kaum weniger.
- Im Zeitalter sozialer Medien und Dating-Apps sehen sich Jugendliche exponentiell wachsenden Möglichkeiten neuer Kontakte gegenüber. Aus der familiären Überschaubarkeit wird eine Qual der Wahl. Diese kann so sehr verunsichern, dass kaum noch nahe Beziehungen zustande kommen.

Was bedeutet der erste Sex? Was bedeutet die erste große Liebe? Welcherart Bindungen gehen Teenager ein? Oft ist die Kluft zu den familiären Erfahrungen riesig. Sie wird umso größer, je ungebremster die Sehnsucht über uns hereinbricht. Manche überspielen die eigenen Kontaktbedürfnisse, andere dramatisieren sie. Wie ich als 17-Jähriger *wachgeküsst* wurde, habe ich berichtet. War das schon die Rettung? Wie ging es für mich weiter?

Mit dem Mut der Verzweiflung

Sie hatte durch meine Dornenhecke hindurch zu mir gefunden, musste mich also wirklich wollen. Daraus schöpfte ich damals den Mut, mich in der noch jungen Beziehung schonungslos mit allen Ängsten und Schwächen zu zeigen, wozu ich in den Jahren zuvor keinerlei Gelegenheit gehabt hatte, vielleicht noch nie in meinem Leben.

Jetzt war ich nicht mehr allein, was sollte denn jetzt noch schief gehen? Drei Monate ging das gut und meine Freundin schätzte meine Offenheit, doch dann hatte sie genug davon, ständig meine Ängste und Unsicherheiten präsentiert zu bekommen. Sie wollte einen Mann an ihrer Seite, der sich etwas traut und auch mal mutig vorangeht. Ich war geschockt, fühlte mich abgelehnt und verstand die Welt nicht mehr. Doch dann begriff ich, dass ich ihr nur einen Teil von mir gezeigt hatte. All die Jahre hatte ich Jungs beobachtet, die durch Imponiergehabe bei Mädchen punkten konnten, mir war das zuwider. Also kippte ich das Kind mit dem Bade aus und gab mich als Schwächling in der irrigen Hoffnung, das sei besonders liebenswert. Obwohl die Trennung ausgesprochen war, gelang es mir, das Ruder nochmal herumzureißen, mich wie ein Erwachsener zu verhalten und meine Freundin zurückzugewinnen. Der Mut der Verzweiflung hatte eine Kraft in mir mobilisiert, von der ich gar nicht gewusst hatte, dass sie sich in den einsamen Jahren meiner Pubertät entwickelt hatte.

Versuch und Irrtum

Teenager an der Schwelle zum Erwachsensein tanzen auf einem Hochseil. Auf der einen Seite erleben sie neues Selbstbewusstsein bis hin zur Selbstüberschätzung, auf der anderen Seite Verletzlichkeit bis hin zu quälenden Selbstzweifeln. Für befriedigende Beziehungen brauchen wir eine Balance. Zum Glück lassen sich die meisten Jugendlichen auch durch ein repressives Umfeld nicht davon abhalten, ihre eigenen Erfahrungen zu machen. Im Feld von Lust und Liebe kämpfen sie dabei nicht nur mit ihren persönlichen „Altlasten", sondern auch mit kulturellen Fixierungen und Tabus. Gesellschaftliche Vorbilder lassen oft wenig Raum für fantasievolle Beziehungsgestaltung, sondern zelebrieren in immer neuen Varianten die Überhöhung und das Scheitern des monogamen Beziehungsmodells. Der Raum für eine individuelle und innovative Umgangsweise mit Sex, Herz und Bindung ist eng. Daraus resultiert oft eine Polarisierung, die zwischen Mädchen und Jungen ihren Anfang nimmt und sich später zwischen Frauen und Männern verfestigt: Die einen versuchen durch Sex Liebe zu ergattern, die anderen verführen mit Liebe zum Sex. Martin hat mir seine Geschichte erzählt und Folgendes erlebt:

Sex oder Liebe? Tanzen!

Ich war 17 und hätte gerne einfach mal Sex gehabt, aber meine Freundin wollte sich meiner Liebe sicher sein, bevor sie mit mir schläft. Wann immer das Thema aufkam, gab es heftigen Streit und meine Liebe für sie zog sich zurück.
Heute sehe ich, wie das mit unseren Kindheitsmustern zusammenhing. Meine Mutter hat mich krass über meine Liebe manipuliert, mit Sprüchen wie „Du liebst mich doch, wie kannst du mir das antun?" Ich kriege heute noch Brechreiz, wenn ich nur daran denke. Das Misstrauen meiner Freundin kam durch ihren Vater, der sie zwar nicht missbraucht hatte, aber sie hatte

kokett zu sein, um seine Aufmerksamkeit zu bekommen. Daher ihre Botschaft an mich: Wie kannst du Sex wollen, ohne mich zu lieben? Und meine Botschaft an sie: Wenn du mir keinen Sex in Aussicht stellst, bist du für mich nicht interessant. Zumindest kam es jeweils so bei uns an. Es passte wie Arsch auf Eimer. Kein Wunder, dass es ständig geknallt hat, nach einem Jahr waren wir wieder auseinander.
Dann lernte ich tanzen. Kein Paartanz, eher freier Tanz und Kontaktimprovisation. Mir wurde klar, dass das alberne Getue auf Partys kein Tanzen ist, dass ich dabei in meinem Körper gar nichts gespürt habe. Das half mir, aus meinen ständigen Grübeleien auszusteigen und mich auf Begegnungen einzulassen, in denen wir uns gegenseitig echt spüren. Es begann die wildeste Phase meines Lebens …

Die Veränderung der Prioritäten

Ab unserer Adoleszenz bekommen wir zunehmend die Gelegenheit, aus den anfänglich überlebenswichtigen ersten Bindungen herauszuwachsen und mehr oder weniger schwere Entwicklungstraumata zu verarbeiten – wenn wir unsere Bindungsmuster nicht mit neuen Personen reinszenieren wollen. Dieser Prozess kann uns ein Leben lang begleiten.

Unsere Kultur unterstützt echte Freiheit in der Gestaltung von Sex, Herz und Bindung nur teilweise. Es gibt zwar Subkulturen, die sich Freiheiten erkämpft haben, wie die Hippies der 68er-Jahre, die LGBTQ-Bewegung oder die Polyamorie-Szene. Unsere Gesellschaft ist vielleicht so frei wie keine zuvor, dennoch werden viele Konventionen noch immer kaum hinterfragt. Doch jede von uns hat prinzipiell die Möglichkeit, familiäre und kulturelle Prägungen loszulassen und frei zu leben. Freiheit bedeutet allerdings nicht nur, Altes hinter uns zu lassen, sondern auch, uns für neue Optionen zu öffnen. Um unsere Freiheit leben zu können, brauchen wir Fantasie und die Vorstellungskraft, wie wir tatsächlich leben wollen.

Mit dem Erwachsenwerden löst sich die frühkindliche Dominanz der Bindungsdimension langsam auf. Unser innerer Bezugsrahmen wird weiter, aus der Polarität von Sicherheits- und Autonomiebedürfnissen wird nun ein Dreieck: Sex, Herz *und* Bindung. Wir stehen an der Schwelle, unsere ganz persönlichen Präferenzen zu entwickeln, autonome Entscheidungen zu treffen, unser eigenes Leben zu leben. Doch können wir das und wollen wir das? Es ist nicht immer einfach.

Der fundamentale Wandel spiegelt sich in der Reihenfolge der Prioritäten:

- In der Kindheit ist eine zuverlässige Bindung überlebenswichtig, gefolgt vom Bedürfnis, liebevoll angenommen zu werden. Erst nach und nach meldet sich das Bedürfnis nach Autonomie und Kreativität.
- Für erwachsene Menschen können sich die Prioritäten verschieben oder gar umkehren, z. B. so: Wir haben Lust auf ein erotisches Abenteuer. Vielleicht möchten wir das auch in einem liebevollen Kontext erleben. Ob daraus etwas von Dauer werden soll, diese Frage taucht womöglich erst später auf.

Die „erwachsene" Reihenfolge möchte ich nicht als neue Norm verstanden wissen und sie variiert auch je nach Lebensumständen. Doch eine größere Selbständigkeit erweitert das Spektrum der Möglichkeiten, Kontakte und Beziehungen zu gestalten. Dürfen wir Sex, Herz und Bindung ideologiefrei erforschen, jede Dimension für sich und in der ihr eigenen Qualität? Dürfen wir selbst herausfinden, in welcher Konstellation und Priorisierung diese Dimensionen zusammenfinden – oder auch nicht? Wer gibt uns die Erlaubnis?

Bevor wir uns mit den vielfältigen Möglichkeiten beschäftigen, die drei Dimensionen in Beziehung zueinander zu setzen und miteinander zu kombinieren, wenden wir uns in den folgenden Kapiteln zunächst der Frage zu, mit welchen Qualitäten und Energien wir es überhaupt zu tun haben: Was ist Sex? Was ist Liebe? Was ist Bindung?

Teil 2

Sex, Herz
und Bindung
begreifen

4. Was ist Sex?

*„Sex ist etwas, das die geringste Zeit in Anspruch nimmt,
aber den größten Ärger verursacht."* (John Barrymore)[15]

Was für eine Frage! Sex ist das, was zwei Menschen tun, um sich fortzupflan-
zen. In etwa so wurde ich „aufgeklärt" und viele haben es in etwa so in der
Schule „gelernt". Wir alle wissen, dass diese Form der Aufklärung nicht einmal
die halbe Wahrheit offenbart, versuchen wir es also erneut. Sexualität ist das,
was uns erregt, körperliche Lust verschafft und in der Regel zum Orgasmus
bringt. Dieser Definition würden vielleicht schon mehr Menschen zustimmen,
immerhin lässt sie auch Raum für Homosexualität und Selbstbefriedigung und
ist nicht auf die Funktion der Fortpflanzung beschränkt.

Mir ist diese Definition noch zu eng, doch die Frage, was Sexualität in ihrem
Wesen ausmacht, ist nicht leicht zu beantworten. Bevor wir dieser Frage genauer nachgehen, möchte ich zunächst andere Fragen in den Fokus rücken:
Welche *Funktionen* erfüllt Sexualität? Welche *Bedeutung* geben wir ihr? Welche
Bedürfnisse bedienen wir mit Sex und was versuchen wir durch Sex zu *vermeiden*? Ich stelle diese Fragen voran, weil wir Sexualität weitgehend durch
die Brille eigener Erfahrungen interpretieren. Wenden wir uns also zunächst
der Brille selbst zu.

Funktionen von Sexualität

Sexualität kann auf verschiedenen Ebenen sehr unterschiedliche Funktionen
erfüllen. Viele davon bewerten die meisten Menschen positiv, andere ambivalent und wieder andere negativ. Hier eine Auswahl:

Biologische und körperliche Funktionen
* **Fortpflanzung:** Die biologische Funktion zur Arterhaltung
* **Lusterleben:** Sexualität als Quelle von Vergnügen und Genuss
* **Spannungsregulierung:** Aufbau und Abbau körperlicher Spannung

Psychische Funktionen

- **Selbstbestätigung:** Das Gefühl, sich selbst als begehrenswert zu erleben
- **Spiel und Abenteuer:** Sexualität als aufregendes Erlebnis
- **Emotionssteuerung:** Sexualität als Mittel, um Gefühle zu verarbeiten oder zu regulieren
- **Identitätsbildung:** Ein Weg, mehr über sich selbst und seine Vorlieben zu erfahren
- **Heilung und Therapie:** Einsatz zur Traumabewältigung und Selbstwertsteigerung
- **Kompensation:** Ersatz für unerfüllte Bedürfnisse in anderen Lebensbereichen
- **Selbstabwertung:** Festigung negativer Selbstbilder durch sexuelle Erfahrungen
- **Ablenkung und Sucht:** Verdrängung anderer Probleme und Sorgen

Soziale Funktionen

- **Kommunikation:** Eine nonverbale Sprache zur intimen Verständigung
- **Aufmerksamkeit:** Sich für jemanden attraktiv machen
- **Präsenz und Resonanz:** Im Hier und Jetzt unmittelbare Rückmeldung bekommen
- **Beziehungsfestigung:** Die Stärkung der Bindung zwischen Partnern
- **Gendern:** Bestätigung oder Auflösung von Geschlechterrollen
- **Zugehörigkeit und Status:** Sexualität als Ausdruck sozialer Identität oder des eigenen Status
- **Bindungsauflösung:** Sex kann bestehende Bindungen schwächen oder zerstören
- **Pflichterfüllung:** Sexualität als Einlösung eines Versprechens oder einer Schuldigkeit
- **Warencharakter:** Sex als Tauschobjekt für Geld, Zuwendung und vieles andere
- **Statement:** Einsatz von Sexualität zur Verbreitung von Ideologie und Weltanschauung
- **Macht und Kontrolle:** Ausübung von Dominanz oder Unterwerfung – mit oder ohne entsprechenden Konsens
- **Demütigung und Missbrauch:** Sexualität als Waffe zur Erniedrigung oder Gewalt

Rituelle und spirituelle Funktionen

- **Grenzerfahrungen:** Ausloten, Überschreiten oder Verschmelzen von Grenzen
- **Spirituelle Erfahrung:** Verbindung zu tieferen und spirituellen Dimensionen des Seins
- **Rituelle Praktiken:** Kulturelle und spirituelle Zeremonien
- **Gottesdienst:** Sexualität als Feier der Existenz und Schöpfung

Die Liste illustriert, wie vielen unterschiedlichen Anliegen Sexualität dient. Sex dient längst nicht immer dem Sex selbst. Was löst diese Liste in dir aus? Was sind deine Gedanken und Gefühle dazu? Ich empfehle, dir eine eigene Liste zu erstellen: Für welche Zwecke und mit welchen Absichten hast du Sexualität schon einmal eingesetzt? Das kann aufschlussreich sein.

Was ist nun aber das *Wesen* von Sexualität und kann dieses überhaupt von ihren Funktionen unterschieden werden? Die Frage ist komplex, weil Sex so vielfältige, eben auch nichtsexuelle Zwecke erfüllt. Manche Menschen sind der Ansicht, Sex sei selbsterklärend, doch Sexualität manifestiert sich – geprägt durch persönliche Erfahrungen und kulturelle Einflüsse – sehr unterschiedlich. Dies macht es schwierig, eine einfache Definition oder ein allumfassendes Verständnis von Sexualität zu formulieren. Die folgenden Überlegungen stellen eine Annäherung dar und beanspruchen keinerlei abschließende Gültigkeit.

Die evolutionäre Perspektive: durch Polarität zur Vielfalt

Die Entstehung der Sexualität ist ein zentrales, aber ungelöstes Rätsel der Evolutionsbiologie. Der „Aufwand" für sexuelle, also zweigeschlechtliche Fortpflanzung erscheint im Vergleich zur eingeschlechtlichen Vermehrung unverhältnismäßig hoch, nicht zuletzt deswegen, weil ein großer Teil der Population, nämlich die Männchen, selbst keine Nachkommen gebären können. Dennoch hat sich Sexualität als Fortpflanzungsmechanismus durchgesetzt, zunächst als Option und später für viele Arten wie auch beim Menschen als obligatorische Form. Die sexuelle Reproduktion bietet offensichtlich evolutionäre Vorteile, wahrscheinlich vor allem durch die Schaffung genetischer Vielfalt, die bei Veränderungen der Umwelt die Überlebenschancen erhöht.

Aus evolutionärer Perspektive[16] könnten wir also das Polaritätsprinzip als eines der Wesensmerkmale von Sexualität ableiten. Polarität bedeutet, dass Unterschiedlichkeit nicht einfach nebeneinandersteht, sondern in eine dynamische

Interaktion miteinander tritt, die vermehrt Neues hervorbringt. Sexualität fördert – innerhalb bestimmter Grenzen – die gegenseitige Anziehung und verbindet Unterschiedliches. Die daraus resultierenden Zyklen von Anziehung und Vereinigung zweier Pole tragen zur Diversifizierung des Lebens bei und eröffnen Raum für neue Polaritäten. In diesem Prozess lassen sich drei Lebensprinzipien erkennen:

1. **Gegensätze** formen sich zu aufeinander bezogenen Polaritäten.
2. Die **Vereinigung** von Polaritäten bringt Neues hervor.
3. Die aus diesem Zusammenspiel entstehende **Kreativität** ist wesentliche Triebkraft für die unfassbare Vielfalt des Lebens.

Abb. 4: Yin und Yang als Symbol grundlegender Polarität

Sexualität können wir somit als lebendige Polarität betrachten, die Kreativität und Neues hervorbringt. Das Prinzip der Polarität finden wir überall im Leben. Es treibt nicht nur die Vielfalt des Lebens voran, sondern ist auch tief in unserem Alltag verwurzelt:

1. **Tag und Nacht:** Die Rotation der Erde erzeugt den Wechsel zwischen Tag und Nacht, wobei jeder Zustand seine eigenen Aktivitäten und Rhythmen mit sich bringt – von der Ruhe der Nacht bis zur Betriebsamkeit des Tages.

2. **Jahreszeiten:** Die Polarität zwischen Sommer und Winter bringt eine Vielzahl klimatischer Bedingungen hervor, die das Wachstum unterschiedlicher Pflanzenarten und Tierverhaltensweisen ermöglichen.

3. **Gezeiten:** Die Wechselwirkung zwischen Mond und Erde führt zu den Gezeiten, bei denen sich das Meer zwischen Ebbe und Flut bewegt, was wiederum das Leben in Küstengebieten beeinflusst.

4. **Menschliche Beziehungen:** Die Dynamik von Nähe und Distanz in zwischenmenschlichen Beziehungen sorgt für Wachstum und Entwicklung. Zu viel Nähe wird erdrückend, während zu viel Distanz zu Entfremdung führt.

5. **Wirtschaft:** Das Wechselspiel von Angebot und Nachfrage reguliert Preise und Verfügbarkeit von Waren und Dienstleistungen in der Wirtschaft, fördert Innovation und sorgt für ein vielfältiges Angebot.

6. **Psychologie:** Das Spannungsfeld zwischen individuellen Bedürfnissen und sozialen Erwartungen prägt unsere Persönlichkeitsentwicklung und unsere Entscheidungen.

7. **Musik:** Der Wechsel von Harmonie und Disharmonie zwischen verschiedenen Tönen, Rhythmen und Pausen in der Musik schafft emotionale Tiefe und Vielfalt im musikalischen Ausdruck.

8. **Kunst:** Der Kontrast zwischen Licht und Schatten sowie Form und Leere in der bildenden Kunst erzeugt Tiefe und Perspektive, was ein Kunstwerk lebendig werden lässt.

In der Kunstwelt spricht man von der „Muse, die eine Künstlerin küsst", und in der Bildung vom „pädagogischen Eros", der Lernbegeisterung entfacht. Diese Konzepte unterstreichen, wie kreative und lehrreiche Prozesse durch eine tiefe Verbindung mit Eros angetrieben werden.

Die Dynamik der Polaritäten im unmittelbar erotischen Kontakt ist weit mehr als nur eine abstrakte Idee; sie ist eine tiefgreifende Erfahrung, die sowohl den Körper als auch die Seele berührt. Erotische Anziehung entsteht aus dem Spiel der Gegensätze und wird durch die gegenseitige Anziehung dieser Gegensätze intensiviert. Diese energetische Spannung führt dazu, dass sich Partner immer wieder auf neue Weise begegnen, gemeinsam kreativ werden und zusammen Dinge erschaffen, die allein nicht möglich wären.

Evolutionäres Erbe und persönliche Freiheit

Obwohl Sexualität einen evolutionären Ursprung hat und sexuelle Lust uns zu Fortpflanzungsaktivitäten anregt, sind wir nicht an diesen Zweck gebunden. Die Vorstellung, dass Männer und Frauen allein aufgrund evolutionärer Mechanismen zu unterschiedlichem Sexualverhalten neigen, greift zu kurz. Sexualität umfasst eine Vielzahl von Praktiken, die Lust bereiten können, ohne notwendigerweise zur Fortpflanzung zu führen. Die evolutionäre Perspektive kann erklären, wie Sexualität entstanden sein mag, legt uns aber nicht fest, wie wir sie heute leben. Unsere sexuelle Lust und wie wir sie ausleben, ist vielfältig und nicht auf heterosexuellen Koitus im gebärfähigen Alter beschränkt. Eine solche Einschränkung würde nur eine repressive Sexualmoral widerspiegeln.

Die Evolution hat unterschiedliche körperliche Merkmale bei Frauen und Männern hervorgebracht, insbesondere in Bezug auf die Sexualorgane, doch legt diese biologische „Mitgift" nicht unser sexuelles Verhalten fest. Würde Sexualität ausschließlich im Dienste der Fortpflanzung stehen, gäbe es kein Lustempfinden bei Selbstbefriedigung, Oral- oder Analsex oder in homosexuellen Begegnungen, doch das Gegenteil ist der Fall. Unser evolutionäres Erbe beeinflusst unser Körpergefühl, doch die Bedeutung, die wir diesem Gefühl beimessen, und wie wir unseren Impulsen folgen, ist durch eine Vielzahl von Faktoren geprägt: durch unsere Lebensgeschichte, Kultur, Religion und vieles mehr. Letztlich liegt es an uns selbst, wie wir Sexualität verstehen und gestalten.

Um Sexualität nach den eigenen Bedürfnissen, Sehnsüchten und Werten zu leben, ist es entscheidend, ein Spürbewusstsein für sexuelle Prozesse im Körper zu entwickeln. Dieses umfasst die Wahrnehmung von deutlichen sexuellen Impulsen bis hin zu den feinen Schwingungen und Strömen, die nur mit gut entwickeltem Körperbewusstsein spürbar sind. Leider ist dieses Bewusstsein bei vielen Menschen unterentwickelt oder wurde unterdrückt, oft bedingt durch ein Umfeld, in dem Sexualität mit Tabus, Scham und Schuld behaftet war. Diese Konditionierungen führen dazu, dass wir Sexualität weniger umfassend wahrnehmen und nicht so leben, wie wir könnten und vielleicht wollten. Doch es ist unabhängig vom Alter möglich, die innere erotische Natur wiederzuentdecken und den Kontakt zu ihr zu vertiefen. Wir können das Polaritätsprinzip, das sich zunächst abstrakt anhört, unmittelbar spüren, als feines Pulsieren, als spannungsgeladene Erregung bis hin zu orgastischen Kontraktionen.

Sexualität ist mehr als ein instinktives Geschehen; sie ist ein Potenzial, das wir entwickeln oder vernachlässigen können. Zur sexuellen Entwicklung gehören

Lernprozesse, die körperliche, emotionale und geistige Aspekte umfassen, die letztlich wiederum eine Einheit bilden. Ein Schlüssel zu diesen Lernprozessen ist die Fähigkeit, unsere Aufmerksamkeit zu steuern. Dies ermöglicht uns, unser Verständnis von Erotik zu erweitern und zu verfeinern, manchmal sogar in der Wahrnehmung und Empfindung unbelebter Objekte. Sibylle erzählt:

Ein Objekt erotisch berühren

In einem Online-Workshop für Paare bekamen wir die Aufgabe, irgendeinen Gegenstand zu nehmen, der gerade herumlag, bei mir war es eine Kaffeetasse. Erst sollten wir den Gegenstand normal anfassen, also wie immer, und dann nochmal, diesmal aber irgendwie erotisch. Keiner hat uns gesagt, wie das gehen soll.

Am Anfang dachte ich: „Was soll der Quatsch?" Aber dann, voll die Überraschung: Es hat tatsächlich funktioniert, die Tasse auf eine erotische Art zu berühren. Ich habe meine Bewegungen verlangsamt, meine Muskeln haben sich mehr angespannt, ich habe tiefer geatmet und dann war da dieses komische, aber angenehme Kribbeln im ganzen Körper. Ich war so bei der Sache, dass ich komplett aufgehört habe zu denken. Das ist mir aber erst später klar geworden.

Und jetzt kommt's: Irgendwie hat sich seitdem meine Beziehung zu dieser Tasse verändert. Hört sich vielleicht bekloppt an, ist aber so.

Dann sollten wir das Gleiche mit der Hand unseres Partners machen. Ich dachte, das wird jetzt easy, war aber viel schwieriger. Ich habe mich voll drauf konzentriert, was mein Partner wohl fühlt, und hatte echt Mühe, bei meinen eigenen Gefühlen zu bleiben.

Die Übung hat mir krass gezeigt, was die Absicht in einer Berührung ausmacht, nicht nur mit Sachen, sondern auch mit Menschen. Es geht darum, wie man etwas anfasst und was das dann mit einem macht.

Ein Gespür für erotische Energie entwickeln

Ob wir jemanden als erotisch empfinden, scheint außerhalb unserer Kontrolle zu liegen. Ein weit verbreiteter Irrglaube besagt, dass die erotische Erfahrung vor allem vom Partner abhängt. Doch wir haben einen meist deutlich unterschätzten Einfluss auf unser Erleben. Wenn wir unseren eigenen Beitrag zur Erzeugung erotischer Energie besser verstehen, wird sie uns leichter zugänglich. Es geht nicht darum, dass jemand bei uns den richtigen „Knopf" drückt, sondern darum, dass wir lernen, die erotische Dimension in uns zu aktivieren. Diese Fähigkeit erweitert unser Erleben weit über den reinen Akt der Sexanbahnung hinaus und gewährt uns Zugang zu einer Quelle des Lebens, die sich in unserem Alltag vielfältig manifestieren kann: in unserer Bewegung, in unserem Blick, in der Art, wie wir die Welt durch unsere Sinne erfahren.

Ein einfacher Luftzug, der Anblick eines Sees, das Lesen einer E-Mail oder der Geschmack eines Apfels, all das kann mit der entsprechenden Einstellung eine erotische Qualität bekommen. Das Geheimnis liegt in der Präsenz und der Fokussierung unserer Sinne. Was wir als erotisch empfinden, ist eng mit einem bestimmten Körpergefühl verbunden: einer Spannung oder einem Prickeln, das sich deutlich von anderen Emotionen unterscheidet und das wir im nächsten Kapitel von der Energie des Herzens abgrenzen werden.

Die feineren Schwingungen erotischer Energie können auch den sexuellen Akt selbst bereichern. Allzu oft endet die Erotik, sobald der Sex beginnt. Was dann folgt, ist eine Abfolge von eher mechanischen Handlungen, die der Vielschichtigkeit echter erotischer Begegnung wenig Raum gibt. Wenn Eros sich zurückzieht, verliert der Sex seine Tiefe. Er wird zu einer oberflächlichen Aktivität, deren Reiz schnell verfliegt. Das Fehlen einer magischen Spannung, die im Spiel der Polaritäten entsteht, führt u. a. dazu, dass sexuelles Interesse in langjährigen Beziehungen häufig nachlässt.

Es ist ein Mythos, dass sexuelles Verlangen mit der Zeit oder im Alter zwangsläufig schwindet. Vielmehr ist es die Bereitschaft, sich auf Veränderungen einzulassen und neue Formen der Intimität zu entdecken, die der Sexualität auch langfristig Lebendigkeit verleiht. Birgit und Andreas haben diesen Weg eingeschlagen und zeigen, dass es möglich ist, die Flamme der Leidenschaft am Brennen zu halten.

Sex im Alter

Birgit: *„Weißt du, mit den Wechseljahren kam dieser ganze Wirbel im Hormonhaushalt. Hat mich ganz schön ins Wanken gebracht."*

Andreas: *„Naja, bei uns Männern redet man nicht von Wechseljahren, aber irgendwas ist definitiv anders geworden. Und ja, das hat unser Liebesleben ziemlich beeinflusst."*

Birgit: *„Interessant, oder? Bei einigen Freundinnen von mir flaute die Lust ab 50 total ab, während sie bei anderen erst aufblühte. Keine Angst mehr vor einer Schwangerschaft – könnte das ein Grund dafür sein? Bei mir war's ein ständiges Auf und Ab der Lust, es war aber nicht unbedingt weniger intensiv."*

Andreas: *„In meiner Männergruppe haben wir ziemlich offen die Rolle des Alterns beim Sex gesprochen. Scham ist für viele ein großes Thema, aber es wurde klar, dass jeder von uns es anders erlebt. Manche vermissen den* *jugendlichen Drive, andere genießen die neu gewonnene Gelassenheit. Und einige greifen zu Viagra, aber das war nie mein Ding. Dieser Druck, performen zu müssen – nicht mein Ding."*

Birgit: *„Ich bin dankbar, dass Andreas sich so gelassen mit dem Älterwerden zeigt. Es hilft mir enorm, meine eigenen Schwankungen anzunehmen. Es fühlt sich an, als ob die Hindernisse, die schon immer da waren, jetzt ohne den jugendlichen Drive viel offensichtlicher werden. Ich musste echt lernen, dass der Orgasmus nicht das Ziel aller Dinge ist."*

Andreas: *„Heute schätzen wir mehr das Fließen unserer Lust, es muss nicht mehr alles auf den Höhepunkt zusteuern. Unsere Intimität steht jetzt mehr im Vordergrund, nicht die pure Erregung."*

Birgit: *„Es gab Zeiten, da waren unsere Bedürfnisse total unterschiedlich. Das war nicht immer leicht. Aber zum Glück waren wir nie in so einer festgefahrenen Situation wie manche Paare aus unserem Freundeskreis. Mal wollte ich mehr, mal er."*

Andreas: *„Diese Herausforderungen packt man am besten, wenn man sich als Team sieht. Zusammen nach Wegen suchen, wie man mit unterschiedlichen Wünschen umgeht."*

Birgit: *„Ein paar Sitzungen bei einer Paartherapeutin haben uns da echt weitergebracht."*

Andreas: *„Ohne die wär' ich jetzt nicht so 'n Philosoph. Über Sex zu reden, das muss man erst mal lernen."*

Birgit: *„Genau, dieses ewige Vorwürfe-Machen hat uns nicht weitergebracht. Oder dem anderen irgendwelche Defizite anzuhängen – da war ich Meisterin drin."*

Andreas: *„Da möchte ich dir jetzt nicht widersprechen."*

Erotische Selbstliebe

Sexuelle Erfahrungen mit einem Partner oder mit anderen Menschen können oft nicht alle unsere Bedürfnisse stillen. Das ist ein guter Grund, aber bestimmt nicht der einzige, um die Welt der sexuellen Selbstliebe lustvoll zu erkunden. Masturbation – durch unser kulturelles Erbe oft noch mit tiefer Scham besetzt – bietet weit mehr als eine Ersatzbefriedigung. Sie kann Quelle tiefer Freude sein. In uns selbst berühren wir einen Menschen, den wir ebenso lieben dürfen wie andere.

Viele von uns haben sich, oft in der Pubertät, eine schnelle und effiziente Art der Masturbation angeeignet, um Spannung abzubauen. Diese Methode mag funktionieren, doch mit der Zeit verliert sie ihren Reiz. Wir können versuchen, die Erfahrung durch den Konsum von Pornografie aufzupeppen, doch auch das kann zur Sackgasse werden, wenn wir die Dosis immer weiter erhöhen müssen, um noch erregt zu werden.

Wir können auch neue Wege gehen und lernen, unseren Körper bewusster wahrzunehmen, uns für die Nuancen der Lust zu öffnen und subtile Empfindungen erotisch zu besetzen. Auch im erotischen Spiel mit uns selbst ist das Verständnis von Polarität ein Schlüssel. Folgende drei Methoden bieten sich besonders an:

- **Innere Polarität erkunden:** Beginne damit, jede Berührung als ein Geschenk an dich selbst zu betrachten. Frage dich bei jeder Berührung: „Wie fühlt es sich an, diese Berührung zu geben? Und wie, sie zu empfangen?" Spiele mit beiden Perspektiven und entdecke die dynamische Spannung zwischen ihnen. Solosex kann sich so in eine echte Begegnung mit dir verwandeln.
- **Beide Seiten des Nervensystems einbeziehen:** Erkunde konkret, wie du zwischen gezielter Stimulation (Sympathikus) und bewusster Entspannung (Parasympathikus) hin und her pendeln kannst. Entdecke, wie Entspannung deine Sinnlichkeit vertieft und gezielte Stimulation die Erregung intensiviert. Balanciere zwischen beiden Zuständen, um die Vielfalt deiner erotischen Erfahrung zu erweitern.
- **Die Reise genießen, nicht nur das Ziel:** Sieh deine erotische Begegnung mit dir selbst als eine Entdeckungsreise, bei der jeder Moment zählt. Erlaube dir, innezuhalten, die Richtung zu ändern und die Landschaft zu genießen, ohne dich auf den Orgasmus als Endziel zu versteifen. „Edging", das Surfen auf den Wellen der Erregung, kann dir ungeahnte Dimensionen der Lust eröffnen, die über den Moment des Höhepunkts hinausgehen.

Indem wir diese Fähigkeiten kultivieren, befreien wir uns von der Vorstellung, dass sexuelle Erfüllung von anderen Menschen oder von einem bestimmten Ablauf abhängt. Erotische Selbstliebe wird zu einem Weg, auf dem wir unsere Sinnlichkeit immer wieder entdecken und feiern können.

Von der Bipolarität zur Multipolarität

Zu den vielleicht brisantesten Themen im Zusammenhang mit unserer Sexualität gehören Fragen der Geschlechtsidentität und sexuellen Orientierung. Ob wir uns als Mann oder als Frau fühlen oder keiner Kategorie zugehörig, geht über biologische Unterschiede hinaus. Einen Penis zu haben fühlt sich anders an als eine Vagina, und es ist sicher ein fundamentaler Unterschied, ob wir ein

Kind gebären können oder nicht. Doch die meisten Geschlechtsunterschiede sind kultureller Art und können individuell anders erlebt werden, als es die gesellschaftlichen Vorbilder suggerieren.

Im Buch „Lustvoll Mannsein"[17] haben wir provokant dafür plädiert, Männlichkeit zu vergessen. Damit ist gemeint, dass unsere körperliche Gestalt keinen Imperativ beinhaltet („Sei ein richtiger Mann! Sei eine richtige Frau!"), sondern lediglich bestimmte biologische Gegebenheiten mit sich bringt (Geschlechtsorgane, Körperbau, Hormone etc.). Die Gegebenheiten sprechen für sich selbst, sie brauchen keine Fürsprache.

Die Annahme, dass erotische Spannung aus der männlich-weiblichen Polarität hervorgeht, führt nicht nur, wie bereits ausgeführt, zu einer unnötigen Verengung unserer Wahrnehmung, sie wird auch durch die Vielfalt sexueller Orientierungen widerlegt. Die folgende Tabelle illustriert die übliche Einteilung allgemein menschlicher Eigenschaften in eine zweigeschlechtliche Bipolarität.

Traditionelle Zuordnung von Eigenschaften und Geschlecht	
„weiblich"	**„männlich"**
passiv	aktiv
unten	oben
ästhetisch	funktional
reproduktiv	kreativ
fürsorglich	kämpferisch
emotional	rational
submissiv	dominant
monogam	polygam
kooperativ	konkurrierend
zärtlich	geil
rezeptiv	expressiv
altruistisch	egoistisch

Abb. 5: Typische Einteilung von Eigenschaften nach Geschlecht

Die genannten Eigenschaften stehen uns allen zur Verfügung, sie jeweils als männlich oder weiblich zu kennzeichnen, erschwert uns den Zugang, wenn wir uns der jeweils anderen Kategorie zugehörig fühlen. Manche versuchen diesem Dilemma zu entkommen, indem sie uns allen eine weibliche und eine männliche Seite zusprechen. Aber warum benennen wir diese Seiten noch so, wenn damit nicht doch subtil eine jeweilige Affinität zur einen oder anderen Seite nahegelegt werden soll? (Vgl. Seite 150)

Nicht nur unsere Geschlechtsidentität, sondern auch unsere sexuelle Orientierung ist fluider als oft angenommen. Die gängige Einteilung in hetero- oder homosexuelle Orientierungen entspricht nicht der realen Vielfalt menschlicher Sexualität. Auf wen wir erotisch ansprechen ist das Ergebnis eines langen Entwicklungsprozesses und bleibt veränderbar, solange wir offen dafür bleiben. Sich über die „heteronormativen" Grenzen hinaus zu bewegen, kann herausfordernd sein, bietet aber auch die Chance, sein sexuelles Potenzial umfassender zu aktivieren. Für wen sexuelle Orientierung eine tragende Säule der eigenen Identität darstellt, für den ist das starker Tobak: „Ich bin doch nicht schwul! oder „Ich bin queer!" klingt dann weniger nach einer Selbstauskunft, sondern eher wie eine Selbstvergewisserung. Sich nicht klar zu positionieren, braucht Mut, manchmal sogar in der LGBTQ-Community, die ihrer Selbstbezeichnung immer weitere Buchstaben hinzufügt, um nur jedem sein Etikett zu ermöglichen. Was hält uns davon ab, uns der Zuordnung zu entziehen und unseren eigenen Weg zu gehen? Vielleicht die Angst, nirgendwo mehr dazu zu gehören?

Mein diverses Coming Out

Es gibt inzwischen eine Vielzahl von sexpositiven Festivals, eines davon habe ich öfter besucht. Von Kontaktimprovisation bis BDSM wurde eine Vielfalt von Miniworkshops angeboten, die zu Selbsterfahrung und Begegnung einluden. Oft begann man mit getrennten Frauen- und Männergruppen, wir Männer „durften" mit kraftvollem Trommeltanz und energiegeladenen „Tschakka!"-Rufen unsere Männlichkeit feiern. Ich fühlte mich dabei oft unwohl, es kam mir so vor, als würden wir abgedroschene Klischees aufleben lassen.

In einem Moment der Inspiration schlug ich eine dritte Alternative vor: eine Gruppe für Diverse, für diejenigen, die sich nicht in eine der beiden Schubladen pressen lassen wollten oder neugierig waren, was eine genderfluide Sexualität sein könnte. Ich hatte befürchtet, mit diesem Angebot allein zu bleiben, aber die Resonanz war überwältigend: Fast ein Drittel der Festival-

besucher*innen entschied sich für die dritte Option. Der Austausch wurde lebhaft und tief, voll kontroverser und berührender Momente. Gemeinsam hinterfragten wir unsere Geschlechtsidentität und die Stereotypen, die uns unbewusst einschränken, und hatten Freude an unseren kreativen Ideen. Eine ermutigende Erfahrung.

Sexuelle Identität und Orientierung können ein Leben lang stabil bleiben, sich aber auch wandeln. In einer genderfluiden Sexualität müssen wir uns nicht durch unseren Körper auf bestimmte Erlebnisweisen festlegen lassen, sondern können es beispielsweise auch als Frau genießen, sexuell dominant zu sein oder als Mann, sich nehmen zu lassen. Ich kann mir vorstellen, dass sich für Transsexuelle die Frage einer chirurgischen Geschlechtsangleichung manchmal nicht stellen würde, wenn die gängigen Männer- und Frauenbilder einer genderfluiden Kreativität Platz machen. Wir dürfen neugierig miteinander forschen, die konventionelle Spielart ist eine unter vielen. In einigen sexpositiven Subkulturen ist diese Vision bereits bunte Realität.

Yin und Yang in der erotischen Erfahrung

Auch wenn wir die klischeehafte Zuordnung von Eigenschaften zu jeweils einem Geschlecht hinter uns lassen, bleiben Polaritäten – ähnlich dem Prinzip von Yin und Yang – der Treibstoff erotischer Energie, nicht nur in der Begegnung mit einem Partner, sondern auch mit uns selbst. Sie bilden die Flügel, die uns auf die Höhenflüge der Lust tragen können und hoffentlich auch wieder landen lassen.

In der chinesischen Philosophie stehen Yin und Yang für komplementäre Kräfte, die das Universum durchdringen. Sie entsprechen dem Flowing und dem Stakkato in Gabrielle Roths Konzept der Fünf Rhythmen[18] und stellen Seins- und Bewegungsqualitäten dar, die emotionale und körperliche Heilungsprozesse unterstützen können.

Je bewusster wir Polaritäten in uns selbst wahrnehmen und nutzen, desto vielfältiger wird unser sexueller Erfahrungsraum. Wir lernen, zwischen Geben und Nehmen sowie Aktivität und Passivität zu wechseln und unsere Aufmerksamkeit flexibel zu lenken. Wir entdecken die Freude am Spiel mit unterschiedlichen Energien: schnell und langsam, sanft und kraftvoll, zielgerichtet und absichtslos, dominant und submissiv, exhibitionistisch und voyeuristisch und weiteren Gegensatzpaaren, wie sie das Polaritäten-Mischpult veranschaulicht.

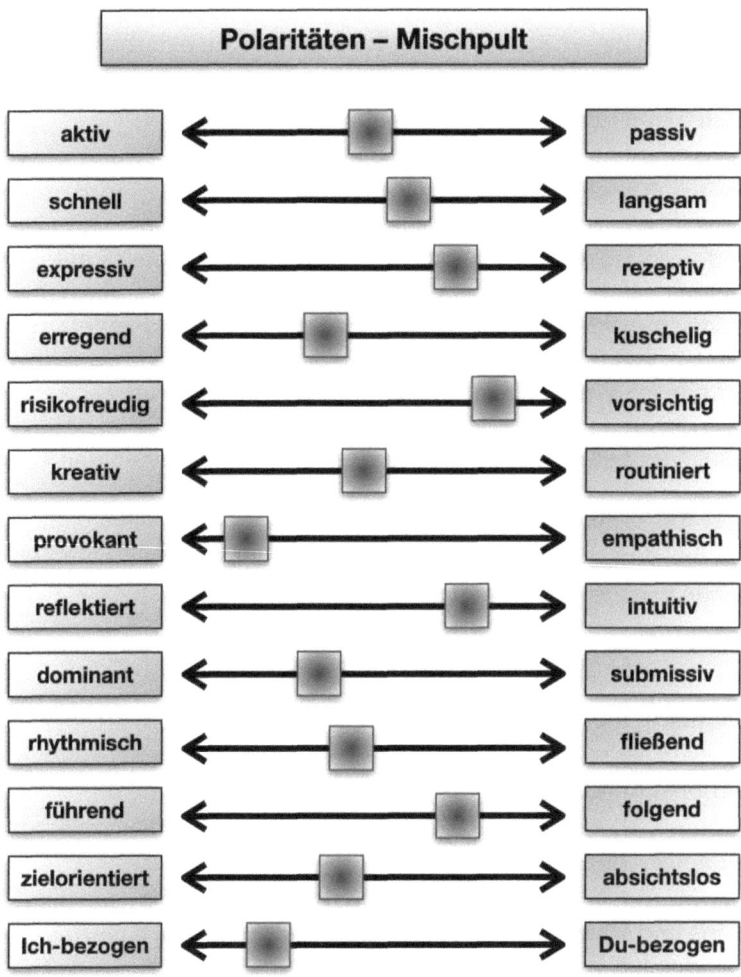

Abb. 6: Polaritäten-Mischpult: Ideen für ein erotisches Spiel mit Gegensätzen

Es wäre schade, alle Polaritäten auf die männlich-weibliche zu reduzieren oder sie dieser unterzuordnen, wie es leider oft noch geschieht. Je besser wir einen Zugang zu beiden Seiten der Polaritäten finden, desto genauer und subtiler können wir die Dynamik des Eros beeinflussen, vergleichbar der Feinabstimmung einer Musikwiedergabe durch ein Mischpult. Immer wieder begegnen wir dem erotischen Grundprinzip: Sexuelle Energie entsteht innerhalb eines individuell unterschiedlichen Spannungs-Spektrums. Wird die Spannung zu groß, kommt es zu Kampf oder Krampf, wird sie zu klein, fällt sie in sich zusammen und wird träge oder bestenfalls kuschelig. Doch innerhalb des für uns zuträglichen Spektrums können wir spielen und etwas Drittes genießen, was die Polaritäten transzendiert. Marita erzählt:

> *Beim argentinischen Tango spüre ich eine magische Verbindung, ein Wechselspiel von Führen und Folgen. Wenn ich mich meinem Tanzpartner hingebe, mich seiner Führung anvertraue, entsteht eine Intimität, die durch unsere Bewegungen spricht. Es ist dieses Gefühl des zugleich miteinander und gegeneinander Fließens, des Aufeinander-Eingehens, das den Tango so besonders macht. Ich fühle mich gleichzeitig stark und verletzlich, aktiv und empfänglich. In der Umarmung, unterstützt durch die leidenschaftliche Musik, finde ich einen nahezu ekstatischen Zustand, der unser beider Individualität übersteigt. Jeder Schritt, jede Drehung ist ein Dialog unserer Körper, ein Spiel der Energien, das mich fasziniert und in seinen Bann zieht.*

Eine weitere Möglichkeit, in der Sexualität Polarität zu kultivieren, bietet der „Sexocorporel"-Ansatz von Yves Dejardin[19]. In seinem Modell werden fünf grundlegende Erregungsmodi unterschieden:

- **Archaisch:** Lust entsteht durch Druck, etwa indem der Unterleib gegen einen anderen Körper oder ein Objekt gedrückt wird.
- **Mechanisch:** Lust wird durch intensive Reibung insbesondere der Genitalien erzeugt.
- **Vibrationsmodus[20]:** Lust durch den Einsatz von Vibratoren.
- **Ondulierend:** Der ganze Körper wird durchlässig für fließende Bewegungen ohne spezifisches Ziel.
- **Wellenförmig:** Lust entsteht durch rhythmische Bewegungen des Beckens und Oberkörpers, mit größerer Zielgerichtetheit als im ondulierenden Modus.

Diese Modi sind keine festen Kategorien, sondern Ausdruck der vielfältigen Möglichkeiten, Polarität in unserer Sexualität zu gestalten: Spannung und Entspannung, Zielorientierung und Absichtslosigkeit, Schnelligkeit und Langsamkeit, flachere und tiefere Atmung. Für ein intensiveres Erleben können wir uns auch noch über unsere Stimme ausdrücken, die in diesem Modell fehlt. Indem wir alle diese Elemente bewusst einsetzen, bereichern wir unsere erotische Erfahrung und bauen eine tiefere Verbindung zu uns selbst und zu unseren Partnerinnen und Partnern auf.

Wenn verschiedene Neigungen aufeinandertreffen

In unserer Gesellschaft herrscht die Annahme vor, sexuelle Erregung hinge hauptsächlich von äußeren Reizen ab wie Aussehen, Ausstrahlung oder einer Berührung. Diese Sichtweise übersieht die fundamentale Rolle von Polarität nicht nur in unserem Inneren, sondern auch in der Dynamik zwischen uns und anderen Menschen oder äußeren Umständen. Dasselbe gilt für die Wirkung, die erotische Szenen eines Romans oder Films auf uns ausüben, oder eben nicht.

Zwischenmenschliche Polaritäten werden umso reichhaltiger erlebt, je vertrauter wir mit unseren Neigungen und unserer inneren Vielfalt sind. Wir können uns vorstellen, dass unsere Körper wie Instrumente in einem Orchester sind. In einer erotischen Begegnung spielen wir nicht nur auf unserem eigenen „Instrument", sondern auch auf dem des Gegenübers. Harmonie oder Disharmonie hängen davon ab, wie gut wir unser eigenes Instrument, aber auch das des anderen kennen und bespielen können. Das gemeinsame Musizieren, bei dem die Körper und Seelen zu einem Klang verschmelzen, vertiefen wir durch unsere Fähigkeit, mit verschiedenen Polaritäten zu spielen.

Erregung entsteht aus dem Zusammenspiel innerer und äußerer Einflüsse. Sie lebt von unserer Bereitschaft, Impulse von innen und von außen aufzunehmen und zu interpretieren. Viele Menschen sind sich dessen nicht bewusst, dass und wie ihre innere Gestimmtheit maßgeblich mitbestimmt, was sie als erotisch empfinden und was nicht. Sie deuten ihre Empfindungen als von der Ausstrahlung und vom Verhalten ihres Partners ausgelöst[21]. Indem wir uns der eigenen Rolle beim Aufbau erotischer Energie bewusstwerden, eröffnen sich neue Wege, Begegnungen erotisch zu gestalten. Wenn wir denn wollen.

Die Weiterentwicklung sexuellen Erlebens ist ein dynamischer Prozess, der Offenheit und Akzeptanz erfordert. Es geht nicht darum, bereits bestehende Neigungen zu negieren oder zu eliminieren, sondern das Spektrum dessen, was wir erotisch finden, zu erweitern. Ausgangspunkt ist immer die Anerkennung aktueller Vorlieben und die Vermeidung von Erwartungsdruck, der eher Abwehr als Begeisterung auslöst. Aber vielleicht wollen wir mehr, wollen Neues erleben. In der Sexualwissenschaft gilt als weitgehend anerkannt, dass sexuelle Präferenzen in frühester Kindheit – wenn nicht noch früher – angelegt werden. Verschiedene Versuche, homosexuelle Frauen oder Männer durch eine „Konversionstherapie" umzupolen, sind nicht nur regelmäßig gescheitert, sondern haben sich auch als traumatisierend erwiesen und sind hierzulande zu

Recht verboten. Ebenso lässt sich kaum wegtherapieren, wenn jemand auf Lack und Leder oder auf andere Fetische erotisch anspricht. Doch das bedeutet nicht, dass wir nicht in der Lage wären, unser Spektrum zu erweitern. Die Akzeptanz eigener Neigungen und die Offenheit für neue Erfahrungen sind zwei Schlüssel zur Entdeckung neuer erotischer Horizonte. Seit einigen Jahren wird erotische Experimentierfreude auch als „Kink" bezeichnet und ist nicht nur Menschen mit außergewöhnlichen Neigungen vorbehalten.

Soziale „Do's und Don'ts", die wir im Laufe unseres Lebens verinnerlicht haben, begrenzen unsere sexuelle Erfahrung. Wir können uns Ge- und Verbote wie Vorrichtungen vorstellen, die eine Schaukel daran hindern, frei zu schwingen. Tief verwurzelte Glaubenssätze machen es schwer, über die Grenzen des Vertrauten hinauszugehen. Dennoch kann neugieriges Erkunden sexueller Praktiken, selbst wenn wir anfangs zögern oder Widerstand empfinden, zu bereichernden Entdeckungen führen. Widerstände lassen sich mit Zwang nicht nachhaltig überwinden. Aber auf der Basis von Freiwilligkeit können uns neuartige Erkundungen überraschende Erkenntnisse bescheren und unbekannte Facetten unserer Sexualität entdecken lassen. Tanja berichtet:

Ausgerechnet Spanking

Ich bin beim Pornoschauen darüber gestolpert und habe es lange geheim gehalten, weil es ganz und gar nicht zu meinem feministischen Selbstbild passt, mich schlagen zu lassen, schon gar nicht von einem Mann. Aber es machte mich an, dabei zuzusehen, wie sich eine Frau auf ihren nackten Po schlagen lässt, sich in einer Mischung aus Schmerz und Lust hin und her windet und dabei laut stöhnt. Ich weiß natürlich, dass das meiste in Pornos gespielt und nicht echt ist, aber was ich selbst dabei empfunden habe, verdammt, das war nun mal echt.

Im letzten Jahr habe ich einen Mann kennengelernt, der mich aus heiterem Himmel fragte, ob ich Erfahrung mit Spanking hätte. Über meine Reaktion erschrak er noch mehr als ich über seine Frage. Zuerst wollte ich meine Aufregung überspielen, aber keine Chance. „Sorry, wenn du nicht darüber reden willst ..." fing er wieder an. Nach einigem Zögern antwortete ich: „Ich würde es gern probieren, obwohl ich es eigentlich ätzend finde." Er schaute mich fragend an, wollte bloß nichts Falsches sagen. Also fasste ich mir ein Herz und erzählte meine Geschichte, von Pornos, meinem Feminismus, meiner Ambivalenz, alles. „Und du?", fragte ich ihn, als ich fertig war. „Danke, dass du mir das erzählt hast. Also, wir müssen das nicht ..."

Ich glaube, es war wichtig, dass er mich zu nichts gedrängt hat. Zwei Wochen später haben wir es zum ersten Mal ausprobiert und das war nicht

das letzte Mal. Ich erlebte eine Art von Lust, an die ich sonst selten heran-
komme. Irgendwann wollte er, dass wir die Rollen umkehren. Erst war ich
begeistert, aber dann hatte ich mit dieser Rolle viel mehr Mühe als zuvor,
als ich selbst geschlagen wurde. Ich glaube, es ging um Verantwortung, es
machte mich geil, Verantwortung abzugeben und loszulassen. Ich hätte nie
gedacht, dass ausgerechnet Spanking mir dabei helfen würde.

Die meisten Menschen schöpfen ihr erotisches Potenzial nicht aus, doch es ist nie zu spät, unsere sexuellen Vorlieben sind lebenslang erweiterbar. Das betrifft nicht nur konkrete Praktiken, auch das Spektrum von Menschen, Interaktionen und Situationen, auf die wir erotisch ansprechen, können wir erweitern:

- **Entdeckungen jenseits der Heterosexualität:** Manche, die sich selbst als ausschließlich heterosexuell betrachteten, entdecken überraschende homosexuelle Neigungen – und umgekehrt.
- **Vom festen Rahmen zur spontanen Begegnung:** Diejenigen, die Sex nur in festen Beziehungen für sich sahen, erahnen plötzlich den Nervenkitzel eines One-Night-Stands. Die Fans des letzteren lernen die Tiefe einer festen Bindung schätzen.
- **Neue Perspektiven auf Pornografie:** Wer dachte, Pornos seien uninteressant, kann neue Blickwinkel entdecken, bei denen seine Sinne erwachen.
- **Ein anderes Verständnis von Machtspiel:** Die Vorstellung, Dominanz und Unterwerfung seien tabu, kann sich deutlich wandeln, indem wir die erotische Spannung dieser Dynamiken erforschen.
- **Die Vielfalt männlicher Lust:** Statt Lust nur mit Erektion zu verbinden, kann die Entdeckung des Slow Sex gepaart mit weicher Penetration neue Dimensionen eröffnen.
- **Die verborgenen Tiefen weiblicher Lust:** Die Annahme, die Vagina sei wenig empfindsam, kann durch das Erleben tiefer und intensiver innerer Berührungen widerlegt werden.

Während du diese Liste auf dich wirken lässt, achte auf deine Gefühle. Solltest du Empörung verspüren, könnte das auf tiefsitzende Überzeugungen hinweisen, die bestimmte Vorlieben abwerten. Deine Reaktionen bieten die Chance zur Selbstreflexion. Lass dich inspirieren, mehr über dich selbst zu erfahren. Das ist eine Einladung zur Neugier, kein Muss.

Risiko und Konsens

Sich auf erotische Erfahrungen einzulassen, beinhaltet stets ein Risiko. Unsere Wünsche könnten zurückgewiesen oder Grenzen nicht respektiert werden. Zudem macht es selten Spaß, zu etwas gedrängt oder gar beschämt zu werden und die Übernahme von Verantwortung setzt Freiwilligkeit voraus. Wie können wir Risiken begrenzen und sinnlicher Freude den Weg bereiten? Ein Schlüssel hierfür liegt in einem genaueren Verständnis von Konsens. Gegenseitiges Einverständnis setzt nicht nur die Freiwilligkeit aller Beteiligten voraus, sondern auch ein ausreichendes Gewahrsein, wer zu wessen Wohlbefinden etwas tut oder geschehen lässt. Die Beachtung der „Vier Aspekte von Einverständnis" im „Wheel of consent"[22] kann helfen, unsere verbale wie nonverbale Kommunikation klarer zu gestalten, indem wir uns folgende Fragen stellen:

- Bin ich gerade **aktiv** oder **passiv**?
- **Nehme** ich oder **gebe** ich?
- **Gebe** ich **für dich** oder **für mich**?
- **Nehme** ich **für mich** oder **für dich**?

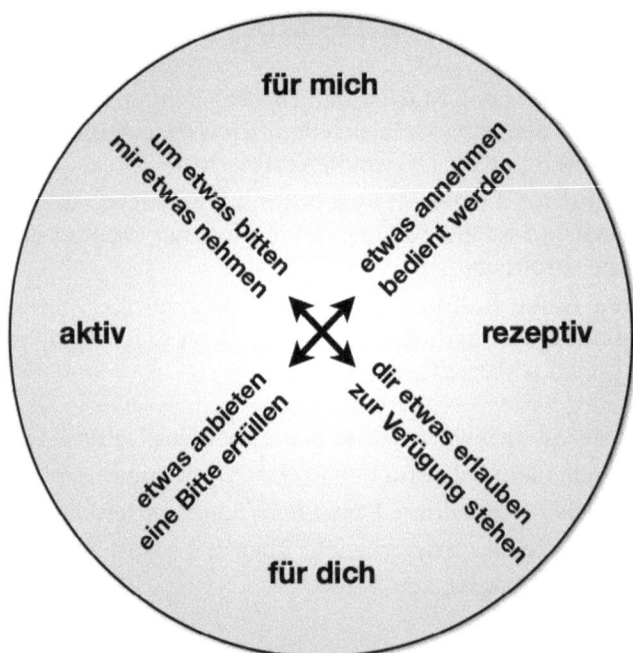

Abb. 7: Die vier Aspekte von Einverständnis

Wir können lernen, Zustimmung und Ablehnung sowie Wünsche und Grenzen deutlicher mitzuteilen. Das eröffnet Spielräume, weil wir uns weniger selbst zensieren müssen. Diese Fähigkeit bedeutet nicht, dass sich alle Risiken vermeiden lassen. Schon Flirten birgt ein Risiko, das gehört sogar wesentlich dazu. Ein Nein zu bekommen, mag bedrohlich erscheinen. Kein Nein zu bekommen, obwohl es angesagt gewesen wäre, wäre aber womöglich noch schlimmer. Eine Zurückweisung gar nicht erst zu riskieren, ist auch nicht gerade sexy.

Das berühmte Hängebrücken-Experiment[23] hat gezeigt, dass die Unsicherheit auf schwankendem Boden über einem Abgrund tendenziell aphrodisierend wirkt. Das lässt sich auf erotische Interaktion übertragen, gilt jedoch nur innerhalb eines gewissen „Risikokorridors", d. h. solange wir uns nicht zu sehr bedroht oder gar ausgeliefert fühlen. Für den Fall der Fälle empfehle ich einen „Erste-Hilfe-Koffer" bestehend aus:

- Dem Wort „Stopp" als Signal, sofort innezuhalten.
- Empathie für uns selbst, um uns zu spüren und Gefühle zu verarbeiten.
- Kontaktdaten für externe Hilfe durch Freunde oder professionelle Anlaufstellen.

Die Energien von Eros und Sexualität wirken nicht nur im unmittelbaren sexuellen Erleben. Ein vertieftes Verständnis von Polaritäten können wir überall im Alltag nutzen. Jack Morins[24] Formel „Anziehung + Hindernis = Erregung" weist darauf hin, dass lustvolle Erregung durch das Spiel mit Herausforderungen entsteht, nicht durch deren Abwesenheit. Diese Einsicht lässt sich auf viele Lebensbereiche übertragen. Wir können lernen, mit Herausforderungen zu spielen und zu tanzen, anstatt sie zu vermeiden oder zu bekämpfen. Der Blick vom Berggipfel beschert uns intensivere Gefühle, wenn wir hinauf wandern, als wenn wir die Seilbahn nehmen. Nicht alle anstrengenden oder konflikthaften Lebenssituationen lassen sich auf diese Weise „erotisieren", aber mit erotischer Intelligenz können wir zumindest einige von ihnen eher genießen.

Wenn Sex aufs Ganze geht

Erotik und Sexualität bergen eine spirituelle Dimension, eine Erfahrung, die auch im Tantra gesucht wird. Dieses Buch streift nur die Oberfläche der tiefgreifenden Verbindung zwischen Sexualität und Spiritualität, welche Fragen nach dem Sinn des Lebens und der Verbundenheit allen Seins berührt. Viele andere spirituelle und religiöse Lehren stehen der Sexualität skeptisch gegenüber. Diese Skepsis ist nicht immer Ausdruck einer repressiven Moral, sondern auch der Erkenntnis, dass sexuelle Lust uns unwiderstehlich in ihren Bann ziehen kann. Eine Gefahr besteht darin, in oberflächlicher Lustbefriedigung stecken zu bleiben und damit persönliches oder spirituelles Wachstum zu verhindern.

Die spirituelle Dimension der Sexualität eröffnet ein ganzes Universum an Möglichkeiten. Sich in intensiver körperlicher Lust unmittelbar als Teil eines größeren Ganzen zu erleben, kann pures Glück bedeuten, vollständige Hingabe oder beseelte Ekstase. Es kann so verführerisch sein, dass wir süchtig nach dieser Erfahrung werden und die Bodenhaftung verlieren.

Marc Gafnis Konzept der „Erleuchtung der Fülle"[25] bietet eine Struktur, um Lust bzw. Freude (engl. „joy") auf den verschiedenen Ebenen zu differenzieren und in unser irdisches Leben zu integrieren. Er unterscheidet fünf Ebenen:

1. **Körperlicher Genuss:** Die unmittelbare Freude, die wir durch unsere Sinne erfahren.

2. **Persönliche Resonanz:** Die Befriedigung, die aus echtem menschlichem Kontakt entsteht.

3. **Sinnhaftes Engagement:** Die Leidenschaft und Erfüllung, die wir empfinden, wenn wir uns einer bedeutsamen Aufgabe widmen.

4. **Hingabe an das Sein:** Ein Zustand der Akzeptanz und des Loslassens von Erwartungen, der uns erlaubt, im Moment präsent zu sein.

5. **Kreative Entfaltung:** Die Freude, die aus unserem kreativen Ausdruck im Fluss des Lebens erwächst.

Diese Landkarte bietet eine weitere Orientierung, um sexuelle Lust nicht als isolierte Erfahrung, sondern als Teil eines facettenreichen Spektrums menschlicher Freude zu begreifen. Sie erinnert uns daran, dass wahre Erfüllung nicht durch die Anhäufung materieller Güter oder die Jagd nach Sinnesfreuden erreicht wird, sondern durch die unmittelbare Erfahrung der Vielschichtigkeit menschlicher Natur mit ihren Höhen und Tiefen. Wir erfahren die Erhabenheit, aber auch die unausweichlichen Tragödien menschlichen Lebens und lernen wieder zu staunen.

Sexualität und Spiritualität müssen nicht im Widerspruch zueinander stehen, sondern ergänzen und bereichern sich zu einer umfassenden und erfüllenden Erfahrung. Wonach sehnen wir uns? Nach einem Erschauern, nach Kreativität, nach lustvoller Ekstase? Nach Hingabe, nach Verschmelzung, nach Auflösung des Ich? Wenn wir unsere Sehnsucht[26] in Besitz nehmen, wird sie zusammen mit einer Portion Neugier zum Ausgangspunkt für unsere Reise in die Vielfalt des Eros, zum erotischen Durchdringen der Existenz. Das Wesen von Eros zu verstehen, befähigt uns, den paradoxen Herausforderungen des Lebens zu begegnen, beispielsweise ichbezogene Lust und universelle Verbundenheit in unserem Bewusstsein zu vereinen. Tarik hat das so erlebt:

Sex als heiliger Akt

Als ich begann, Anjas Hingabe an ihre Lust aus einer anderen Perspektive zu betrachten, öffnete sich mir eine neue Welt. Früher hat es mich irritiert, wenn Anja sich komplett in ihrer Lust verlor, so als würde sie alles um uns herum vergessen und dabei auch mich. Sie sah mich gar nicht mehr. Es kam mir total egoistisch vor und führte oft zu Streit. Irgendwann, frag mich nicht warum, habe ich begonnen, ihre wilde Lust als Naturgewalt zu begreifen. Es war, als würde sie sich nicht nur mir, sondern dem gesamten Universum hingeben.

Diese Erkenntnis veränderte alles. Anjas scheinbarer Egoismus berührte mich plötzlich auf eine tiefe und unmittelbare Weise und weckte eine ähnlich archaische Kraft in mir. Manchmal verschwindet alles um mich herum und ich kann nicht mehr sagen, wo ich aufhöre und sie anfängt. Ich spüre keinen Unterschied mehr zwischen ihrer und meiner Lust.

Solche Erfahrungen haben mir gezeigt, dass Sex mehr sein kann als nur physische Begegnung. Er kann zu einem heiligen Akt werden, zu einer Feier des Lebens. Es kann ein richtig besonderer Moment sein, wie ein kleines Wunder, in dem man sich nicht nur miteinander, sondern mit einfach allem verbunden fühlt. Es verschwimmen alle Grenzen und man ist irgendwie Teil von was Größerem. Andere nehmen dafür vielleicht Drogen, aber Sex tut es auch. Man muss nur wieder runterkommen …

Das Wesen von Eros und Sexualität

Von Sehnsucht und Neugier angetrieben dem Wesen von Sex und Eros auf die Spur zu kommen, das ist ein Pfad ohne konkretes Ziel. Sexualität ist eine Kraft ständiger Erneuerung, sie kann immer wieder aufs Neue faszinieren, vollständige Befriedigung kann sie allerdings nur vorübergehend bieten.

Fassen wir zusammen: Das Wesen von Erotik und Sex verbirgt sich oft hinter der Funktion, die Sexualität für uns ausübt. In ihrem Kern ist sexuelle Energie lebendige Polarität, die Kreativität hervorlockt und Neues kreiert. Wir können sie im sexuellen Kontakt mit uns selbst und mit anderen Menschen erleben, aber auch weit darüber hinaus, potenziell in jedem Moment unseres Lebens.

Mit unterschiedlichen Methoden und mithilfe von verschiedenen Landkarten können wir lernen, ein Gespür für subtile bis spannungsgeladene Polaritäten zu entwickeln und Eros zu kultivieren und zu feiern.

Übung 2: Erkundung erotischer Polaritäten

Ziel: Diese Übung zielt darauf ab, Polaritäten im erotischen Erleben zu erforschen und Raum für Neues und Unbekanntes zu schaffen.

1. **Einstimmung:** Finde einen ruhigen und ungestörten Ort, an dem du bequem sitzen und liegen kannst. Beginne mit einigen tiefen Atemzügen, um dich zu zentrieren und zu entspannen. Wenn du möchtest, setze eine Augenbinde auf, um den Fokus nach innen zu richten und äußere Ablenkung zu minimieren.

2. **Polaritäten erkunden:** Reflektiere über unterschiedliche Polaritäten in deinem Leben und wie sie sich in deinem erotischen oder sexuellen Erleben widerspiegeln (z. B. geben und nehmen, führen und folgen). Stelle dir mithilfe deiner Fantasie Szenarien vor, in denen die Polaritäten zum Ausdruck kommen können. Wie reagierst du körperlich und emotional darauf? Welche Seiten der Polaritäten sind dir vertraut, welche neu oder weniger vertraut? Welche Bewertungen sind im Spiel?

3. **Kommunikation:** Stelle dir vor, über deine Erkenntnisse und Bedürfnisse in einer vertrauensvollen Umgebung zu kommunizieren, und achte auf deine innere Befindlichkeit, die mit dieser Vorstellung einhergeht. Wird es weit oder eng in dir? Entspannt oder ängstlich?

4. **Neues zulassen:** Wähle eine oder mehrere Polaritäten oder eine sexuelle Praxis, die dich neugierig macht und außerhalb deiner üblichen Komfortzone liegt. Stelle dir vor, diese ungewohnten Facetten zu erkunden und beachte die Emotionen oder Widerstände, die auftauchen. Erforsche nun die Polaritäten deiner Wahl in solo-erotischer Praxis. Berühre dich selbst und spüre deine Berührung von beiden Seiten: Wie es sich anfühlt, sie zu geben und wie es sich anfühlt, sie zu empfangen. Beziehe Atmung, Stimme und Bewegung mit ein.

5. **Abschluss:** Beende die Übung, indem du nochmals tief durchatmest und langsam zur vollen Präsenz im Raum zurückkehrst. Wenn du eine Augenbinde trägst, nimm sie ab und gib dir Zeit, dich wieder an das Licht zu gewöhnen.

6. **Integration:** Nimm dir Zeit, um Gefühle und Gedanken, die während der Erkundung aufgekommen sind, in deinem Notizbuch festzuhalten. Spüre nach, welche Facette deiner Sexualität du eventuell in dein Leben integrieren möchtest, sei es allein oder mit einem Partner.

7. **Ausblick:** Wenn du willst, kannst du später mit einer Partnerin, in einer Therapiesitzung oder in einer Gruppe, in der Offenheit und Akzeptanz herrschen, über deine Erkenntnisse sprechen. Vielleicht möchtest du auch die erforschten Polaritäten oder Vorlieben mit einem vertrauenswürdigen Partner weiter erkunden.

Diese Übung ermöglicht eine tiefe, persönliche Erkundung deiner Sexualität, jenseits herkömmlicher Definitionen und Erwartungen.

Eros und Sex sind nicht alles. Manchmal ruht die sexuelle Kraft. Vielleicht ist uns das willkommen, aber wenn wir Eros wieder intensiver spüren wollen, können wir uns daran erinnern: Er braucht ein gewisses Maß an Polarität, Risikobereitschaft und Herausforderung, um lebendig zu werden und sich von sanftem Kribbeln bis hin zu wilder Geilheit bemerkbar zu machen.

Ein Einwand, der an dieser Stelle gerne geäußert wird, geht so: „Ich brauche vor allem Sicherheit und Entspannung, um meine Lust zu spüren. Risiko und Herausforderung löschen mich regelmäßig ab." Ja, das ist sogar häufig so, widerspricht aber nicht dem Gesagten. Einerseits ist die verträgliche Dosis erotischer Risiken individuell sehr unterschiedlich. Was die einen anmacht, ist für andere bereits Stress pur. Darüber hinaus brauchen manche Menschen zunächst liebevolle Zuwendung, andere brauchen zunächst eine verlässliche Bindung, um sich sicher genug für eine sexuelle Begegnung zu fühlen. Die Zusammenhänge sind komplex.

Bevor ich auf die Komplexität und die verschiedenen Wechselwirkungen näher eingehe, schauen wir uns die anderen beiden Dimensionen genauer an. Als nächstes wenden wir uns der Liebe zu. Die Energie der Liebe paart sich gerne mit sexueller Energie, ist in ihrer Eigenart aber etwas ganz anderes und fühlt sich auch anders an.

5. Was ist Liebe?

„Was ist Liebe? Liebe ist, wenn man – ach was!
Liebe ist Liebe." (Erich Mühsam)[27]

Eine Sehnsucht, die nie erfüllt werden kann?

Mit Liebe meinen wir gewöhnlich ein intensives Gefühl der Zuneigung zu Menschen, zu anderen Lebewesen, aber auch gegenüber Objekten, Ereignissen oder gar puren Vorstellungen unserer Einbildungskraft.

Das Wort Liebe gab es im Mittelalter noch nicht, dafür aber den Begriff der Minne. Die Minne galt als eine Form der Liebe zu Gott, aber auch als ritterliches Anhimmeln einer unerreichbaren Frau. Das zugehörige Adjektiv *liubi* stand für glücklich, erfreulich, begehrenswert, lieblich, liebenswert, beliebt, froh und verliebt. Historisch verweist der Begriff der Liebe also auf eine Sehnsucht, die nicht erfüllt werden kann. Das lässt Raum für Spekulationen, Mythenbildungen und Projektionen über das Wesen der Liebe. Vielleicht gibt es mehr Definitionen, als es Menschen gibt.

Während beim Sex verbreitete Tabus und zahlreiche Funktionen, denen er dient, den klaren Blick auf sein Wesen vernebeln, sind es bei der Liebe vor allem Mythen und Klischees, die uns in die Irre führen. Ich werde mich dem Begriff der Liebe vorsichtig annähern. Jede Definition kann wohl nur eine weitere Facette in einem kaum überschaubaren Mosaik darstellen. Wir erleben Liebe in unterschiedlichen „Schwingungen" – von romantischer Verliebtheit über tiefe Verbundenheit bis hin zu universeller Liebe, die alles umfasst. Liegt den verschiedenen Ausdrucksformen etwas Gemeinsames zugrunde? Wie lässt sich die essenzielle Qualität der Liebe erfassen und von sexueller Energie und dem Bedürfnis nach Bindung unterscheiden?

„Liebe ist ein kleiner alter Mann und eine kleine alte Frau, die immer noch Freunde sind, obwohl sie sich doch schon so gut kennen." (Tommy, 6 Jahre)

Unser Liebesleben besteht nicht nur aus Liebe

Die Vorstellungen von Liebe, die wir in der Kindheit entwickeln, bilden die Grundlage für unser späteres Liebesleben. Sie sind oft eher diffus, denn der Unterschied zwischen Liebe, sexueller Anziehung und Bindung ist in unserem Sprachgebrauch verschwommen. Liebe fungiert als Sammelbegriff für all diese Aspekte, die sich jedoch in Qualität und Dynamik grundsätzlich unterscheiden. Dieses Kapitel widmet sich der Liebe in ihrem Wesenskern. Um die besondere Qualität der Liebe zu erfassen, müssen wir sie von den anderen Dimensionen abgrenzen – keine leichte Aufgabe, da wir sie kaum isoliert erleben. Dazu kommt, dass sich Sex und Bindung eher in einem konkreten Verhalten manifestieren, während Liebe davon unabhängiger ist. Wir können lieben, ohne irgendetwas damit zu „machen".

„Was bedeutet es, wenn wir 'Ich liebe dich' sagen?" Bereits diese Frage offenbart die Vielschichtigkeit der Liebe. Der Satz kann vielfältige Bedeutungen haben, von Zuneigung über Bewunderung bis hin zum Ausdruck von Bedürfnissen oder Akzeptanz. Die Beliebtheit von „Liebe ist ..."-Sinnsprüchen unterstreicht die mannigfaltigen Assoziationen, die wir mit Liebe verbinden. Doch nicht jede Assoziation gibt Aufschluss über das Wesen der Liebe.

Wir empfinden Liebe zu jemandem, wenn wir die Person so akzeptieren, wie sie ist, wenn wir gerne Zeit mit ihr verbringen, wenn wir ihr vertrauen, wenn wir uns ihr gegenüber verletzlich oder stark zeigen können, wenn wir ihr trotz Verletzungen wohlwollend begegnen, wenn unser Herz für sie schlägt, wenn wir sie vermissen oder uns vorstellen können, mit ihr alt zu werden.

Umgekehrt fühlen wir uns geliebt, wenn uns Wohlwollen entgegengebracht wird, wenn wir Geschenke erhalten, wenn uns geholfen wird, wenn Vertrauen herrscht, wenn wir umarmt werden, wenn uns jemand tief in die Augen blickt, wenn wir begehrt werden, wenn uns Freiraum gelassen wird, wenn wir festgehalten werden, wenn jemand seine Bedürfnisse für uns zurückstellt, wenn uns Andersartigkeit zugemutet wird, wenn uns verziehen wird, wenn wir herausgefordert werden oder womöglich sogar dann, wenn uns ein Heiratsantrag gemacht wird. Und das sind nur einige Beispiele.

Die zahllosen Situationen, die wir mit Liebe assoziieren, sind so vielfältig wie widersprüchlich. Während manche sagen, Liebe dürfe nicht wehtun, behaupten andere, ohne Schmerz sei es keine echte Liebe.[28] Die Vielfalt und Widersprüchlichkeit machen es herausfordernd, das Wesen der Liebe zu ergründen.

Auch für die Wissenschaft ein Wunder

Die Liebe stellt auch für die Wissenschaft ein faszinierendes Phänomen dar. Wissenschaftlerinnen nähern sich dem Thema Liebe aus unterschiedlichen Richtungen an: als biochemisches Rätsel, Kommunikationsform, gesellschaftliches Konstrukt, als fundamentale Kraft oder gar Illusion. Der Band „Liebe. The World Book of Love"[29] vereint Einsichten von über hundert Forschenden weltweit und zeigt die Vielfalt möglicher Perspektiven auf. Richard David Precht nennt die Liebe ein „unordentliches Gefühl"[30], ein Ausdruck ihrer Komplexität und Widersprüchlichkeit. Und sehr oft spiegeln Theorien eher den Blickwinkel ihrer Urheberin als das Wesen der Liebe wider.

In unserer materialistisch geprägten Welt wird Liebe häufig auf physiologische Prozesse reduziert. Martin Dornberg[31], Arzt und Philosoph, weist darauf hin, dass beim Verlieben verschiedene Hormone wie Dopamin, Serotonin, Oxytocin sowie Adrenalin und Noradrenalin eine Rolle spielen und Gefühle von Nähe und Vertrauen, des Begehrens und auch des Glücks auslösen können. Die genannten Hormone sind mit dem gesamten Dreieck aus Sex, Herz und Bindung verknüpft, was ihre klare Zuordnung erschwert. Zudem bleibt die Frage offen, ob eher die Hormone die Empfindung von Liebe auslösen oder die Liebe die Ausschüttung von Hormonen stimuliert. Eine Frage von Henne und Ei.

Selbst für nüchtern Forschende bleibt Liebe ein Wunder, ein beeindruckendes Zusammenspiel biochemischer Prozesse, das unserem Leben Tiefe und Zauber verleiht.[32]

Das Herz umarmt und verwandelt

Den Zauber und die Unfassbarkeit der Liebe erkenne ich gerne an, und doch möchte ich mehr über die besondere und einzigartige Qualität der Liebe herausfinden. Zwei Analogien können dabei helfen:

1. **Das Herz als Symbol der Liebe:** Unser Herz wird oft als Symbol der Liebe angesehen. Es hält den Körper lebendig, indem es mit Hilfe der Lunge unermüdlich sauerstoffarmes Blut gegen sauerstoffreiches austauscht und das lebensspendende Elixier überall im Körper verteilt. In diesem Bild spiegelt sich die transformative Kraft der Liebe wider: Sie empfängt bedingungslos, was ihr zuströmt, führt es einer Verwandlung zu und gibt es mit gleicher Großzügigkeit überallhin zurück. Liebe hat somit die Fähigkeit, alles anzunehmen, zu erneuern und zu nähren.

2. **Die Umarmung als Ausdruck der Liebe:** Eine Umarmung, bei der die Arme das Herz zu erweitern scheinen, verkörpert Liebe auf eine sehr konkrete Weise. Sie bringt Nähe, Wärme und Schutz, ohne direkt in uns einzudringen oder zu fordern. Im Gegensatz zur sexuellen Vereinigung, die durch Penetration und Stimulation gekennzeichnet ist, bietet die Umarmung Geborgenheit und Entspannung. Die Verbindung, die durch eine Umarmung entsteht, strebt nicht nach einem Ziel, sondern akzeptiert und umfasst das Gegenüber in seiner Ganzheit.

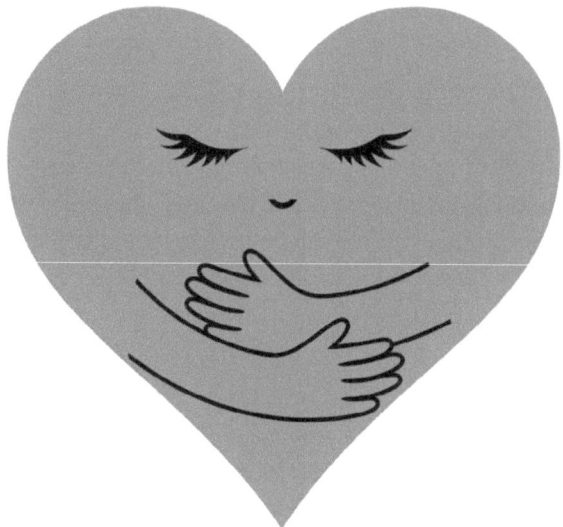

Abb. 8: Das Herz will umarmen

Die beiden Analogien sollen nicht als Beweis herhalten, sondern als Einladung, eigene Erfahrungen mit der Liebe zu reflektieren. Vieles, was wir als Liebe empfinden, lässt sich als eine Bereitschaft zur bedingungslosen Annahme von uns selbst und einander, als Zulassen einer umfassenden Verbundenheit und als transformative Kraft verstehen, die kein Ziel über den Moment hinaus verfolgt.

Mehr als ein Gefühl?

Oftmals wird Liebe als Gefühl verstanden. Ob wir jemanden lieben oder nicht, scheint allein davon abzuhängen, ob wir dieses Gefühl spüren. Das Ausbleiben dieses Gefühls wird häufig als Trennungsgrund angeführt: „Es tut mir leid, ich liebe dich nicht mehr." Das ist eine Aussage, gegen die sich schwer argumentieren lässt, denn ein Gefühl lässt sich nicht erzwingen.

Doch ist Liebe tatsächlich nur ein flüchtiges Gefühl, das sich schicksalhaft einstellt und wieder verabschiedet? Das ebenso rätselhaft verschwindet, wie es gekommen ist? Sind wir so machtlos gegenüber der Liebe, oder haben wir eine Chance, uns bewusst für die Liebe zu entscheiden?

Es gibt viele Versuche, verloren geglaubte Liebe wiederzubeleben, mit unterschiedlichem Erfolg. Das Scheitern dieser Bemühungen muss nicht zwangsläufig bedeuten, dass Liebe einfach kommt und geht. Vielleicht liegt es daran, dass wir versuchen, das Gefühl auf eine Art und Weise wiederzuerwecken, die dem Wesen der Liebe widerspricht? Ein krampfhaftes Festhalten an der Liebe führt selten zu ihrer erneuten Blüte.

Wir können sie zwar nicht erzwingen, aber wir haben die Möglichkeit, Einfluss zu nehmen und unsere Liebesfähigkeit zu erweitern. Wir können die Liebe besser verstehen lernen, ihr Raum geben und uns ihr gegenüber öffnen. Liebe wird zuweilen als das Kind der Freiheit bezeichnet. Das impliziert eine Freiheit in verschiedene Richtungen: Wir geben Freiheit und wir empfangen sie. Wenn wir uns tiefer auf jemanden einlassen, dann geschieht das – falls es von Herzen kommt – freiwillig.

Die Herausforderung besteht darin, dass uns die Öffnung für die Liebe auch für vieles andere öffnet, das uns berührt. Das Herz unterscheidet nicht, es empfängt zunächst alles. Wenn wir uns für die Liebe zu jemandem öffnen, werden wir auch weniger angenehme Gefühle intensiver wahrnehmen. Sind wir bereit, dieses Risiko einzugehen? Die Frage ist wesentlich. Sie zu übergehen mag verlockend sein, aber selten hilfreich.

Die gute Nachricht: Die Bereitschaft, angenehme wie unangenehme Gefühle zu fühlen, wird umso größer, je mehr wir mit dieser Bereitschaft experimentieren und sie kultivieren. Sie erleichtert es, uns in all unseren Facetten anzunehmen. Auf dieser Grundlage können wir lernen, auch andere Menschen in ihrer Ganzheit zu akzeptieren. Akzeptanz kann das Gefühl der Liebe neu entfachen, nicht durch erzwungenes Festhalten, sondern durch ein bewusstes Erleben der Verbundenheit mit dem, was ist. Wir können uns nicht so einfach entscheiden, Liebe zu fühlen. Wir können uns jedoch für einen Weg entscheiden, auf dem es dem Herzen leichter fällt, sich für seine Gefühle zu öffnen. Maja berichtet:

Liebe ist nicht das schöne Gefühl

Kürzlich saß ich mit einer Tasse Kaffee vor mir und dachte nach. „Ich liebe Nathan", sagte ich im Stillen zu mir selbst, wie um es zu überprüfen. Und es fühlte sich wahr an, endlich! Es gab nämlich Zeiten, da konnte ich das nicht mehr fühlen, mein Herz war wie eingefroren.

Wir sind seit sechs Jahren ein Paar, und nach drei wundervollen Jahren begann das Drama. Nathan hatte sich nicht verändert; er war immer noch der liebevolle Mann, den ich kennengelernt hatte. Aber etwas in mir fühlte sich eingesperrt, als wäre meine Liebe in Ketten gelegt worden.

Nathan spürte, dass etwas nicht stimmte. Er kam oft zu mir und fragte besorgt: „Was ist los, Maja? Du wirkst so distanziert. Fehlt dir etwas?"

Ich konnte ihm nicht sagen, dass mein Herz sich verschlossen hatte. Es hätte ihn zerstört. Aber die Frage, die ich am meisten fürchtete, blieb aus: „Liebst du mich noch?" Ich bin ihm dankbar, dass er sie nie gestellt hat.

In meine Gedanken schlichen sich Bilder anderer Männer ein, Männer, die mich nicht annähernd so liebevoll behandelten wie Nathan. André zum Beispiel. „Vielleicht brauche ich einfach mehr Freiheit", dachte ich und ließ mich auf eine Affäre mit ihm ein. Nathan, anstatt auszurasten, blieb verständnisvoll. Das machte es nur noch schlimmer. Ich begann, mich selbst zu verabscheuen. Wie konnte ich jemanden, der mich so bedingungslos liebte, nicht ebenso lieben?

Die Affäre mit André brachte keine Lösung. Es ging mir nicht um sexuelle Freiheit, sondern um innere Freiheit, darum, meine eigenen Gefühle zuzulassen. Das wurde mir klar, als meine Mutter versuchte, mir ins Gewissen zu reden. Nach einer Weile explodierte ich: „Mama, hör auf! Soll ich es etwa so machen wie Du? Du hast nie dein eigenes Leben gelebt, du hast immer nur Papa gefragt, was du tun sollst!" Sie sah mich ratlos an. „Aber Maja, das ist mein Leben", flüsterte sie.

In diesem Moment wurde mir klar, was mich an Nathan störte. Er war zu nachgiebig, wollte immer nach meiner Pfeife tanzen. Wie konnte ich jemanden lieben, der sich selbst dermaßen verleugnete?

Bianca, meine beste Freundin, brachte es auf den Punkt: „Warum sagst du ihm das nicht einfach?"

„Weil er das nicht verdient hat", antwortete ich.

„Ach wirklich? Er verdient nicht deine Wahrheit? Wen betrügst du eigentlich mehr, ihn oder dich selbst?"

Das Gespräch mit Nathan war schrecklich, aber es musste sein. Er reagierte wie immer: verständnisvoll. Aber dieses Mal hielt ich es nicht mehr aus. „Hör auf, mich zu schonen, verdammt nochmal! Ich will DICH!" In diesem Moment musste ich lachen. „Wer schont hier eigentlich wen?", hörte ich Biancas Stimme in meinem Kopf. Nathan war verwirrt, aber in diesem Moment fing etwas an, sich grundlegend zu verändern.

Seitdem sind zwei Jahre vergangen. Es war ein langer Weg, aber ich habe etwas Wichtiges gelernt. Liebe ist nicht nur das schöne Gefühl, das man *sich gerne herbeisehnt. Es geht darum, alles zu fühlen, was man mit diesem Menschen eben fühlt, und sich dem zu stellen, nicht davor wegzulaufen. Ich war die ganze Zeit vor meinen eigenen Gefühlen weggelaufen und wunderte mich, dass ich nichts mehr fühlte.*

Das Erstaunlichste daran: Ich sehe Nathan heute mit ganz anderen Augen. Hat er sich verändert? Sicherlich, aber gar nicht mal so viel. Die wichtigste Veränderung fand in mir statt.

Wenn wir der Liebe als einem Gefühl hinterherjagen, führt uns das ziemlich in die Irre. Das *Gefühl* der Liebe ist eher die Folge als die Voraussetzung dessen, was Liebe in ihrem Wesenskern ausmacht: wirklich das anzunehmen und zu umarmen, was wir fühlen und was uns begegnet. Und das bedeutet eben nicht, dass es immer rosarot aussieht.

Selbstliebe

Liebe beginnt bei uns selbst. Ähnlich wie unsere Sexualität nicht erst durch den Kontakt mit anderen entsteht, sondern auch in der Begegnung mit uns selbst erlebt werden kann, können wir Liebe auch in uns selbst entdecken und sie uns schenken, unabhängig von anderen Menschen. Oft gehen wir irrtümlich davon aus, unsere Liebe sei von der Liebenswürdigkeit ihres „Objekts" abhängig und nicht von unserer eigenen Fähigkeit oder Bereitschaft zu lieben. Wenn wir erkennen, dass Liebe nicht in erster Linie ein Gefühl, sondern eine Bereitschaft ist, erschließt sich auch der Weg zur Selbstliebe. Mit ihr ist keine Selbstbewunderung gemeint, sondern die Bereitschaft, sich selbst in allen Facetten – auch den schattigen und ungeliebten – anzunehmen.

Paradoxie[33] ist ein weiteres Merkmal der Liebe: Sie verändert etwas, indem sie es so sein lässt, wie es ist. Eine solche Transformation in uns selbst erleben zu können, schafft eine solide Grundlage, auch andere Menschen lieben zu lernen und die Verantwortung dafür zu übernehmen.[34]

Doch das Herz lässt sich zu nichts zwingen, ohne es zu verletzen. So sehr es danach strebt anzunehmen, was ist, so sehr braucht es auch einen gewissen Schutz. Die Verletzlichkeit unseres Herzens erfordert die Möglichkeit, sich emotional zu schützen. Nur dann kann es sich freiwillig öffnen. Hier begegnen wir wieder einer Paradoxie: Drängen wir das Herz zur Liebe, entzieht es sich. Verlangen wir von ihm, sich zu öffnen, verschließt es sich.[35] Es ist daher kaum verwunderlich, dass der Prozess der Selbstliebe manchmal einem Labyrinth gleicht.

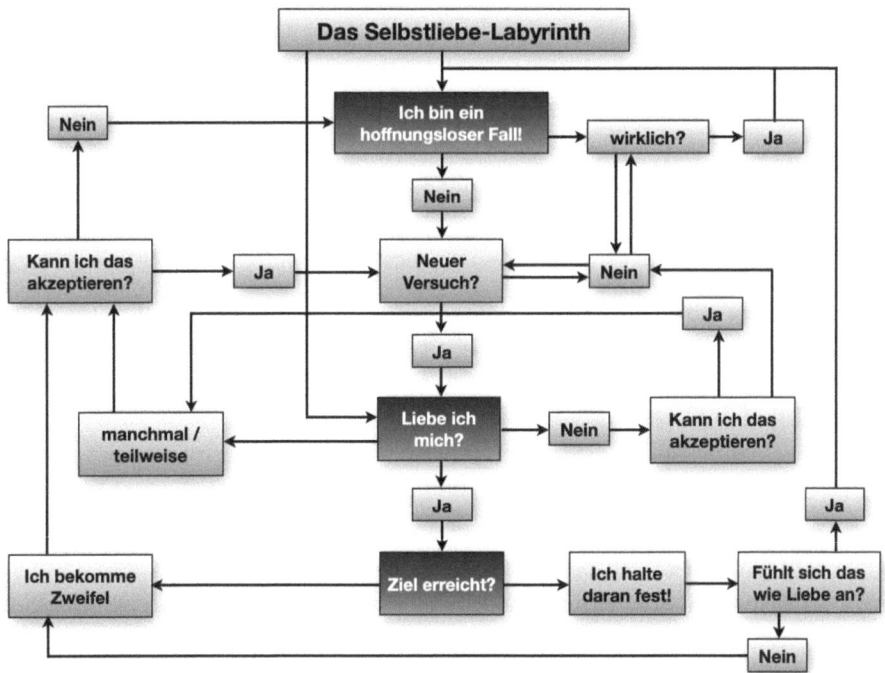

Abb. 9 Das Selbstliebe-Labyrinth

Die Beziehung zu uns selbst ist folgenreicher als die zu anderen Menschen. Wir können zwar die Art und Weise, wie wir uns selbst behandeln, beeinflussen, aber wir werden uns selbst nicht los. Die Beziehung zu uns selbst steht nicht zur Disposition, wir können sie lediglich ins Unterbewusstsein verdrängen. Mit anderen Menschen ist das anders. Jemanden zu lieben, bedeutet nicht zwangsläufig, eine Beziehung mit dieser Person einzugehen, und eine Beziehung zu führen, heißt nicht unbedingt sich zu lieben. Paradoxerweise ist eine Trennung oft sogar leichter zu vollziehen, wenn noch Liebe spürbar ist. Den Trennungsschmerz zu umarmen, macht ihn nicht weniger schmerzhaft, bewahrt uns aber davor, uns in heillosen Streitereien zu verlieren.

Bei der Entscheidung, unser Leben mit jemandem zu teilen, spielen zahlreiche Faktoren eine Rolle, nicht nur die Liebe. Doch diese Überlegungen gehören zum Thema Bindung, auf das wir bald zurückkommen.

Intimität und Differenzierung

Liebe entfaltet sich in einem Raum der Offenheit für das, was ist – einem Raum, in dem wir uns dem gegenwärtigen Moment und unseren Gefühlen zuwenden. Intimität, insbesondere auf emotionaler Ebene, spielt dabei eine zentrale Rolle. Intimität ist nicht gleichbedeutend mit Liebe, doch entsteht sie häufig durch echte, authentische Begegnung, die uns wiederum dem Kern der Liebe näherbringen kann.

Mit Intimität assoziieren viele Menschen ein besonderes Maß an Nähe, Übereinstimmung und der gegenseitigen Erfüllung von Bedürfnissen. Das sind jedoch alles keine Voraussetzungen für Intimität. Wie der amerikanische Paartherapeut David Schnarch[36] pointiert dargelegt hat, können wir Intimität auch mit Bezug auf unsere Differenzen erleben. Voraussetzung ist, dass wir uns in unserem *So-sein-wie-wir-sind* weitgehend selbst bestätigen können und uns daher nicht anpassen müssen, um die dringend benötigte Bestätigung vom anderen zu bekommen. Im Unterschied zum erotischen Spiel mit Polaritäten geht es in der Liebe darum, einander mit all den unterschiedlichen Wünschen und Bedürfnissen anzunehmen und zu umarmen – ein Prozess, der emotionale Intelligenz und ein gewisses Maß an Reife verlangt.

Mit den folgenden Aktivitäten können wir zwar keine Liebe erzeugen, ihr aber den Weg bereiten:

- Einander spiegeln und Resonanz anbieten
- Wohlwollende Empathie schenken
- Einander beschenken, ohne etwas zurück zu erwarten
- Gemeinsames Wachstum, indem wir uns zumuten
- Unterstützung bei individuellen Schwächen
- Eine Balance von Geben und Nehmen aushandeln
- Immer wieder eine Balance von Verbindlichkeit und Autonomie finden
- Unseren Fokus zwischen Ich, Du und Wir wechseln

Woran merken wir, was unsere Liebe tatsächlich unterstützt? Ein wichtiges Kriterium: Erleben wir uns als gut mit uns selbst verbunden und sagen tatsächlich ja zu dem, was ist, oder bewegen uns zumindest in diese Richtung? Oder entfernen wir uns von uns selbst und versuchen, es dem anderen recht zu machen? Liebe zeigt sich in einem Gefühl der Verbundenheit (sie ist nicht das Gleiche wie Bindung, dazu später mehr), ohne dass wir uns dafür verbiegen müssen. Liebe ist ein dynamischer Prozess, der sich je nach individueller Prägung wunderschön, aber durchaus auch bedrohlich anfühlen kann.

Alle Menschen lieben?

In meinen Seminaren erlebe ich oft einen spannenden Prozess: Am ersten Abend empfinden die meisten Teilnehmer*innen neben ihrer Vorfreude auch eine gewisse Skepsis. Lauter fremde Menschen. Sie alle zu lieben, das erscheint nicht nur weit weg, sondern geradezu utopisch.

Manchmal provoziere ich die Gruppe einen oder zwei Tage später mit der Frage: „Wie wäre es, alle Menschen hier im Raum zu lieben? Führt diese Frage zu mehr Weite oder mehr Enge in deiner Brust?" Allein diese Vorstellung löst einiges aus, manche fühlen sich euphorisiert, andere unangenehm berührt, so als wäre zu lieben eine Last.

Dann stelle ich die umgekehrte Frage: „Wie wäre es, von allen hier im Raum geliebt zu werden?" Die Umkehrung erleben manche als Befreiung, für andere scheint die Vorstellung geliebt zu werden bedrohlicher als selbst zu lieben.

Am Ende des Workshops, wenn die Zeit des Abschieds naht, offenbart sich oft eine Art Magie: Die einstigen Fremden sprechen von Liebe, aber nicht aus Naivität, sondern in Kontakt mit einer tieferen, gemeinsam entdeckten Wirklichkeit. Sätze wie „Ich liebe euch alle!" ernten kein Stirnrunzeln, sondern überwiegend zustimmendes Nicken. Die anfängliche Skepsis ist der tieferen Einsicht gewichen, dass Liebe ihrem Wesen nach nichts ausschließt, uns aber auch nicht veranlasst, uns selbst untreu zu werden oder Grenzen zu missachten.

Die Möglichkeit zur tiefen Verbundenheit entsteht in Seminaren, indem Teilnehmende durch ihre Echtheit und Authentizität eine Herzensöffnung erleben, ohne dass sie irgendeine Anerkennung dafür erwarten. Diese Offenheit lässt oft auch bei den anderen die Herzen aufgehen, entgegen aller anfänglicher Befürchtungen.

Die Erfahrung zeigt, dass das menschliche Bedürfnis zu lieben und geliebt zu werden, universell ist und lediglich durch innere Barrieren eingeschränkt wird. Liebe als eine Haltung der Akzeptanz zu verstehen, unabhängig von Bedingungen wie Bewunderung, Versprechen oder dem Bedürfnis, es anderen recht zu machen, kann befreiend wirken. Viel mehr als uns anzustrengen, geht es darum, Liebe nicht in ihrer Entfaltung zu behindern und ihr Wesen in seiner Einfachheit zu begreifen.

Liebe offenbart Verbundenheit

Das Wesen der Liebe geht über flüchtige Gefühle hinaus. Sie ist keine Emotion, die kommt und geht, sondern eine tiefe Wahrnehmung der Verbundenheit, die alles im Universum umfasst. Indem wir uns authentisch zeigen und uns auf intime Begegnung einlassen, öffnen wir die Tür zur Liebe. Sie offenbart sich als ein fundamentales Prinzip, das uns die allgegenwärtige Verbundenheit vor Augen führt – eine Verbundenheit, die unabhängig von unserer Wahrnehmung besteht.

Sogar der Wunsch, dass etwas anders sein möge, als es ist, ist Teil der Realität und findet in der Liebe seinen Platz, jedoch nicht als Tatsache, sondern eben als Wunsch, der sich erfüllen kann oder auch nicht. Liebe verbindet uns mit weit mehr, als uns das in der Regel bewusst ist[37], und allumfassende Liebe möglicherweise mit dem ganzen Universum, wie es manche Menschen in tiefer Meditation oder in Nahtoderlebnissen erfahren haben. Im Herzen können wir eine Ahnung davon erhaschen.

Die beiden Analogien, die wir als Wegweiser zum Wesen der Liebe herangezogen haben – die Aktivität des physischen Herzens und die Umarmung – machen uns auf unsere Verbundenheit aufmerksam. Zugleich helfen sie uns klarer zu sehen, welche Faktoren zwar im Liebesleben große Bedeutung haben, jedoch nicht selbst unmittelbarer Ausdruck von Liebe sind. Mit Liebe im wesentlichen Sinn könnten wir demnach verwechseln:

1. Voneinander angezogen sein, sich necken und einander begehren
2. Aufregung, Erregung oder Begeisterung spüren
3. Bedürfnisse erfüllen oder erfüllt bekommen und einander brauchen
4. Wählerisch, zuverlässig und treu sein, Exklusivität herstellen

Diese Gefühle und Aktivitäten sind wichtige Facetten unseres Liebeslebens, es handelt sich bei ihnen aber nicht um die spezifische Qualität von Liebe, sondern eher von Eros (1. und 2.) oder Bindung (3. und 4.). Viele Menschen halten das nicht auseinander, weil sie gar nicht auf die Idee kommen, weil sie nicht darauf achten oder weil ihre Wahrnehmung nicht differenziert genug ist.

Auch kollektiv herrscht große Verwirrung, die bereits in Redewendungen wie „Liebe machen" zum Ausdruck kommt. Damit ist in der Regel nicht direkt Liebe, sondern eine sexuelle Begegnung gemeint – was Liebe natürlich nicht ausschließt. Was wir aber unklar benennen, können wir schwer voneinander unterscheiden. Wir sind kaum darin geschult, die verschiedenen Qualitäten im Körper wahrzunehmen. Sind Schmetterlinge im Bauch ein Zeichen von Verliebtheit oder von sexueller Anziehung? Wie steht es mit unserer Sehnsucht nach Nähe? Mit dem Verlangen, zusammen zu sein?

Je differenzierter unsere Wahrnehmung, desto leichter fällt die Unterscheidung zwischen Herzensenergie und sexueller Energie: Eros konzentriert sich auf Begegnung und Polarität, Liebe auf Verbundenheit und Gemeinsamkeit. Wie verhält es sich dann beim Slow Sex? Geht es dabei nicht gerade um die Verbundenheit und weniger um Polarität? Ja genau, und daher lautet einer der einschlägigen Buchtitel „Liebe würde Slow Sex machen".[38]

Auch Liebe und Bindung unterscheiden sich grundlegend; Liebe bezieht sich auf das Hier und Jetzt, Bindung strebt nach Kontinuität. Die Tatsache, dass wir im jeweiligen Moment eine Verbundenheit spüren können, ohne einen Bezug zur Vergangenheit oder Zukunft, macht auf den fundamentalen Unterschied von Liebe und Bindungsbedürfnissen aufmerksam. Bindungen sind menschlich und wertvoll, aber nicht gleichbedeutend mit Liebe. Die Verschmelzung von Liebe und Bindung kann bereichernd sein, wenn ihre Unterschiede anerkannt und geschätzt werden. In späteren Kapiteln schauen wir uns die jeweiligen Unterschiede noch genauer an (ab Seite 106).

Übung 3: Erweiterung deiner Liebesfähigkeit

Ziel: Diese Übung dient der Selbsterkundung und Vertiefung der eigenen Liebesfähigkeit.

1. **Ankommen und dein Herz spüren.** Finde einen ruhigen Ort, an dem du ungestört sein kannst. Setze oder lege dich bequem hin und schließe deine Augen. Atme einige Male tief ein und aus, um Körper und Geist zu entspannen. Lege eine Hand sanft auf dein Herz. Spüre den Herzschlag und die Wärme deiner Hand.

2. **Erinnerung und Würdigung.** Denke nun an Menschen, die du geliebt hast oder die dich geliebt haben. Es können Partner, Familienmitglieder, Freund*innen, oder sogar Haustiere sein. Erlaube dir, jeder dieser Beziehungen einen Moment der Würdigung zu schenken. Spüre, wie diese Erinnerungen dein Herz berühren. Wenn eine Erinnerung mit Schmerz verbunden ist, lasse dich auch den Schmerz fühlen. Wenn der Schmerz zu intensiv wird, versuche ihn zu dosieren, indem du deinen Fokus oder deine Atmung variierst.

3. **Sehnsucht erkunden.** Richte deine Aufmerksamkeit auf die Sehnsucht in deinem Herzen. Vielleicht ist es ein sanftes Ziehen oder ein tiefes Verlangen nach Verbundenheit und Liebe. Erlaube dir, diese Sehnsucht vollständig zu fühlen, ohne sie zu bewerten oder zu analysieren. Auch deine Sehnsucht kann schmerzhaft sein. Erlaube dir, sie zu fühlen und ggfs. zu dosieren.

4. **Hindernisse erkennen.** Betrachte nun, was der Liebe in deinem Leben im Wege steht oder gestanden hat. Dies können Ängste, alte Verletzungen, Glaubenssätze oder äußere Umstände sein. Nimm die Hindernisse wahr, ohne sie zu verurteilen. Erkenne an, dass sie Teil deiner Erfahrung sind, aber deine Fähigkeit zu lieben nicht definieren.

5. **Reflexion und Integration.** Öffne langsam deine Augen und nimm dir Zeit, deine Erkenntnisse und Gefühle in dein Notizbuch zu schreiben: Wie sich dein Herz angefühlt hat, was deine Sehnsucht dir gesagt hat, ggfs. die Liebe, die du empfunden und die Hindernisse, die dir in den Sinn gekommen sind. Gehe der Frage nach, welche konkreten Schritte du unternehmen könntest, um deine Liebesfähigkeit zu vertiefen oder Hindernisse zu überwinden. Das könnte z. B. ein offenes Gespräch mit jemandem, eine Vergebung oder eine Selbstfürsorgepraxis sein.

6. **Beende die Übung,** indem du noch einmal tief ein- und ausatmest und dir selbst Dankbarkeit für die Bereitschaft entgegenbringst, dich auf diese Reise zu begeben, . Erinnere dich daran, dass die Erkundung der eigenen Liebesfähigkeit ein fortlaufender Prozess ist. Sei geduldig mit dir, während du diesen Weg beschreitest.

Die Übung kann regelmäßig wiederholt werden, um die Verbindung zum eigenen Herzen zu vertiefen und die Liebesfähigkeit zu erweitern.

Liebe ist nicht alles

Liebe ist zweifellos ein zentrales Element unseres emotionalen Lebens, doch sie allein kann nicht alle unsere Bedürfnisse erfüllen. Entgegen der Annahme romantischer Ideale bedarf es mehr als nur der Liebe, um eine Beziehung erfüllend zu gestalten. Liebe ist potenziell allumfassend, doch sie ist nicht alles. Die Bereitschaft, alles im Namen der Liebe anzunehmen, konfrontiert uns mit der Paradoxie, dass wir manchmal auch „Nein" sagen wollen oder müssen, um uns selbst zu erhalten. Auch ein Nein will als solches angenommen sein und ein ständiges „Ja" würde die Gefahr bergen, Unterschiede zu verdrängen, Konflikte zu vermeiden und die Vielfalt erotischer Impulse zu ersticken.

Für ein beglückendes Liebesleben sind neben Liebe auch Sex und Bindung essenziell. Es ist die Liebe, die nach Einheit und Verbundenheit strebt, doch um uns ihrer bewusst zu werden, brauchen wir die Wahrnehmung von Unterschiedlichkeit. Eine absolute Liebe, die uns als Individuum oder zumindest unser „Ego" auflösen würde, mag spirituell erstrebenswert erscheinen, doch im menschlichen Miteinander brauchen wir auch Vielfalt und Differenz. Unterschiedlichkeit lustvoll zu gestalten ist Domäne des Eros, Gemeinsamkeit und Verbundenheit zu spüren ist die Domäne der Liebe. So gesehen tendieren beide in eine entgegengesetzte Richtung. Damit sie sich nicht gegenseitig neutralisieren, sondern zusammen produktiv werden, spielt der Faktor Zeit eine wesentliche Rolle, die wir nun im Kontext von Bindung näher betrachten.

6. Was ist Bindung?

„Enge Bindungen zerbrechen leicht
an der Enge der Bindung." (Ernst Ferst)[39]

Ein eigenständiges Bedürfnis

Auf der Suche nach Intimität und Leidenschaft in unseren Beziehungen neigen wir oft dazu, das Bedürfnis nach Bindung zu übersehen, als wäre es eine Selbstverständlichkeit, dass sich aus Liebe und sexueller Anziehung eine Beziehung ergibt. Doch wenn wir Bindung als eine eigenständige Dimension verstehen, wird klar, dass ihre Intensität nicht zwangsläufig mit der Intensität von Liebe oder Sexualität korreliert. Viele Beziehungen bestehen weiter fort, auch wenn die Leidenschaft nachlässt oder die Liebe sich wandelt, was darauf hinweist, dass Bindung mehr ist als eine Nebenwirkung von Liebe und Begehren und auch unabhängig von beiden zustande kommen kann.

In der Vergangenheit wurden Paare oft durch Konventionen, Moralvorstellungen oder wirtschaftliche Abhängigkeiten zusammengehalten. Heute jedoch, in einer Zeit, in der individuelle Freiheiten und Selbstverwirklichung mehr im Vordergrund stehen, bleibt die Bindung ein zentrales, aber oft unterschätztes Element. Es ist an der Zeit, die Dynamik der Bindung als eine eigenständige, essenzielle Komponente unserer Beziehungen zu erkunden und zu würdigen. Bei Tom hat dieser Impuls einiges in Bewegung gebracht:

Die Bindungszone

Am vorletzten Tag unseres Workshops stand ein tantrisches Ritual an, für das wir uns in Vierergruppen zusammenfinden sollten. Die vorzeitige Bildung von Gruppen durch einige Teilnehmer löste in mir Unbehagen und Angst aus, mit denen übrig zu bleiben, die genau wie ich so naiv waren, sich nicht bereits vorab Ritualpartner zu organisieren. Eine einfache Raumaufstellung änderte meine Sichtweise grundlegend.

Entsprechend unserem Hauptinteresse – Sex, Herz oder Bindung – sollten wir uns im Raum in die jeweilige Zone begeben. Ich konnte mich nicht entscheiden, aber eine provokante Bemerkung des Seminarleiters führte mich letztendlich in die kaum besuchte Bindungszone. „Habt ihr Angst, aus dieser Zone nicht wieder herauszukommen?", hatte er gefragt, und das nachfolgende Gelächter schien das zu bestätigen: Wir hatten Widerstände gegen das Thema Bindung, obwohl wir wussten, dass sie eine wichtige, wenn nicht die wichtigste Dimension unserer Beziehungen darstellt. Meine Angst verwandelte sich in Neugier und ließ mich die anschließende Wahl der Gruppen und auch das Ritual selbst mit einer ungekannten Gelassenheit und Bewusstheit erleben.

Wie im Traum?

Wie eine zufriedenstellende Bindung entsteht – oder eben nicht – wurde vor allem bei Kindern untersucht (siehe Seite 26ff). Im Kontakt von Erwachsenen untereinander geht man anscheinend davon aus, dass sie ganz von allein eine adäquate Bindung eingehen, wenn sie einander erotisch und emotional zugeneigt genug sind und keine Altlasten aus der Kindheit im Wege stehen.

Diese Sichtweise vernachlässigt, dass Bindung einer ganz anderen Gesetzmäßigkeit und Dynamik folgt als erotische Anziehungskraft oder emotionale Vertrautheit.

Tatsächlich kann die obige Annahme dazu führen, dass wir unwissentlich ein Trojanisches Pferd willkommen heißen, das fixierte Bindungsmuster, alte Glaubenssätze, unbewusste Erwartungen und unhinterfragte Ideologien in unsere Beziehung einschleust. Später wundern wir uns darüber, dass unser Liebesleben – nach einer Latenzzeit – zum Drama wird. Es sind nicht nur unbewusste Prägungen aus der Kindheit, die später Probleme bereiten, sondern auch moralische und ideologische Fixierungen sowie eine gewisse Unbedarftheit, mit der wir Bindungen eingehen. Es scheint so, als würden die meisten Beziehungen eher in einer Art Traumzustand begonnen als in der Realität.

Eine bewusste Auseinandersetzung mit unserer Bindungsfähigkeit und Bindungsbereitschaft kann jedoch Wege aufzeigen, alte, zum Hindernis gewordene Muster zu verabschieden. Indem wir Bindung als eigenständiges Bedürfnis anerkennen und erforschen, eröffnen wir die Möglichkeit, unsere Beziehungen auf adäquatere Weise zu gestalten. Das erfordert Mut, uns über traditionelle Vorstellungen von Liebe und Begehren hinauszuwagen und uns unmittelbar unseren Bindungsbedürfnissen zuzuwenden.

Wie bewusst geschieht Bindung?

Im Unterschied zu Sternbergs Dreieckstheorie der Liebe[40] gehe ich davon aus, dass der Großteil unserer Bindungsprozesse im Unterbewusstsein stattfindet. Unsere Entscheidungen bilden nur die Spitze eines Eisberges. Selbst solche Entscheidungen, die scheinbar rational und bewusst getroffen werden, sind häufig von unterbewussten Motiven und gesellschaftlichen Ideologien beeinflusst. Dies führt zu Konflikten, wenn beispielsweise die Entscheidung für Monogamie die Bedürfnisse nach Leidenschaft und Abenteuer nicht ausreichend berücksichtigt oder wenn die Präferenz einer polyamoren Lebensweise uns emotional überfordert, obwohl wir sie für wünschenswert halten.

Die Problematik von Treuebekenntnissen zeigt sich in hohen Scheidungsraten und verbreiteten Eifersuchtsdramen. Trotzdem bleiben die meisten Menschen der Idee der Monogamie treu, auch wenn sie nur „in Serie" funktioniert. Das Phänomen der „seriellen Monogamie" offenbart eine unterkomplexe Sicht auf das Thema Bindung, die nur ein Ja oder ein Nein zu kennen scheint, ohne das 'Wie' zu berücksichtigen, insbesondere die in jeder Beziehung unvermeidliche Regulation von Nähe und Distanz.

Die Tendenz, am Ideal der Monogamie festzuhalten, ohne zu hinterfragen, ob dieses Modell unseren individuellen Bedürfnissen entspricht, spiegelt eine Voreingenommenheit wider: Viele Menschen sind sich der Möglichkeit alternativer Beziehungsformen kaum bewusst oder begegnen ihnen mit Skepsis. In der Verliebtheitsphase scheinen diese Überlegungen irrelevant, doch gerade der enthusiastische Beginn einer Liebe trägt oft schon den Keim der Enttäuschung in sich. Der hormonell befeuerte Rausch dauert selten ewig, die anfängliche Verblendung kann der Wirklichkeit nicht standhalten und das Schicksal nimmt seinen Lauf.

Ein bewussteres Einbeziehen unserer Bindungsmuster macht es leichter, Beziehungen von Beginn an so zu gestalten, dass sie tatsächlichen Bedürfnissen entsprechen und nicht primär ideologischen Vorstellungen folgen.

Auf Zeit angelegt

Die Dimension der Bindung bringt andere Qualitäten in unsere Beziehungen als Sex und Herz und befriedigt auch andere Bedürfnisse. Stelle dir als Analogie eine Skibindung vor. Sie gibt dir Halt und du kannst dich auf sie verlassen, auch wenn du wilde Abfahrten unternehmen solltest, aber sie lässt sich auch wieder lösen. Bei Verletzungsgefahr löst sie sich, wenn sie gut eingestellt ist, von selbst, was bei menschlichen Bindungen leider eher selten geschieht.

Während wir Verbundenheit nur in der Gegenwart erleben können, ist Bindung auf eine gewisse Dauer angelegt, genau dadurch gibt sie uns ihren Halt. Sie besteht fort, auch wenn wir ihr gerade keine Aufmerksamkeit schenken. Zugleich begrenzt sie aber auch unsere Bewegungsfreiheit, wodurch bestimmte Erfahrungen (siehe Skifahren) erst möglich werden.

Bindung entwickelt sich durch verschiedene Phasen: Vom Eingehen einer Bindung über das Aufrechterhalten und ihre Vertiefung bis hin zur möglichen Auflösung. Jede Phase stellt uns vor eigene Herausforderungen und bietet eigene Chancen für persönliches Wachstum. Besonders interessant ist die Frage, was Bindungen stabil hält, wie sie sich verändern und was sie schwächt.

Für Kinder ist Bindung existenziell und überlebensnotwendig. Wenn Kinder nur unzureichende Bindungsmöglichkeiten angeboten bekommen, verkümmern sie emotional, denn sie können nur begrenzt Einfluss darauf nehmen. Für Erwachsene sind bedürfnisgerechte Bindungen zwar nicht lebensnotwendig, aber ein Schlüssel zur Lebenszufriedenheit. Eine mangelnde Fähigkeit zur Bindungsgestaltung führt dazu, dass irgendwann auch Lust und Liebe zu kurz kommen. Derartige Defizite spiegeln sich in der gesellschaftlichen Tendenz, emotionale Nähe durch materiellen Konsum zu kompensieren, ein deutliches Zeichen zivilisatorischer Entfremdung.

Indem wir uns der Sehnsucht nach tieferen Bindungen stellen, können wir möglicherweise diverse Kompensationen zurücklassen, die als Ersatz für tatsächlichen nährenden menschlichen Kontakt dienen. Es ist nicht leicht, liebgewordene Gewohnheiten abzulegen, aber dennoch nie zu spät, erfüllende und wahrhaftige Formen des Zusammenseins zu entdecken. Die Erkenntnis, wie wesentlich echter Kontakt für unser Wohlbefinden ist, erreicht manche Menschen erst auf dem Sterbebett, wenn es kaum noch etwas gibt, woran sie noch festhalten könnten.

Kontaktzyklen

Unsere Bindungsmuster sind eng verknüpft mit der Art und Weise, wie wir Kontakte gestalten. Anhand des Kontaktzyklus können wir herausfinden, mit welchen Phasen wir uns leichttun und bei welchen wir uns gehemmt fühlen oder Angst bekommen.

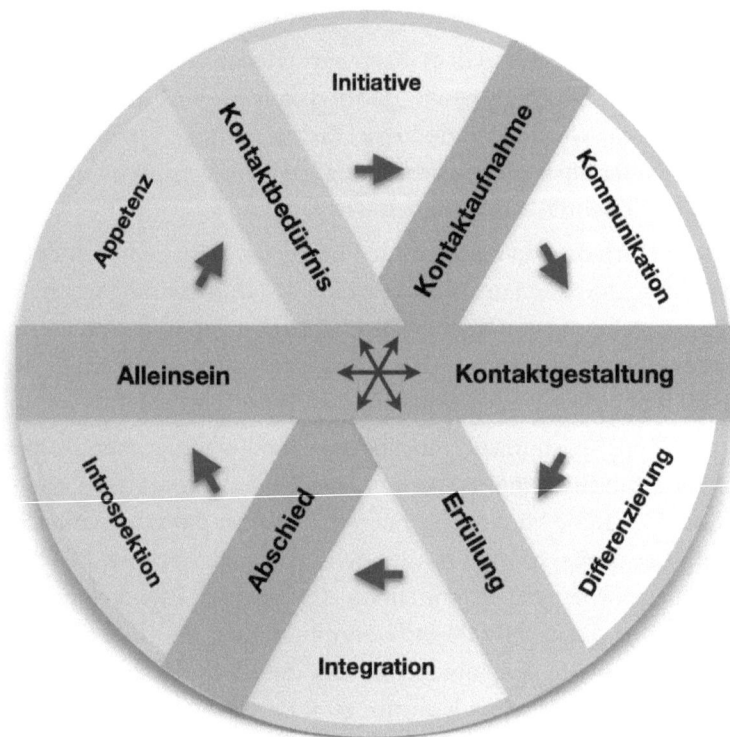

Abb. 10: Die sechs Phasen im Kontaktzyklus

An jeder Stelle des Kontaktzyklus können wir Einfluss nehmen:

- Ausgangspunkt ist das Alleinsein.
- Aus einem eher diffusen inneren Verlangen (**Appetenz**) entsteht das Bedürfnis nach Kontakt.
- Einer von beiden ergreift die **Initiative** und es entsteht Kontakt.
- Mittels verbaler und nonverbaler **Kommunikation** gestalten wir den Kontakt und dessen Intensität.
- Durch Berücksichtigung und Erfüllung auch unterschiedlicher Bedürfnisse (**Differenzierung**) wird das Kontaktbedürfnis gestillt und lässt nach.
- Wir spüren der Erfahrung nach (**Integration**), verabschieden uns und kehren ins Alleinsein zurück mit der Möglichkeit zur **Introspektion**.

Die verschiedenen Phasen fallen nicht allen Menschen gleich leicht oder schwer. Einer fühlt sich sicherer allein, eine andere Person im Kontakt. Die eine Person ergreift mühelos die Initiative, die andere hat Angst davor. Auch die Regulation der Intensität oder der Abschied können eine Herausforderung darstellen.

Was menschlichen Kontakt für die meisten Menschen erfüllend macht, ist das Phänomen der Resonanz. Der Begriff „Resonanz" (von lateinisch *resonare* „widerhallen") stammt aus der Akustik und bezieht sich ursprünglich auf das Mitschwingen eines Körpers mit einem anderen. In zwischenmenschlichen Beziehungen bedeutet Resonanz eine schwingungsfähige Verbindung, im Gegensatz zu festen, vorherbestimmten Kontaktmustern, die ein echtes Mitschwingen verhindern.

Übung 4: Kontaktzyklen bewusst erleben

Ziel: Mit dieser Übung kannst du deine Fähigkeit zur Resonanz erweitern, indem du die verschiedenen Phasen des Kontaktzyklus bewusst wahrnimmst und reflektierst. In welchen Momenten blühst du auf, wann treten Ängste oder Vermeidungsverhalten auf und wie beeinflusst all das dein Erleben?

1. **Beobachtung:** Beginne damit, ein paar Tage lang deine zwischenmenschlichen Kontakte genau zu beobachten. Achte darauf, in welchen Phasen du dich eher wohl oder unwohl fühlst, welche Phasen du zu vermeiden suchst oder wann du dich blockiert fühlst.

2. **Reflexion der Ängste und Muster:** Notiere deine Beobachtungen und versuche zu ergründen, warum das jeweils so ist.

3. **Erotische und liebevolle Momente:** Spüre dem nach, wie du die Phasen in Bezug auf Sex und Herz erlebst. Welche Phasen empfindest du als prickelnd oder kannst du erotisieren: die Sehnsucht, den Flirt oder den Abschied? In welchen Momenten fühlst du dein Herz? Wann öffnet oder verschließt es sich?

4. **Bindungswirkung erkunden:** Wann neigt deine Aufmerksamkeit dazu, in die Vergangenheit oder Zukunft zu wandern? Wann und wie versuchst du, den Kontakt zu verlängern oder zu beenden? Beobachte, wie du auf die Aussicht einer fortgesetzten Verbindung oder auf die Möglichkeit der Trennung reagierst.

5. **Integration:** Versuche, die gewonnenen Erkenntnisse in deinen Alltag zu integrieren. Welche Phasen bereiten dir Freude und geben dir Kraft? Wie kannst du sie kultivieren? Wenn du merkst, dass du in einer Phase regelmäßig Angst oder Widerstand verspürst, nimm dir einen Moment Zeit, um innezuhalten und bewusst zu entscheiden, wie du damit umgehen möchtest. Experimentiere mit neuen Verhaltensweisen, um zu entdecken, wie sie dein Erleben von Kontakt verändern.

Durch diese Übung wirst du nicht nur ein tieferes Verständnis für deine Reaktionsmuster in Beziehungen gewinnen, sondern auch lernen, wie du aktiv Einfluss auf die Qualität und Tiefe deiner Kontakte und damit auch deiner Bindungen nehmen kannst. Bindungen entstehen aus Kontakten, die über den jeweiligen Moment hinaus wirksam sind.

Erwachsenes Bindungsverhalten

Bindung im Erwachsenenalter ist ein komplexes Feld voller Widersprüche, insbesondere hinsichtlich des Gleichgewichts zwischen Bezogenheit und Selbständigkeit. Diese Polarität, die bereits in der Kindheit eine zentrale Rolle spielt, bleibt auch im Erwachsenenleben brisant. Oft manifestieren sich problematische Bindungsmuster indirekt durch Schwierigkeiten mit Lust und Liebe, ohne dass uns der eigentliche Kern des Problems bewusst ist.

Bei den meisten von uns sind Bindungsmuster aus der Kindheit noch wirksam und lenken unsere vermeintlich erwachsenen Beziehungen. Die Muster werden durch kulturelle Normen und Subkulturen weiter verstärkt, was leicht zur unbewussten Übernahme üblicher Beziehungsmodelle führt. Die Anpassung an gesellschaftliche Normen hält uns davon ab, uns mit unseren tiefen Bindungsbedürfnissen und -defiziten wirksam auseinanderzusetzen.

In der Phase der Verliebtheit oder starker erotischer Anziehung sind wir uns typischerweise unserer Bindungsmuster am wenigsten bewusst. Plötzlich finden wir uns in einer Bindung wieder, die wir nicht bewusst gewählt haben, und stehen vor Erwartungen, die uns überraschen. Manche Menschen lassen sich eher bedenkenlos auf Bindungen ein und durchleben später die Dramen, die daraus entstehen können. Andere fühlen sich davon bedroht und meiden nahe Kontakte, aus Angst vor bösen Bindungs-Überraschungen.

Ich möchte dazu ermutigen, deine Bindungsmuster und deren Dynamiken bewusst zu erforschen, um sie besser zu verstehen und deine Beziehungen dementsprechend zu gestalten. Je klarer wir die unterschiedlichen Bedürfnisse in den Terrains von Bindung, Lust und Liebe erkennen, desto leichter können wir die Regie in unserem Liebesleben übernehmen.

In Workshops lasse ich manchmal das eigene Bindungsverhalten im freien Tanz erforschen. Folgende Anregungen gebe ich mit auf den Weg: Nachdem du eine Weile allein getanzt hast, nimm tänzerisch Kontakt zu anderen auf. Wer ergreift jeweils die Initiative? Wie regulierst du Nähe und Distanz und wie gestaltest du den Abschied? Britta erzählt von ihren Erkenntnissen aus dieser Übung:

Bindung tanzen

Erstmal stand ich vor einem Rätsel: Mein Bindungsverhalten in einem Tanz erkunden? Wie soll das funktionieren? Doch zu meiner Überraschung entdeckte ich rasch einige Muster in meinem Verhalten. Ich neige dazu, abzuwarten, bis jemand auf mich zukommt, was zum Glück meist nicht lange dauert. Die Frage, mit wem ich wirklich tanzen möchte, stelle ich mir in der Regel gar nicht. Krass! Auch wenn der gemeinsame Tanz beginnt, warte ich auf Impulse vom Gegenüber. Ich passe mich an, und das wird gerne angenommen. Erst wenn ich mich voll unwohl fühle, setze ich Grenzen. Die Führung zu übernehmen, kommt mir kaum in den Sinn, und wenn ich es versuche, schleicht sich schnell der Gedanke ein, ich könnte lästig sein. Nur das Ende des Tanzes, das bestimme ich selbst. Das war mir bis zu diesem Moment auch nicht so klar.

Beim anschließenden Austausch wurde mir von mehreren Männern gesagt, dass ich von Anfang an deutliche Signale ausgesendet hätte, sonst hätten sie sich gar nicht getraut, in meine Nähe zu tanzen. Das Verrückte ist, mir war das überhaupt nicht bewusst, aber da ist etwas Wahres dran.

Durch Selbstbeobachtung, begleitet von Feedback und Austausch, kommen wir unseren Vorlieben auf die Spur, die mit unseren Bindungsmustern verknüpft sind. In der bunten Vielfalt individueller Neigungen zeichnen sich vier grundlegende Tendenzen ab. Welche sind dir vertraut?

- Du findest Sicherheit eher im Alleinsein als in Gemeinschaft.
- In Gemeinschaft fühlst du dich geborgener als allein.
- Die Führung zu übernehmen, liegt dir nahe.
- Du überlässt lieber anderen das Ruder.

In unserer Komfortzone fühlen wir uns ziemlich sicher, in der Risikozone wird es spannend, in der Überforderungszone hoffen wir, dass es bald vorbei ist.

Die Zonen sind nicht für jeden identisch, je nach Kontext können sich unsere Gefühle rasch verändern: Was eben noch sicher war, wird plötzlich aufregend oder gar überfordernd, oder umgekehrt.

Je nach Vorlieben und Ängsten justieren wir die Intensität unserer Kontakte und die damit verbundenen Risiken. Tendieren wir mehr zu Nähe oder zu Distanz, zu Alleinsein oder Gemeinschaft? Je deutlicher wir in jeweils eine Richtung tendieren oder uns sogar darauf fixieren, desto eingeschränkter ist unser Spielraum für Interaktionen; Kontakte werden mühsam oder es kommt immer wieder zu Konflikten rund um diese Themen.

Fixierungen sind ein Echo früherer, meist kindlicher Bindungserfahrungen; wir können uns dann schwer vorstellen, auf flexiblere Weise eine dennoch stabile Bindung einzugehen. Wenn wir uns jedoch für den gegenwärtigen Moment öffnen – der so noch nie da war – entsteht Raum für Wandel und Überraschungen. Diese können erfrischend, aber auch beängstigend sein.

Spontaneität bedeutet nicht, dass keine verlässliche Bindung entstehen kann. Ganz im Gegenteil knüpfen wir besonders attraktive Bindungen, wenn wir kontinuierlich in Kontakt bleiben, uns darin aber auch überraschen können. Die Kontinuität vermittelt Sicherheit, der Wandel schafft Raum für die jeweilige Individualität und Autonomie. Wenn beides zusammenkommt, erleben wir *Kontinuität im Wandel* und fühlen uns frei und verbunden zugleich. Driften die beiden Pole auseinander, scheint es, als müssten wir eine Wahl treffen:

- Entscheiden wir uns für Kontinuität, stärkt das die Bindung, schränkt jedoch Freiheit und Spontaneität ein.
- Wählen wir den Wandel, gewinnen wir an Freiheit, riskieren aber, die Bindung zu verlieren.

Je mehr Bewusstsein wir für diese Prozesse entwickeln, desto gezielter können wir im Ozean der Kontakt- und Begegnungsmöglichkeiten navigieren. Unsere Seele gleicht einem Schiff. Im Hafen mag es sicherer sein, doch dafür ist es nicht gebaut. Wir können im Hafen verharren, indem wir alles unterlassen, was den anderen irritieren könnte. Wir können uns aber auch hinauswagen und lernen, die Wellen unvermeidlicher Herausforderungen zu meistern.

Indem wir mit unseren Wünschen und Bedürfnissen sichtbar werden, gehen wir ein Risiko ein. Werden wir so angenommen, stoßen unsere Wünsche auf Gegenliebe? Wir machen uns verletzlich, schaffen damit aber auch Raum für Nähe. Dann können wir wieder in den sicheren Hafen zurückkehren, wo wir eher bekannte Gemeinsamkeiten pflegen, die *beide* mögen und wertschätzen. Körperliche Berührung macht diesen Prozess noch intensiver. Je näher wir einem anderen Menschen kommen, je inniger wir uns berühren und berühren lassen, desto wichtiger wird die Fähigkeit, auch auf hoher See zu navigieren. Sibylle hat sich in einem Workshop dazu geäußert:

Bindung durch Berührung

Durch die Kunst der Berührung habe ich unzählige Seelen erreicht. Als jemand, der durch die Magie der Hände kommuniziert, habe ich eine tiefe Leidenschaft für das Berühren und Berührtwerden entwickelt. Doch erst jetzt wurde mir bewusst, was oft nach intimen Begegnungen zurückblieb: Es sind nicht nur flüchtige Erinnerungen, sondern tiefe Eindrücke, die mich weiterhin beschäftigten, manchmal bis zur Qual. Mir ist klar geworden, dass solche Nachwirkungen vor allem zwei Ursachen haben: Entweder habe ich etwas getan oder zugelassen, was mir nicht guttat, und es dann beiseitegeschoben; oder die Begegnung hat eine tiefe Sehnsucht in mir geweckt. So erging es mir gestern im Ritual, als Pascals Provokationen eine unerwartete Leichtigkeit in mir auslösten. Erst war ich empört, was der sich erlaubt! Aber es war cool, es fühlte sich an, als würde er mich besser kennen als ich mich selbst, ohne jede Überheblichkeit. Diese Mischung war unwiderstehlich und lässt mich nun nicht mehr los. Ich sehne mich nach mehr davon, obwohl es mir ein mulmiges Gefühl gibt. Ich wage kaum zu zeigen, wie sehr es mich berührt. Gestern ist es mir gelungen, mich dieser Erfahrung hinzugeben. Aber verdammt, jetzt geht mir dieser Pascal nicht mehr aus dem Kopf.

Was gibt uns Halt: Regeln oder Resonanz?

Bindung kann sich auf vielschichtige und facettenreiche Weise entfalten und meistens sind dabei intensive Gefühle im Spiel. Der Prozess kann Quelle von Wohlbehagen als auch Unbehagen sein, von Vorfreude, von Bedauern oder Unsicherheit. Er kann mit ungelösten Fragmenten der Vergangenheit verknüpft sein (beispielsweise „Jetzt habe ich schon wieder nicht nein gesagt!") oder mit Hoffnungen auf die Zukunft („Jetzt geht der mir nicht mehr aus dem Kopf!").

Die Fähigkeit, ganz im Hier und Jetzt zu leben, mag erstrebenswert erscheinen und gilt besonders unter Meditierenden als Zeichen spiritueller Reife. Doch diese Fähigkeit wird oft missverstanden, als bedeute sie das vollständige Loslassen aller Bindungen. Tatsächlich leben wir immer im Hier und Jetzt und nur hier und jetzt können wir Veränderungen einleiten, doch ohne einen Bezug zu

Vergangenheit und Zukunft verliert der gegenwärtige Moment an Tiefe. Das Leben büßt an Reichtum und Bedeutung ein, indem es bindungslos wird. Böse Zungen spotten, die Fixierung auf den Augenblick sei kein Zeichen von Erleuchtung, sondern von Demenz.

Bindungen konfrontieren uns mit der grundlegenden Spannung zwischen den Bedürfnissen nach Autonomie und Zugehörigkeit. Wenn uns diese Spannung überfordert, kann dies dazu führen, dass wir Bindungen meiden oder uns an vertraute Gewohnheiten, Regeln, Gesetze oder Ideale binden, anstatt uns auf dynamische Beziehungen und die Unvorhersehbarkeit des Leben einzulassen. Timo erzählt:

Ich will einen Partner, der ...

„Ich will mit einem Partner zusammen sein, der...", dieser Satz meiner Ex hallt mir immer noch in den Ohren; ich bekam ihn regelmäßig zu hören, wenn ihr mein Verhalten nicht passte. Als ich mich weigerte, sie zu ihren Eltern zu begleiten, konterte sie: „Ich will einen Partner, der mich gerne bei solchen Anlässen begleitet." Wenn ich nicht jeden meiner Schritte offenlegen wollte, kam prompt: „Ich will einen Partner, der keine Geheimnisse vor mir hat."

Die Situation spitzte sich zu, als ich vorschlug, unser Sexleben mit kleinen Experimenten zu bereichern. Ihre Antwort: „Ich will einen Partner, dem ich sexuell genüge, so wie ich bin." Jedes Mal fühlte ich mich in die Ecke gedrängt, verärgert, ohne Antwort und Ausweg.

Dann kam mir die Erleuchtung, die so offensichtlich war, dass ich mich frage, warum sie mir nicht viel früher in den Sinn gekommen ist: Bin ich vielleicht einfach nicht der Partner, den sie will? Die Einsicht traf mich hart. Ich hatte diese Realität nicht wahrhaben wollen, doch nun stand sie mir glasklar vor Augen.

Timos Geschichte zeigt, dass wir tatsächlich mehr an unsere Vorstellung gebunden sein können als an den realen Menschen, mit dem wir zusammen sind. Wir alle haben Vorstellungen und Wünsche, wie unsere Beziehung aussehen sollte, aber haben wir auch Raum für die Bedürfnisse und Persönlichkeit des anderen? Wenn wir einen solchen Raum in uns nicht finden, wäre dann Trennung nicht vielleicht die ehrlichere Konsequenz, anstatt der Partnerin die eigenen Vorstellungen aufdrängen zu wollen?

Eine lebendige Beziehung braucht Entwicklung, eine gemeinsame Entwicklung und die jeder beteiligten Person. Der Schlüssel dazu heißt *lebendige Resonanz*.

In lebendiger Resonanz werden wir wahrgenommen und gespiegelt, wir antworten und werden beantwortet. Sie beinhaltet sowohl Verlässlichkeit als auch Raum für Spontaneität und *Zumutungen*. Ihre Verlässlichkeit entsteht nicht aus starren Regeln, sondern aus der Bereitschaft, sich immer wieder aufeinander zu beziehen.

Wie gehst du Beziehungen ein? Inwieweit bist du offen und anpassungsfähig oder hältst lieber an deinen Vorstellungen fest? Können wir darauf vertrauen, dass Beziehungen durch Offenheit nicht geschwächt, sondern sogar gestärkt werden? Oder verlieren wir uns dann selbst?

Die Tücken der Partnerwahl

Oft legen wir gleich zu Beginn einer Beziehung den Grundstein für später. Die tieferen Beweggründe unserer Partnerwahl werden meistens erst sichtbar, wenn sich die Bindung konkretisiert. Bei der Frage, wer sich zu wem hingezogen fühlt, lassen sich zwei grundlegende Präferenzen unterscheiden: „Gleich und gleich gesellt sich gern" oder „Gegensätze ziehen sich an". Während erstere Tendenz eher Sicherheit und Geborgenheit verspricht, bietet letztere die Möglichkeit, neue Erfahrungen zu machen und Sehnsüchte zu erfüllen. Doch werden unsere spontanen Präferenzen auch unseren langfristigen Bedürfnissen gerecht? Frisch verliebt idealisieren wir den Partner und blenden mögliche Hindernisse gerne aus. Je existenzieller unsere Sehnsucht ist, desto bereitwilliger setzen wir die „rosarote Brille" auf. Leon kann ein Lied davon singen:

In die Bindung verführt

Mit Katrin lebte ich jahrelang in einer offenen Beziehung und wir kamen gut zurecht, zeitweilige Krisen inklusive. Okay, die sexuelle Anziehung hat nachgelassen, aber da wir uns die Freiheit zu sexuellen Außenkontakten ließen, schien das kein Problem zu sein. Dachte ich.
Dann lernte ich Maya kennen und erlebte eine Form von Sexualität, die ich noch nie erlebt hatte. Sie war genauso unersättlich wie ich, endlich fühlte ich mich nicht mehr im Mangel. Dass ich in einer offenen Beziehung mit Katrin lebte, war ihr klar und sie schien das zu akzeptieren. Doch rückwirkend muss ich zugeben: Sie sandte von Anfang an deutliche Signale aus, dass sie Mühe damit hat. Der wunderbare Sex ließ mich jeden Zweifel beiseiteschieben, ich wollte nichts davon wissen, dass unsere Vorstellungen von Beziehung nicht zusammenpassten.
Eines Tages konfrontierte mich Katrin damit, dass es so nicht weiterginge. Ich sei von Maya regelrecht besessen und sie könne meine Affäre mit Maya

nur akzeptieren, wenn Maya auch sie akzeptieren würde. „Merkst du nicht, dass sie mich rauskicken will?" Ich reagierte empört, es gab unschöne Wortwechsel, ich behauptete, das sei pure Projektion, geboren aus ihrer verdammten Eifersucht.

Daraufhin ließ Katrin mich einfach stehen. Einfach so. Ich war am Boden zerstört und machte, was man in einer solchen Situation auf keinen Fall tun sollte: Ich ließ mich von der anderen trösten, von Maya, und die hatte ein megagroßes Verständnis für meinen Schmerz. Ich müsse Katrin wohl leider loslassen und das täte sicher weh. Und das täte ihr unendlich leid.

Keine drei Monate später, als die Trennung von Katrin vollzogen war, eröffnete Maya mir, dass sie Katrins Fehler auf keinen Fall wiederholen werde. Eine offene Beziehung sei für sie keine Option. Was war ich für ein Idiot! Ich hatte von Anfang an gespürt, dass wir in unseren Vorstellungen von Liebe und Beziehung nicht zusammenpassten, aber der sexuelle Sog war zu stark. Hatte sie den Sex bewusst eingesetzt, um mich an sie zu binden? Kann sein, ich weiß es nicht. Aber ich war definitiv von ihr besessen.

Wenn uns die Leidenschaft packt, neigen wir dazu, Warnsignale zu ignorieren und uns kopfüber hineinzustürzen. „Falling in Love" verführt uns dazu, keine unbequemen Fragen zu stellen: viel zu unromantisch! Eine bewusste Annäherung würde genau das beinhalten: unangenehme Fragen wagen, Vorlieben und Abneigungen offen ausloten, über sexuelle Wünsche und Fantasien sprechen, Sehnsüchte des Herzens mitteilen und – nicht zuletzt – auch über die heikle Frage der Exklusivität sprechen. Offene Kommunikation über brisante Themen setzt voraus, dass wir in der Lage sind, mit den Antworten auf unsere Fragen umzugehen, Unterschiede zu akzeptieren und vor Dissonanzen nicht gleich zurückzuschrecken. Wir können auf den perfekten Partner warten oder aber lernen, zwischen bewusster Wahl und Hingabe eine Balance zu finden.

Um diese Balance zu finden, braucht es ein gewisses Gleichgewicht zwischen Nähe und Distanz, Autonomie und Verbundenheit, Treue und Freiheit, Spontaneität und Verlässlichkeit sowie Selbstverantwortung und gegenseitiger Unterstützung. Um unser Gleichgewicht zu finden, können wir uns auch den zwei Gefühlen zuwenden, die unseren Bindungsstil entscheidend mitbestimmen: Angst und Neugier.

- **Angst:** Getrieben von Unsicherheit neigen wir dazu, Bindungen als Schutz vor Lebensrisiken zu suchen. Wir klammern uns an vertraute Muster und soziale Normen, in der Hoffnung, eigene Mängel durch den Partner auszugleichen. Wir sind mehr auf die Vermeidung unerwünschter Zustände ausgerichtet als auf die Erfüllung unserer Sehnsüchte.

- **Neugier:** Die Sehnsucht nach neuen Impulsen und Erfahrungen kann uns motivieren, Veränderungen zu riskieren. Je mehr wir Neues aktiv mitgestalten, desto leichter können wir auch im Wandel für eine Beständigkeit sorgen, die Unsicherheiten tolerierbar macht.

Damit Ängste unsere Neugier nicht blockieren, müssen wir sie nicht vollständig überwunden haben, sondern können ihnen einen bewussten Platz in unserem Innenleben anbieten. Wie ängstliche Kinder wollen Ängste primär gesehen, anstatt beschwichtigt zu werden. So können sie sich beruhigen. Dafür hilfreiche Fähigkeiten und Ressourcen sind:

- Aufbau von Vertrauen durch wahrhaftige Kommunikation
- Selbstbewusstsein und gegenseitige Empathie ausbalancieren
- Bewusstes Teilen von Verantwortung (z. B. für Kinder oder für gemeinsame Projekte)
- Perspektivwechsel: Geht es gerade um dich, um mich oder um uns?

Nils berichtete mir von seiner Zerrissenheit zwischen Angst und Neugier:

Dann bin ich raus!

Hallo Saleem, ich brauche deine Unterstützung. Ich war vor Jahren mit meiner Frau Pia bei dir im Paarworkshop, der einiges in Bewegung gebracht hat. Nun aber stecke ich in einer Sackgasse.

Wir sind seit gut 20 Jahren zusammen und waren uns all die Jahre treu. Lange Zeit war das kein Thema, es war selbstverständlich und durch die Kinder hatten wir auch gar keine Zeit, auf dumme Gedanken zu kommen. Seit zwei Jahren aber verdichtet sich in mir der Wunsch, erotische und sexuelle Erfahrungen auch außerhalb unserer Ehe zu sammeln. Ich würde es mir nicht verzeihen, so denke ich manchmal, darauf mein Leben lang zu verzichten.

Pia lehnt das rundweg ab. „Wenn du fremdgehst, bin ich raus", ist ihr Text. Ein Freund rät mir, es heimlich zu tun, aber das bringe ich nicht fertig. Ich würde mir die ganze Zeit wie ein Schwein vorkommen.

Dann kam ich auf die glorreiche Idee, vorsichtig vorzufühlen, wie es für Pia wäre, wenn sie nichts davon mitbekäme. Da ist sie richtig sauer geworden und traut mir seitdem nicht mehr über den Weg.

Ich fühle mich in einem unlösbaren Dilemma gefangen. Sie erwartet absolute Wahrhaftigkeit, aber wenn ich anfange, ihr wahrheitsgemäß meine Wünsche zu erzählen, macht sie dicht. Du hast Erfahrung damit, was soll ich tun? Hast du vielleicht einen Hinweis, der mir weiterhilft?

Ein bekanntes, wenn nicht allzu bekanntes Szenario: Die Versuchung, heimlich eine Affäre zu beginnen, wenn in einer Beziehung wichtige Bedürfnisse auf Dauer keine Resonanz finden. Wenn die Affäre auffliegt, kommt es meistens zur Krise, wobei üblicherweise der „Betrüger" die Schuld zugesprochen bekommt. Doch die tatsächliche Ursache liegt tiefer: Die Bindung gründet sich mehr auf Angst als auf Neugier und der Status quo gilt als unantastbar. Exklusivität verspricht Sicherheit, doch diese wird brüchig, sobald einer der Partner seine Neugierde nicht länger unterdrücken kann oder will.

Was würde ich Nils raten? Ich würde ihn darauf aufmerksam machen, dass die Kombination aus „Wenn du fremdgehst, bin ich weg" und „Ich verlange absolute Ehrlichkeit" tatsächlich kaum Raum für seine Neugier lässt und er mit der schmerzhaften Frage konfrontiert ist, was ihm wichtiger ist: an dieser Beziehung mittels Verzichts festzuhalten oder sie zugunsten seiner Sehnsüchte zu riskieren.

Eine Entscheidung für Veränderung bedeutet nicht zwangsläufig das Ende der Beziehung. Die Drohung „Dann bin ich weg!" verliert ihre Drohfunktion, wenn eingetreten ist, was sie verhindern sollte. Die bisherige Bindung löst sich auf, aber es ist nicht ausgeschlossen, dass eine neue Form von Bindung entsteht, die mehr Flexibilität erlaubt. Falls Lust und Liebe durch einen solchen Prozess wieder aufblühen, muss das kein schlechter Tausch gewesen sein.

Gefühle und Bedürfnisse als Wegweiser

Menschliche Bindungen bewusst zu formen, ist Kunst und Herausforderung zugleich. Um mehr Klarheit zu gewinnen, können wir uns fragen:

- Welche Bedürfnisse und Ängste beeinflussen meine Bindungen?
- Welche Erwartungen hege ich an meine Beziehungen? Inwiefern basieren diese auf realen Gegebenheiten oder auf Projektionen[41]?
- Wie entstehen neue Bindungen, welche Rolle spielen Verliebtheit, Vertrauen und unsere Visionen?
- Wie finden wir ein Gleichgewicht zwischen dem Bedürfnis nach Freiheit und dem Wunsch nach Zugehörigkeit und Verlässlichkeit?
- Wie können wir Bindungen, die wir nicht aufrechterhalten wollen, achtsam und ohne Schaden für uns und andere lösen?

Das ultimative Bindungsbekenntnis lautet „Bis dass der Tod uns scheidet!", doch auch kirchlich geschlossene Ehen sind vor einer Trennung nicht gefeit.

Das Ende einer Beziehung zu akzeptieren und zu betrauern, ist ebenso Teil des Prozesses wie das Eingehen einer neuen. Emotionen wie Freude, Angst, Wut und Trauer helfen uns, im menschlichen Miteinander zu navigieren. Eine kurze Übersicht bietet die nachfolgende Grafik.

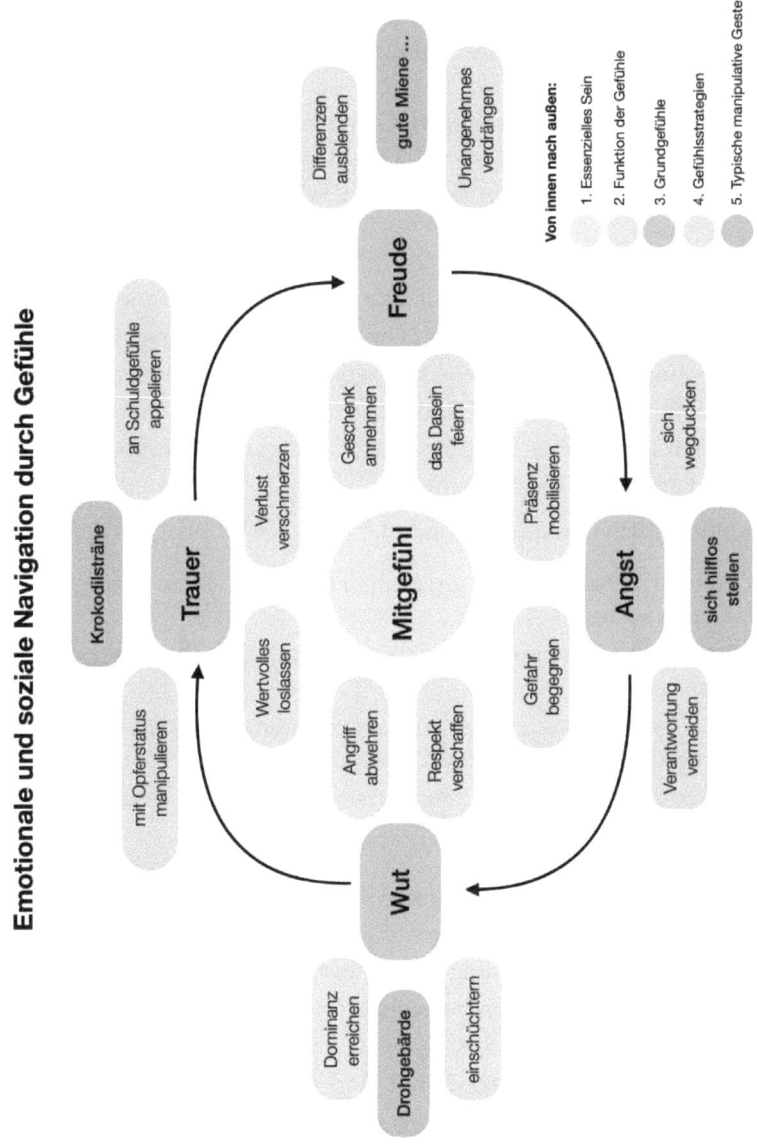

Abb. 11: Navigation mithilfe unserer Gefühle

Mit Gefühlen angemessen umgehen zu können, ist essenziell für erfüllende Beziehungen. Hier ein paar Wegweiser zum besseren Verständnis der vier Grundgefühle:

- **Freude** zeigt uns an, dass wir uns wohlfühlen, und regt uns dazu an, uns tiefer auf einen Kontakt einzulassen.
- **Angst** brauchen wir, um eine Gefahr zu erkennen und dabei wach und präsent zu sein.
- **Wut** kann uns dabei unterstützen, Grenzverletzungen zu bemerken, unsere persönlichen Grenzen zu setzen und sie zu vertreten.
- **Trauer** hilft uns loszulassen, was einmal wichtig und wertvoll war.

In unserer Gesellschaft wird emotionale Intelligenz vernachlässigt. Wir zahlen einen hohen Preis dafür, wenn wir unsere Emotionen missverstehen oder sie unterdrücken. Oft verhindert insbesondere die Abwertung eines Gefühls, seine Botschaft zu verstehen.[42] Viele Menschen wollen sogenannte negative Gefühle am liebsten einfach abschalten. Aber ohne unsere Gefühle zu fühlen und sie zu offenbaren, fehlt uns eine wichtige Regulationsmöglichkeit im Kontakt mit uns selbst und mit anderen Menschen.

Gefühle können auch inadäquat eingesetzt und missbraucht werden:

- **Wut** können wir anwenden, um andere einzuschüchtern, anstatt Grenzen zu setzen.
- Mit **Trauer** können wir andere manipulieren („Tränendrüse"), anstatt loszulassen.
- **Angst** können wir dazu benutzen, um anderen die Verantwortung zu übertragen, anstatt selbst auf uns aufzupassen.
- Sogar **Freude** können wir missbrauchen, z. B. um uns dahinter zu verstecken oder Konflikte zu vermeiden.

Im Trennungsprozess sind meistens Angst und Wut die dominierenden Gefühle, was zu Verletzungen führen und transparenter Kommunikation im Wege stehen kann. Echte Ablösung bedarf vor allem der Fähigkeit zu trauern. Je besser wir unsere Emotionen verstehen und respektieren, sie transparent kommunizieren und bereit sind, sowohl Gemeinsamkeiten als auch Differenzen anzuerkennen, desto verlässlicher und zugleich freier wird sich eine Beziehung anfühlen, unabhängig vom Beziehungsmodell, das wir gewählt haben.

Die Bindung an uns selbst

Liebe und Sexualität können wir auch im Kontakt mit uns selbst erforschen, doch wie verhält es sich bei der Bindung an uns selbst? Auf den ersten Blick scheint diese Bindung unausweichlich zu sein, wir können uns selbst schließlich kaum entkommen. Doch auch in der Beziehung zu uns selbst können wir uns verlieren, oder die Beziehung aktiv gestalten. Eine Bindung setzt zwei Seiten voraus, sonst handelt es sich nicht um eine Bindung, sondern um Einheit. Wie lässt sich das auf die Beziehung zu uns selbst übertragen? Sind wir zwei oder gar viele? Der Schlüssel liegt in der Fähigkeit, uns – oder unsere inneren Anteile – als Gegenüber zu betrachten und innere Dialoge zu führen. Manche psychologische Theorien sprechen von „Inneren Personen", die unsere Psyche strukturieren. Diese metaphorische Vorstellung kann helfen, die Vielschichtigkeit unseres Innenlebens zu erkennen und unterschiedliche Aspekte unserer Persönlichkeit miteinander ins Gespräch zu bringen.

Mit Hilfe innerer Dialoge können wir Nähe zu uns selbst suchen, mit wohlwollender Aufmerksamkeit in uns hineinzoomen, uns in uns selbst einfühlen, „bei uns sein". Wir können aber auch einen inneren Abstand aufbauen, eine gewisse selbstkritische Distanz halten, weniger mit uns selbst verklebt sein, von außen auf uns schauen. Wir können uns selbst die Treue halten oder Freiheiten gewähren, was wahrscheinlich für jeden von uns etwas anderes bedeutet. Wir können Verantwortung für uns übernehmen oder diese von uns weisen. Wir können uns an eine feste Identität klammern („So bin ich und nicht anders!") oder uns immer wieder neu entdecken („Ja, auch das kann ich sein!").

Die Gestaltung unserer inneren Beziehungen hat entscheidenden Einfluss auf die Fähigkeit, äußere Beziehungen einzugehen und zu pflegen. Je mehr wir die Erfahrung von Selbstwirksamkeit machen – in diesem Kontext also, dass die Qualität unserer inneren Dialoge einen Unterschied macht und „Selbstbewusstsein" kreiert – desto leichter können wir äußere Beziehungsambivalenzen hinter uns lassen. Sarah berichtet

Wenn ich anwesend bin, wird alles anders

Beziehungen waren stets ambivalent für mich. Einerseits habe ich mich danach gesehnt, andererseits hatte ich spätestens nach zwei Jahren genug, es sei denn, der Mann war anderweitig liiert, dann zog es sich auch mal länger hin. Ich habe heftig mit mir gehadert, denn mir war klar, dass es mit mir selbst zu tun hatte, wenn sich das Muster immer wiederholt hat. Aber

warum? Trotz unzähliger Therapiesitzungen immer wieder das Gleiche.
Vor nicht allzu langer Zeit stieß ich auf den Begriff der Selbstwirksamkeit.
Es war, als würde plötzlich ein Licht aufgehen. Ich hatte immer angenom-
men, dass man Menschen nehmen muss, wie sie sind. Diese Annahme hatte
mich unbewusst resignieren lassen. Ich glaubte, keinen echten Einfluss auf
den Verlauf einer Beziehung nehmen zu können und wenn man an Männern
herumschraubt, wird ja alles nur noch schlimmer. Dass es einen Unterschied
machen könnte, mich mit meinen Gefühlen, Wünschen und Sehnsüchten
zu zeigen, ohne daraus einen Vorwurf zu stricken, das war außerhalb meiner
Vorstellungskraft. Und erst recht, dass der andere aus freien Stücken darauf
eingehen könnte, weil ich ihm wichtig bin. Einfach unvorstellbar.
Heute weiß ich, dass mich einzubringen sogar dann einen Unterschied
macht, wenn der andere komplett so bleibt wie er ist, einfach weil ICH mehr
anwesend bin. Ich habe mich früher selbst aus dem Spiel genommen und
es nicht mal gemerkt. In meinem Elternhaus wurde ich regelmäßig be-
schämt, wenn ich mich gezeigt habe. „Was hast du denn schon wieder, stell
dich nicht so an, das wird schon!". Ich muss sehr früh gelernt haben, mich
pflegeleicht zu verhalten, es wurde zu meiner zweiten Natur. Kein Wunder,
dass alle meine Beziehungen früher oder später langweilig wurden. Es gab
kaum Impulse von meiner Seite, den Kontakt zu vertiefen und intim zu
werden, wahrhaftiger zu werden.
Seit einigen Monaten mache ich Erfahrungen, die mich hoffen lassen. Ein
neuer Mann in meinem Leben lässt nicht locker, wenn ich mich zurückziehe,
er will, dass ich mich zeige. Er schaut mir in die Augen und ich gehe nicht
weg. Das ist neu. Bisher dachte ich, Männer, die nicht lockerlassen, sind
Egoisten oder Stalker, die mich besitzen wollen. Doch dieser Mann scheint
tatsächlich und ohne Hintergedanken interessiert zu sein, was in mir abgeht.
Kann das sein? Könnte es dieses Mal vielleicht ganz anders werden?

Wenn einer sich verändert, verändert sich die Beziehung. Manchmal reicht ein
Impuls aus, um eine positive Spirale in Gang zu setzen, und falls nicht, haben
wir es zumindest versucht. Dieses Bewusstsein markiert einen Meilenstein auf
dem Weg von der Wiederholung vergangener Muster hin zu einer aktiven und
bewussten Beziehungsgestaltung.

Geplante Spontaneität

Kommen wir zurück zur Frage: Was ist die Essenz von Bindung? Sie ist mehr
als bloße Verbundenheit, die wir nur im Hier und Jetzt erfahren. Sie erstreckt
sich über den Moment hinaus und verleiht einer Begegnung Dauer und Tiefe.
Bindung webt Vergangenheit und Zukunft in das Geflecht des gegenwärtigen

Moments ein, sie bereichert den Augenblick um Entwicklungsmöglichkeit und Perspektive. Die Verwechslung von Bindung und Verbundenheit[43] führt zu Trugschlüssen. Wir können uns mit allem verbunden fühlen, vielleicht sogar mit dem gesamten Universum, doch unsere Zeit und Energie ist begrenzt. Eine bewusste Wahl unserer Bindungen ist entscheidend, um nicht nur von unbewussten Mustern oder äußeren Einflüssen gesteuert zu werden.

Zentrales Bindungsthema ist der Umgang mit den Gegensätzen von Sicherheit und Freiheit, Geborgenheit und Abenteuer. Bindungen, die nur auf Sicherheit aus sind, erstarren. Eine lebendige Bindung zeichnet sich durch eine Balance von Kontinuität und Wandel aus. Abhängig von Bedürfnissen und Umständen umfasst sie sowohl Festhalten als auch Loslassen. Das spiegelt sich auch in einem umfassenderen Verständnis von Freiheit. Wirklich frei zu sein beinhaltet auch die Option, sich auf etwas oder auf jemanden festzulegen, z. B. ein Stück des Lebensweges gemeinsam zu gehen. Ansonsten würde ich eher von Flucht oder Vermeidung sprechen als von Freiheit.

Bindung beinhaltet auch Begrenzung und Verzicht. Das klingt nicht besonders attraktiv, doch auch darin liegt ein Wert. Wenn ich mir alle Optionen offenlasse, kann ich am Ende keine wirklich auskosten. Mehrere Beziehungen zu führen, generiert nicht unbedingt mehr Lust und Liebe; früher oder später stößt jeder von uns an seine Kapazitätsgrenze. Die Akzeptanz dieser Grenze lässt uns eher das genießen, was wir haben. Die kapitalistische Logik[44] des Immer-Mehr hält nicht, was sie verspricht, sondern kann uns auch ins Unglück stürzen, sowohl individuell als auch kollektiv. Glücksmomente sind vergänglich, keine Art von Bindung kann sie auf Dauer festhalten. Doch wir können ihnen den Boden bereiten durch ein vertieftes Verständnis der Dynamik von Bindung: dem Zusammenspiel aus Beständigkeit und Veränderung, das Raum für lebendige Resonanz[45] lässt und schafft.

Indem wir Begrenzungen bewusst zustimmen, sind wir frei und gebunden zugleich. Wir lassen ausreichend Spielraum für die Polarität des Eros. Durch etwas Abstand bekommen unsere Herzen genügend Raum, sich einander zuzuneigen, anstatt sich aneinander zu klammern. Nur mit ein wenig Abstand können wir gegenseitige Anziehung und Zuneigung überhaupt wahrnehmen, was wiederum Halt gibt. Nichts wird unverändert bleiben. Durch die paradoxe Kombination aus Kontinuität und Wandel werden Beziehungen zu "planbaren Überraschungen".

Übung 5: Was Bindung für dich bedeutet

Ziel: Mit dieser Übung kannst du herausfinden, was Bindung für dich bedeutet und wie du sie gewöhnlich gestaltest.

Suche dir einen ruhigen Ort, an dem du für eine Weile ungestört sein kannst. Nimm Stift und Papier zur Hand und mach es dir bequem.

1. **Meditative Einstimmung:** Schließe deine Augen und atme tief ein und aus. Beruhige deinen Geist und konzentriere dich ganz auf dich selbst. Nimm deinen Körper, deine Gefühle und deine Gedanken wahr, ohne dich mit ihnen zu identifizieren.

2. **Bindungsbedürfnisse:** Schreibe auf, welche Bedürfnisse du mit einer Bindung assoziierst (z. B. Sicherheit, Vertrauen, Unterstützung). Notiere ebenfalls, welche Bedürfnisse oder Ängste einer Bindung im Weg stehen könnten (z. B. Angst vor Enttäuschung oder dem Verlust der Freiheit).

3. **Bindungsgestaltung:** Wie bist du bisher Bindungen eingegangen? Gibt es Muster, die du erkennen kannst? Wie sieht es aus mit der Balance zwischen Kontinuität und Wandel? Welche Seite ist dir wichtiger? Schreibe auf, wie du Bindungen zukünftig bewusster eingehen und gestalten könntest. Was willst du anders machen? Wie könntest du eine Bindung bewusst auflösen, wenn du das möchtest?

4. **Nähe und Distanz:** Reflektiere über das Gleichgewicht zwischen Nähe und Distanz sowie Zugehörigkeit und Autonomie. Wie sieht dieses Gleichgewicht idealerweise für dich aus?

5. **Handlungsplan:** Erstelle auf Basis deiner Reflexionen einen kleinen Handlungsplan mit konkreten Schritten, die du unternehmen möchtest, um deine Bindungen bewusster zu gestalten.

6. **Abschluss:** Lies dir deine Notizen durch und spüre nach, wie sich die Gedanken und Ideen für dich anfühlen. Bewahre deine Notizen an einem sicheren Ort auf, um sie später erneut zu reflektieren oder als Grundlage für weitere Übungen zu verwenden.

Diese Übung kannst du regelmäßig wiederholen, um ein tieferes Verständnis und Bewusstsein für deine Bindungsmuster und -bedürfnisse zu entwickeln und bewusste Schritte in Richtung eines erfüllteren Bindungslebens zu unternehmen.

Teil 3

Auseinanderhalten
und
Zusammensetzen

7. Erkennen statt verwechseln

„Wieso sagt man „Liebe", wenn man eigentlich
„Sex" sagen will?" (Groucho Marx)[46]

Lieber nicht so genau hinschauen

In den letzten Kapiteln habe ich versucht, die Dimensionen von Sex, Herz und
Bindung in ihrem Wesen zu erfassen und zu beschreiben. Um die Unterschiedlichkeit der drei Energien noch besser zu verstehen, schauen wir uns jetzt an,
wie sie typischerweise miteinander verwechselt werden. Das verlangt einerseits gedankliche Klarheit, andererseits aber auch ein Bewusstsein der eigenen
Prägung und der entsprechenden Brille, mit der wir intime Themen betrachten.
Wir alle sind voreingenommen, und solange wir uns dessen nicht gewahr sind,
kommen wir nicht auf die Idee, unsere Brille abzusetzen. Die Psychoanalyse
hat eine Reihe von Mechanismen aufgezeigt, durch die innere Prozesse nicht
als das gesehen werden, was sie sind, sondern mit etwas anderem verwechselt
werden. Widerstand aller Art trübt unsere Wahrnehmung und das macht es
schwer, Verwechslungen als solche zu erkennen. Es braucht Mut, vertraute
Zuordnungen und Deutungen in Frage zu stellen.

Folgendes Beispiel möge verdeutlichen, wie verschieden die gleiche Situation
interpretiert werden kann. Die Ausgangssituation ist folgende:

*Anna und Dieter sind seit 11 Jahren zusammen, seit 8 Jahren verheiratet
und haben zwei Kinder im Grundschulalter. Anna ist unglücklich, weil Dieter
sich vornehmlich um seine Arbeit und das Haus kümmert, aber emotional
nicht erreichbar ist. Dieter versteht nicht, warum sie sich ständig beklagt,
immerhin sorgt er zuverlässig für den Lebensunterhalt der Familie. Seit fünf
Jahren haben sie keinen Sex mehr miteinander, ohne dass sie je darüber
gesprochen hätten. Seit einem halben Jahr hat Anna eine Affäre und die
Trennung steht im Raum.*

Bereits so eine kleine Geschichte kann ganz unterschiedliche Assoziationen,
Emotionen und Bewertungen auslösen. Mit wem identifizieren wir uns?

Wem geben wir die Verantwortung? Was wären aus unserer Sicht sinnvolle Lösungsansätze? Hier einige Kommentare zur Situation dieses Paares:

- Wenn sie ihn wirklich lieben würde, hätte sie ihn nicht betrogen.
- Wenn ein Paar keinen Sex mehr hat, kann keine sexuelle Treue verlangt werden.
- Eine offene Beziehung oder Polyamorie könnte eine Lösung für ihre Probleme sein.
- Sex innerhalb des Paares würde die emotionale Verbindung wiederherstellen.
- Die Kinder sollten Vorrang vor den Bedürfnissen der Eltern haben.
- Wenn sie den anderen liebt, hat die Ehe keine Zukunft.

In jedem Kommentar wird die Situation aus einer jeweils anderen Perspektive gedeutet. Geht es primär um mangelnde Liebe, um fehlenden Sex oder eine unpassende Beziehungsform? Wie verknüpfen wir Ursache und Wirkung? Unsere Deutung sagt wahrscheinlich mehr über uns selbst als über Dieter und Anna aus.

Übliche Betrachtungsweisen von Beziehungen lassen uns regelmäßig die Ebenen durcheinanderbringen, daraus beziehen die Dramen so mancher Paare ihr explosives Material. Was für eine Person selbstverständlich sein mag, ist es für eine andere noch lange nicht. Ein paar Beispiele:

- Er hat mir tief in die Augen geschaut, da war mir klar: Jetzt sind wir ein Paar.
- Sie war mit mir im Bett, da wusste ich, dass sie mich liebt.
- Er hat mir einen Heiratsantrag gemacht, jetzt dürfen wir endlich Sex haben.

Keine dieser Schlussfolgerungen erscheint mir plausibel, doch mitten im Geschehen sind wir anfällig für Verwechslungen, vor allem dann, wenn diese den kulturell verbreiteten Klischees entsprechen, die uns ständig medial vermittelt werden. Wie können wir aus dem Labyrinth von Missverständnissen und den daraus resultierenden Verstrickungen herausfinden? Nehmen wir also einige typische Verwechslungen unter die Lupe.

Die Verwechslung von Herz und Bindung

„Die Liebe hört niemals auf." (Hohelied der Liebe)[47]

Der Unterschied zwischen Liebe und Bindung bleibt am häufigsten unerkannt. Früher galt schlicht: verliebt, verlobt, verheiratet. Die Annahme, dass wahre Liebe zu einer dauerhaften Beziehung führt, ist tief in uns verwurzelt, ebenso wie die Vorstellung, dass das Ende oder die Öffnung einer Beziehung die Folge schwindender Liebe sein müsse. Diese Anschauung liegt auch den meisten Drehbüchern von Liebesgeschichten zugrunde und wird immer wieder neu in unserem Unterbewusstsein verankert.

Tatsächlich lassen sich Liebe und Bindung jedoch relativ einfach voneinander unterscheiden. Liebe ist eine unmittelbare, gegenwärtige Erfahrung, die den Moment in seiner Eigenart feiert, während Bindung auf zeitliche Kontinuität und gemeinsame Geschichte ausgerichtet ist. Lieben können wir nicht gestern oder morgen, sondern nur hier und jetzt. Etwas über den Moment hinaus zu wollen oder sich auf einen gemeinsamen, möglicherweise exklusiven Weg einzulassen, ist keine originäre Herzensqualität, sondern Ausdruck von Bindungsbedürfnissen.

In der Verliebtheitsphase wird das regelmäßig übersehen. Das gegenwärtig überwältigende Gefühl zu lieben und geliebt zu werden überlagert mögliche Bindungswünsche, die auf die Zukunft gerichtet sind. In der Euphorie wird deren Erfüllung vorweggenommen: Es fühlt sich so wunderschön an, wir gehören doch zusammen!

Die Verwechslung von Herz und Bindung ist besonders folgenreich, wenn Sex ins Spiel kommt. Wenn es beim One-Night-Stand bleibt, war offensichtlich keine Liebe im Spiel, so denken viele. Doch Sex kann auch ohne jede Bindungsabsicht voller Liebe sein. Wenn wir das kategorisch ausschließen, führt das zu Missverständnissen und Verletzungen. Wir zweifeln an der Liebe, obwohl es tatsächlich um Bindung geht. Die Unterscheidung hat gravierende Konsequenzen für den Umgang mit Affären oder offenen Beziehungen, worauf wir später zurückkommen werden (siehe Seite 108).

„Wenn jemand nur eine einzige andere Person liebt und ihm alle übrigen Mitmenschen gleichgültig sind, dann handelt es sich bei seiner Liebe nicht um Liebe, sondern um eine symbiotische Bindung oder um einen erweiterten Egoismus." (Erich Fromm)[48]

Die Verwechslung von Sex und Herz

„Liebe ist Geduld, Sex ist Ungeduld" (Erich Segal)[49]

So erstaunlich das klingen mag, auch Sex und Herz werden in ihrer grundlegenden Qualität sehr oft verwechselt. Wir bemerken es bereits am Sprachgebrauch, in dem „und sie liebten sich" bedeuten kann „sie hatten Sex". In einer Hinsicht ähneln sich die beiden Energien: Sie leiden, wenn sie mit Erwartungen oder Pflichten verbandelt werden. Sex ist besonders attraktiv, wenn er spontan ist, Liebe berührt uns besonders tief, wenn sie uns frei lässt. Was wir einem anderen Menschen schuldig sind, törnt uns in der Regel weder an noch öffnet es unser Herz. Doch schauen wir genauer auf die Unterschiede:

- Jemanden zu begehren (Sex) bedeutet nicht, diese Person auch anzunehmen, so wie sie ist (Herz). Die Unsicherheit, ob wir angenommen werden oder nicht, kann sexuelle Lust sogar anheizen. Einige Menschen törnt es sogar an, erniedrigt zu werden.
- Jemanden in seiner Eigenart anzunehmen, beinhaltet nicht, diesen Menschen auch zu begehren. Der Funke des Begehrens braucht ein Mindestmaß an Differenz und ein gewisses Risiko. Nicht zu wissen, ob wir bekommen, was wir begehren, macht einen Teil der Aufregung aus. Das Spiel mit der Differenz ist primär erotisch, nicht herzlich.

So weit, so klar. Aber kann es die Lust nicht auch befördern, sich von Herzen angenommen zu fühlen? Ja, das ist vor allem dann der Fall, wenn wir erst ein gewisses Maß an liebevoller Bestätigung brauchen, bevor wir uns erotisch aus der Deckung wagen. Das Risiko einer abfälligen Bemerkung oder einer Zurückweisung wäre zu groß, um die Situation noch genießen zu können. Wir nehmen das Risiko nicht als prickelnde Aufregung wahr, sondern als Angst, die uns von der Lust abschneidet. Wir brauchen dann erst den Herzkontakt, bevor wir zum Sex bereit sind.

Es gibt auch die umgekehrte Konstellation: Erst die sexuelle Avance oder Begegnung löst ein Gefühl des Angenommenseins aus. Wenn wir unseren Selbstwert von unserer sexuellen Attraktivität abhängig machen, brauchen wir den Sex, um uns geliebt zu fühlen, erst dann können wir unser Herz öffnen.

„Die Bestandteile der echten Liebe sind zwei: Die erotische Anziehung und die zärtlichen Gefühle, welche aber so funktionieren, dass sie die erotische Anziehung zurücktreiben." (Siegmund Freud)[50]

Die Verwechslung von Sex und Bindung

„Doch alle Lust will Ewigkeit."(Friedrich Nietzsche)[51]

Sex und Bindung sind nicht so leicht zu verwechseln, werden aber oft in einer Weise miteinander verknüpft, die ihre Abgrenzung erschwert. Eine sexuelle Begegnung ist naturgemäß nicht von Dauer. Nach einem oder mehreren Höhepunkten lässt die Intensität nach und die sexuelle Anziehung schwindet. Vor allem wenn im Alltag einer Person ihre sexuelle Bedürfnisse bisher unerfüllt geblieben sind, kann nach einer gelungenen sexuellen Begegnung der Wunsch entstehen, eine Bindung zum Sexualpartner aufzubauen. Das resultiert aber weniger aus dem sexuellen Erlebnis als solchem, sondern mehr aus der Hoffnung, in einer festen Beziehung mehr davon zu erleben.

Die zwangsweise Verknüpfung von Sex und Bindung hat eine lange Tradition. Viele Religionen erlauben Sex nur innerhalb der Ehe und manche nur ausschließlich zur Fortpflanzung. Auch das romantische Liebesskript wertet Sexualität ab, die lediglich dem momentanen Genuss dient. Wenn Sex ohne Bindung als herzlos oder verwerflich angesehen wird, neigen Menschen dazu, sich nach dem Sex zu binden, um sich moralisch zu entlasten. Solcherart Bindungen entstehen eher unfreiwillig oder manipulativ und das kann sich später rächen, besonders wenn die sexuelle Anziehung nachlässt.

Nicht selten wird fälschlicherweise angenommen, dass sexuelle Anziehung in langfristigen Beziehungen zwangsläufig nachlässt (Coolidge-Effekt[52]). Doch Sexualität und Bindung, obwohl unterschiedlich, schließen sich nicht gegenseitig aus. Probleme entstehen u. a. dann, wenn beide unbewusst miteinander verknüpft werden, sei es als Verpflichtung oder als nicht zu hinterfragende Überzeugung.

Evolutionsbiologische Argumente suggerieren, dass weibliche Sexualität besonders stark mit Bindungsbedürfnissen verknüpft sei, damit Frauen sich nicht später allein um die Kinder kümmern müssen. Andere Theorien behaupten, dass nach dem Geschlechtsakt die Energie des Mannes in der Vagina verbleibt, sei es durch sein Sperma oder energetisch, und die Frau daher nach dem Sex an den Mann gebunden sei. Solche Argumente sind mit Vorsicht zu betrachten. Es gibt auch gegenteilige Meinungen, wie die, dass Frauen abwechslungsfreudiger seien und Männer das Patriarchat erfunden hätten, um Frauen sexuell als weniger einschüchternd zu erleben und sie leichter kontrollieren zu können. Das Thema ist heikel und macht anfällig für Ideologien aller

Art. Ideologien bieten Orientierung und versprechen Sicherheit, wirken jedoch auch als sich selbst erfüllende Prophezeiungen. Und sehr oft erweisen sie der Erotik einen Bärendienst, indem sie unsere Perspektive verengen und Polaritäten wenig Raum lassen. Ein Gefühl von Sicherheit kann durchaus die Lust befördern, wenn es benötigt wird, um sich sexuell zu öffnen. Umgekehrt kann geteilte Lust ein Gefühl von Sicherheit nach sich ziehen, wenn wir die Erfahrung als Bestätigung unserer Attraktivität verbuchen. Da Sexualität – wie die Liebe – nicht gestern und nicht morgen genossen werden kann, sondern nur jetzt, kann sie uns keine Sicherheit für die Zukunft verschaffen. Dafür bräuchten wir Klarheit auf dem Terrain der Bindung.

> „Je isolierter man lebt, desto intensiver will man leben:
> Intensität ersetzt Bindung." (Michael Rumpf)[53]

> „Wer Trinken, Rauchen und Sex aufgibt, lebt auch nicht länger.
> Es kommt ihm nur so vor." (Siegmund Freud)[54]

Übung 6: Die drei Qualitäten identifizieren

Ziel: Die Wahrnehmung der Energien von Sex, Herz und Bindung verfeinern.

1. **Nach innen lauschen.** Finde eine Körperhaltung im Sitzen, Stehen oder Liegen, in der du dich gut spürst. Dann stelle dir folgende Fragen und lausche in dich hinein, welche Antworten, Impulse oder Resonanzen in dir auftauchen.
   Wie fühlt es sich in deinem Körper an, wenn du an Erotik und Sex denkst? Welche Gedanken und Emotionen, welche Wünsche, Fantasien, Sehnsüchte, Hindernisse oder Erinnerungen tauchen auf? Beobachte dein inneres Geschehen neugierig und möglichst unvoreingenommen. Danach stelle dir die gleichen Fragen in Bezug auf deine Liebe und dann in Bezug auf deine Erfahrung mit Bindung und Beziehungen.

2. **In Bewegung.** Finde einen Platz, an dem du dich frei bewegen kannst. Richte deinen Fokus nacheinander auf Sex, Herz und Bindung und bringe das in Bewegung oder in einen Tanz, was spontan in dir auftaucht. Gehe intuitiv vor, lass deinen Körper zum jeweiligen Thema frei assoziieren und lass dich überraschen. Wenn du Musik auflegen magst, wähle eine, die dich nicht zu sehr in eine bestimmte Richtung lenkt.

3. **Mit einem Gegenstand.** Wähle einen Gegenstand wie ein Stofftier, ein Kissen oder eine Tasse. Berühre diesen Gegenstand nacheinander mit der inneren Absicht, ihn erotisch zu berühren, ihn liebevoll zu berühren oder eine Bindung zu ihm aufzubauen.

   Achte darauf, was sich jeweils im Körper und in deinem Gefühl ändert, wenn du deinen Fokus veränderst. Die körperliche und emotionale Resonanz kann deutlich, aber auch subtil oder kaum wahrnehmbar sein. Achte auch auf kleinste innere Reaktionen und Befindlichkeiten. Es kann sein, dass dir die Übung komisch oder abwegig vorkommt. Doch viele sind überrascht, was dabei zum Vorschein kommt.

4. **Dich selbst berühren.** Berühre dich nacheinander erotisch-sexuell, liebevoll und bindungsbewusst. Denke nicht lange darüber nach, wie das geht, sondern gehe spontan und intuitiv vor und lass dich überraschen, was auftaucht. Wie fühlt sich dein Körper an? Wie verändert sich dein Muskeltonus? Deine Atmung? Welche Gefühle tauchen auf? Welche Gedanken und inneren Bilder nimmst du zu Hilfe? Wie leicht oder schwer fällt es dir, die jeweilige Qualität in dir anzusteuern?

5. **Figuren, Szenen, Dialoge.** Wenn du gerne Romane liest oder Filme schaust: Ordne Figuren, Szenen oder Dialoge jeweils einer der drei Qualitäten zu. Finde heraus, woran du das festmachst. Das äußere Geschehen ist nicht immer das Ausschlaggebende, sondern eher die jeweilige Energie, Stimmung oder Atmosphäre. So kann z. B. eine Sexszene primär liebevoll wirken und eine Liebeserklärung primär eine erotische Färbung haben oder sich vor allem auf die Bindungsebene beziehen („aber ich liebe dich doch!")

6. **Werde kreativ.** Du kannst ein Bild malen, fotografieren (Naturfotografie, Selfies …), eine Geschichte oder ein Gedicht schreiben, ein Lied singen oder ein Geschenk für jemanden auswählen und dabei jeweils den Fokus besonders auf eine der drei Qualitäten ausrichten.

   Am Ende der Übung kannst du dir Notizen machen und dich ggfs. mit jemandem austauschen, der oder die die Übung auch gemacht hat.

Je differenzierter wir die drei Qualitäten in ihrer Eigenheit wahrnehmen, umso leichter fällt es, sie bewusst anzusteuern. Aber wollen wir das überhaupt? Sind wir gleichermaßen offen für Sex, Herz und Bindung? Inwieweit wird unser Blick durch unbewusste Bewertungen getrübt?

8. Bewertungen relativieren

„Alles ist für etwas gut und für etwas anderes schlecht."[55]

Üblicherweise gehen wir davon aus, unsere Wahrnehmung gehe unseren Bewertungen voraus. Erst sehen wir einen Film und dann entscheiden wir, ob wir ihn gut finden oder nicht. Es macht auch wenig Sinn, einen Film zu bewerten, den wir nicht gesehen haben. Was aber, wenn wir vorher eine Kritik gelesen oder erfahren haben, dass der Regisseur Frauen missbraucht hat? Ob wir wollen oder nicht, es wird in unsere Bewertung mit einfließen.

Eine solche Voreingenommenheit besitzen wir auch in Bezug auf Sex, Herz und Bindung. Sie ist Teil unserer individuellen Prägung und zu einem erheblichen Anteil nicht bewusst. In unsere Voreingenommenheit gehen auch gesellschaftliche und kulturelle Wertesysteme ein. Liebe wird in Deutschland anders verstanden und gelebt als in China, in Mexiko oder in Nigeria, ebenso wie Sex und Bindung.[56]

Bewertungen bewegen sich in der Regel in zwei Richtungen: besser oder schlechter, richtig oder falsch. In diesem Kapitel schauen wir uns näher an, welche Auf- und Abwertungen üblicherweise bei uns in Mitteleuropa mit den drei Dimensionen verknüpft werden.

Auf- und Abwertungen der Liebe

„Glück ist Liebe, nichts anderes.
Wer lieben kann, ist glücklich." (Hermann Hesse)[57]

„In der Liebe genießt man immer nur die Illusion,
die man sich selbst schafft." (Stendhal)[58]

Die Liebe gilt als die edelste Seite unseres Dreiecks, insbesondere wenn von absoluter oder bedingungsloser Liebe die Rede ist. Viele von uns neigen dazu, Liebe als etwas grundsätzlich Positives zu betrachten, eine Ansicht, die von vielen religiösen Lehren geteilt wird. Doch ist Liebe immer „gut"? Auch hier kommt es auf die Perspektive und den Kontext an. Als innere Haltung, die uns so sein lässt, wie wir sind und unsere Verbundenheit spüren lässt, ist sie genau dazu gut: uns unsere Verbundenheit spüren zu lassen. Aber diese Qualität ist nicht immer das, was wir gerade wollen oder brauchen. In einer zu engen, symbiotischen Beziehung könnte eine Zunahme von Liebe zum Beispiel die Erotik ersticken oder unsere Fähigkeit untergraben, persönliche Verantwortung zu übernehmen. In solchen Fällen könnte es hilfreicher sein, sich auf Elemente wie Polarität und Autonomie zu konzentrieren, die eher im Bereich der sexuellen Energie liegen.

Darüber hinaus birgt die Vorstellung von bedingungsloser Liebe eine Paradoxie in sich: Wenn wir wirklich bedingungslos lieben wollen, müssten wir dann nicht auch die Begrenzungen unserer Liebesfähigkeit ohne Vorbehalte so annehmen, wie sie sind? Die Idealisierung der Liebe als Wundermittel für alle Beziehungsprobleme führt zu Enttäuschungen. Diese Idealvorstellung verleitet uns zu dem Glauben, dass ausreichend Liebe alle Probleme lösen könne, was aber nicht der Fall ist. Konflikte durch unterschiedliche Lebensentwürfe (Wer kümmert sich wieviel um die Kinder? Wer bringt wieviel Geld nachhause?) können kaum mit einem mehr an Liebe aus der Welt geschaffen werden, sondern eher durch eine faire Auseinandersetzung. Wobei Liebe hierbei durchaus behilflich sein kann.

Eine Verklärung von Liebe kann zur Belastung werden, vor allem wenn sie die Liebe in eine Verpflichtung verwandelt und Sätze hervorbringt wie „Wenn du mich wirklich lieben würdest …“. Solche Erwartungen dienen kaum der Liebe, sondern führen regelmäßig zu Schuldgefühlen. Viele von uns sind mit der Vorstellung aufgewachsen, Liebe sei eine Schuldigkeit gegenüber unseren Eltern, was unsere Fähigkeit zu lieben mehr hemmt als fördert. Wir kommen unter Rechtfertigungsdruck, wenn wir angeblich oder vermeintlich nicht genug lieben, doch Druck erzeugt keine Liebe, sondern Widerstand. In Film und Literatur ist meist der Partner oder die Partnerin, die intensiver liebt, der Sympathieträger oder gilt als moralisch höherstehend. Doch jede Überhöhung der Liebe kreiert einen Schatten, weil sie es schwerer macht, ehrlich mit uns selbst zu sein.

Trotz ihrer kulturellen Überhöhung wird Liebe in unserer materialistisch geprägten Welt auch unterschätzt oder trivialisiert. In der modernen Wissenschaft wird Liebe manchmal auf ein Nebenprodukt biologischer oder neurologischer Prozesse reduziert, in der Evolutionsbiologie wird sie als ein Trick der Natur zur Fortpflanzung betrachtet. Für die mediale Öffentlichkeit scheint es weitaus interessanter, wer mit wem Sex hatte, fremdgegangen ist oder eine neue Beziehung eingegangen ist, als die Frage, wer wen liebt und wie sich das zeigt und auswirkt.

Auf- und Abwertungen von Sexualität

„Sex ist das der Glückseligkeit Verwandteste." (John Updike)[59]

„Sex ist der Trost, den Sie haben, wenn Sie keine Liebe haben können." (Gabriel García Márquez)[60]

Sex hat einen mindestens zwiespältigen Ruf. „Es war reiner Sex" gilt in der Regel – und im Unterschied zu „reiner Liebe" – nicht als Aufwertung. Viele moralische Auffassungen sehen in Sex einen Gegenspieler der Liebe, einen niederen Trieb oder sogar eine teuflische Versuchung. Die Vorstellung, dass Sex etwas Anrüchiges oder Verwerfliches sei, ist tief in unserem kollektiven Bewusstsein verankert. Trotz der sexuellen Revolution in den 1968er-Jahren und der aktuellen sexpositiven Bewegung bleibt es eine Herausforderung, uns von einer offenen oder subtilen Abwertung von Sex zu befreien.

Wir können Sexualität auch idealisieren, teilweise als Reaktion gegen eine als übermächtig empfundene Abwertung von Sexualität. Idealisierung kann uns jedoch blind für ihre Schattenseiten machen: Wie könnte Sexualität falsch sein, wenn sie sich doch so geil anfühlt! In orgiastischer Euphorie sind wir geneigt, Risiken wie z. B. sexuell übertragbare Krankheiten auszublenden oder ohne Konsens über Grenzen zu gehen. Ein Orgasmus kann sich tatsächlich himmlisch anfühlen und gilt als das höchste der Gefühle, wird aber oft überschätzt. Das kann zur Orgasmus-Fixierung führen. Tim berichtet:

Nicht so wichtig?

Als mir Lena sagte, ein Orgasmus sei für sie nicht wichtig, dachte ich: Okay, alles klar, sie kommt schwer zum Höhepunkt und möchte nicht, dass ich sie unter Druck setze und an ihr rumschraube, bis sie wund ist. Kann man ja verstehen. Aber insgeheim will sie natürlich doch einen.

Sex ohne Orgasmus? Das wäre wie Fußball ohne Tore, also absolut witzlos. Mit zunehmendem Alter fiel mir aber auf, dass meist nach dem ersten Tor Schluss war. Das würde mir beim Fußball auch nicht gefallen.

Ich lernte, den Höhepunkt hinauszuzögern. Ich weiß nicht mehr, wann genau der Kipppunkt erreicht war, doch irgendwann wurde das Hinauszögern schöner als zu kommen. Vor allem dauerte der Sex jetzt viel länger. Nicht unerheblich war auch, wie heiß es Lena macht, wenn ich sie hinhalte oder einfach hin und wieder eine Pause einlege. Wenn ich will, dass sie kommt, muss ich es ihr nur „verbieten". Dann kann sie echt grantig werden ... und richtig geil.

In „Lustvoll Mannsein"[61] teilen einige Männer offen ihre Erfahrungen darüber, wie befreiend es für sie war, sich vom Orgasmus-Zwang zu lösen. Das brachte uns zu der These „Vergiss den Orgasmus!", die allerdings nicht ganz ernst gemeint war. Von Frauen kommen bezüglich der sexuellen Klimax widersprüchliche Signale. Einerseits gilt die Tatsache, dass Frauen seltener zum Höhepunkt kommen, als Beleg dafür, dass sie den Sex weniger genießen als Männer. Andererseits weisen Frauen darauf hin, dass der Höhepunkt nicht entscheidend für das Gefühl der Erfüllung sei und jeglicher Druck sowieso kontraproduktiv.[62]

Eine Überhöhung der Sexualität kann unseren Blick auf andere Aspekte des Liebeslebens verstellen. Wenn wir davon ausgehen, dass eine Beziehung nur durch eine ausgiebig gelebte Sexualität erfüllend wird, kann uns diese Erwartungshaltung überfordern und Lust und Liebe ziehen sich zurück. Auch die Bindungsdimension kann unter die Räder kommen wie in dem berühmt-berüchtigten Spruch der 68er: „Wer zweimal mit derselben pennt, gehört schon zum Establishment." Was damals als „Freie Liebe" propagiert wurde, hatte mit Liebe oft nicht viel zu tun, sondern eher mit einer Kompensation mangelnder Liebesfähigkeit durch sexuelle Befreiung, wobei der Sex nicht immer so frei war, wie gerne behauptet wurde. Die sexuelle Praxis folgte oft konventionellen Mustern, die viele Bedürfnisse nicht berücksichtigten. Wer über einen langen Zeitraum sexuelle Repression erlebt hat, kann sich ein zu viel an sexueller Freiheit kaum vorstellen. Auf diesem Hintergrund geschahen auch verletzende Grenzüberschreitungen bis hin zu sexuellem Missbrauch.

Auf- und Abwertungen von Bindung

> „Einen Menschen lieben, heißt einwilligen,
> mit ihm alt zu werden." (Albert Camus)[63]

> „Jeder, der eine Bindung eingeht, ist verloren. Der Keim der Korruption
> ist in seine Seele eingedrungen." (Graham Greene)[64]

Bindung zählt zu unseren Grundbedürfnissen und ihre Anerkennung als eigenständige Dimension ist zentrales Anliegen dieses Buches. Allerdings kann eine Überhöhung der Bindung das bewusste Navigieren im Liebesleben erschweren. Das romantische Skript legt nahe, das wahres Glück nur in Zweisamkeit zu finden sei, mit der Hochzeit als Höhepunkt und schönstem Tag des Lebens. Die gesellschaftliche Erwartungshaltung suggeriert, dass etwas nicht stimmt, wenn du „keinen abkriegst“. Situationen wie der Besuch eines besseren Restaurants können daher ohne Partner mit Scham verbunden sein.

Wenn eine Beziehung oder eine Ehe zu Ende geht, gilt das in der Regel als Scheitern, und stabile Bindungen werden meist höher bewertet als das Single-Dasein. Doch es gibt auch gegenteilige Strömungen. Die Notwendigkeit stabiler Bindungen für Kinder ist anerkannt, aber inwieweit trifft das auch auf Erwachsene zu? Zeugt es von Reife oder Unreife, sich ganz auf das Hier und Jetzt zu konzentrieren und eine Beziehung zu beenden, wenn sie den Bedürfnissen nicht mehr entspricht? Das kommt darauf an. Eine Orientierung könnte es sein, zwischen starren Bindungen und dynamischen, entwicklungsorientierten Bindungen zu unterscheiden. Eine grundsätzliche Geringschätzung verlässlicher Bindungen hieße jedoch, das Kind mit dem Bade auszuschütten.

Bindung kann auch zum Gefängnis werden, mit Gitterstäben aus gesellschaftlichen Konventionen und persönlichen Überzeugungen. Viele Menschen halten an Beziehungen fest, obwohl sie allen Beteiligten schaden (sogenannte „toxische“ Beziehungen). Zudem kann uns die Fixierung auf feste, exklusive Partnerschaften daran hindern, eine größere Vielfalt an Beziehungsmöglichkeiten zu erkunden, die auch – oder gerade – jenseits fester Bindungen möglich sind. Wenn wir Lust und Liebe festen Partnerschaften vorbehalten, schränken wir unser soziales Leben enorm ein.

Dies war nur eine kleine Auswahl der Verzerrungen durch Bewertung, denen alle drei Pole ausgesetzt sind. Der Versuch, sich von diesen Verzerrungen zu befreien, birgt die Gefahr, von einem Extrem ins andere zu fallen. Frauen, die sich von der Stigmatisierung sexuell aktiver Frauen als „Schlampe“ gelöst haben, könnten unter Druck geraten, mehr Sex zu haben als sie wollen, um nicht als verklemmte Zicke abgeschrieben zu werden. Männer, die sich von der Fokussierung auf den eigenen Lustgewinn lösen und einfühlsamer werden, riskieren, als Frauenversteher oder Softie abgestempelt zu werden. Tantriker, die sich vom Orgasmus als ultimativem Ziel lösen, könnten sich schämen, wenn sie manchmal doch einen Höhepunkt erleben wollen.

Neben Bewertungen gibt es weitere Hindernisse, die uns in die Quere kommen. Um die Defizite, die entstehen, wenn uns eine Dimension nicht wirklich zur Verfügung steht, geht es im nächsten Kapitel.

9. Fakes durchschauen

> „Ich weiß leider gar nichts über Sex,
> weil ich immer verheiratet war." (Zsa Zsa Gabor)[65]

Wie gehen wir mit Defiziten um?

Wenn unserem Liebesleben eine wesentliche Qualität fehlt, suchen wir nach einem Ausgleich. Das Verhältnis der drei Grundqualitäten muss nicht komplett ausgewogen sein. Wenn aber eine Dimension dauerhaft fehlt, werden intime Beziehungen instabil. Der naheliegende Versuch, die fehlende Qualität durch eine andere zu ersetzen, hat Konsequenzen für die gesamte „Architektur" und Dynamik unseres Liebeslebens, denn jede Dimension hat ihre eigene Qualität und lässt sich nicht ersetzen.

- Wenn wir keine Liebe mehr spüren, fordern wir womöglich Liebesbeweise oder Treueschwüre. Wir vermeiden Verletzlichkeit oder provozieren Streit, der immerhin etwas Wärme erzeugen kann. Vielleicht versuchen wir, unsere Frustration durch anderweitige Anerkennung oder durch Flucht in die Arbeit zu kompensieren. Oft leidet der Sex, doch paradoxerweise kann auch eine übermäßige Beschäftigung mit Sexualität als Ablenkung dienen, um unangenehme Gefühle zu vermeiden und die Leere zu füllen, die durch fehlende Liebe entstanden ist.

- Fehlt die Sexualität, kann sich sexuelle Energie in Kampf und Streit Ausdruck verschaffen, eine wenig lustvolle Manifestation von Unterschiedlichkeit. Was auf erotischer Ebene reizvoll sein kann, wird auf der emotionalen Ebene zu schmerzhaften Ambivalenzen, zum „Komm-her!-Geh-weg!", das sich zu häufigem Wechsel zwischen Trennungsdrohung und Versöhnungssex steigern kann.
  Die Vermeidung von Ambivalenzen durch die Betonung von Liebe und Bindung kann aber auch zu einer scheinbar harmonischen Beziehung führen, der jedoch die erotische Spannung abhanden kommt. Häufig kommt es dann zu Affären.

- Bei einer mangelnden Bindung entstehen oft Vertrauensprobleme, die sich in Eifersucht oder Kontrollversuchen äußern können. Ein starkes

Verlangen nach sexueller Bestätigung oder auch eine Flucht in äußere Sicherheiten wie Familie, Eigenheim oder berufliche Erfolge können Anzeichen dafür sein, dass die gemeinsame Entwicklung stagniert. Oft bleibt dies unbemerkt, bis die Beziehung durch plötzlichen Wandel erschüttert wird.

Wir können auf vielfältige Art und Weise versuchen, Defizite auf einer Ebene durch die Qualität einer anderen zu kompensieren. Paul Watzlawik[66] hat diese Strategie humorvoll beschrieben: Wir suchen den Schlüssel unter der Laterne, weil es dort hell ist, obwohl wir ihn ganz woanders verloren haben.

Die Konfrontation mit einem Mangel ist unangenehm bis schmerzhaft. Die Versuchung ist groß, diesem Schmerz zu entkommen. Wenn wir jedoch unangenehme Gefühle meiden, reduziert das auch die angenehmeren Gefühle, wir werden gefühlstaub und uns fehlt die Motivation, Veränderung anzustreben, Unterstützung zu holen oder zumindest zu betrauern, was wir vermissen.

Der Preis der Verdrängung

Wenn wir Aspekte unseres Erlebens aus dem Bewusstsein verbannen, entsteht laut C.G. Jung ein sogenannter Schatten, der sich auf eher unangenehme Weise in unserem Leben bemerkbar macht. Verdrängung führt oft zu einer gewissen Zwanghaftigkeit: zu übermäßiger Suche nach sexueller Befriedigung, zu manipulativen Verhaltensweisen, um Liebe und Anerkennung zu bekommen, oder zum verzweifelten Versuch, eine Bindung zu erzwingen, indem wir andere emotional abhängig machen oder an ihre Schuldgefühle appellieren. Um aus diesen Mustern auszubrechen, ist Schattenarbeit erforderlich, bei der wir uns den destruktiven Persönlichkeitsaspekten stellen, diese anerkennen und darauf aufbauend unsere Potenziale entfalten.

Eine besondere Form der Kompensation besteht darin, eine „Pseudo-Variante" der jeweiligen Qualität zu entwickeln. Fake it until you make it? Dieser Rat wird – wenn überhaupt – nur dann funktionieren, wenn wir uns dessen bewusst sind, dass und was wir vortäuschen. Wie sehen die jeweiligen „Mogelpackungen" aus?

Pseudosex

Pseudosex kann geil sein und ist äußerlich kaum als solcher zu erkennen. Es findet jedoch keine echte Begegnung statt, sondern nur eine mit der eigenen Projektion, eine als Interaktion getarnte Masturbation zu zweit. Tatsächliche gemeinschaftliche Selbstbefriedigung kann den erotischen Tanz bereichern, doch wenn sie der Kompensation dient, ist jeder in seinem eigenen Film gefangen. Oft bleibt mindestens einer unbefriedigt zurück, weil wir im Pseudosex nicht erotisch aufeinander eingehen und mit unserer Polarität spielen, sondern ihr ausweichen.

Prostitution gilt als Paradebeispiel für seelenlosen, gefakten Sex. Rudi hat das nicht immer so erlebt. Kann das sein?

Sex kaufen?

Stolz bin ich nicht darauf und ich spreche eigentlich auch mit niemandem darüber, weil es ein Minenfeld ist, über Prostitution zu sprechen. Als Freier ist man eine Unperson. Manchmal wird jede sexuelle Dienstleistung mit Vergewaltigung gleichgesetzt. Also halte ich lieber meinen Mund.
Zum Glück kann ich mich in dieser Umfrage anonym äußern. Ich bin jahrelang in FKK-Clubs gegangen und habe die unterschiedlichsten Erfahrungen mit Paysex gemacht. Enttäuschende, geile, stressige, lustige und langweilige, aber es waren irgendwie auch menschliche Begegnungen. Oft entstand sogar eine Art Beziehung, auch wenn sie nur 30 Minuten dauerte. Mag sein, dass die meisten Männer diese Ebene ausblenden, aber ich kann das nicht. Wenn die Frau einfach nur ihren Körper zur Verfügung gestellt hat, machte mir das keinen Spaß und ließ mich innerlich leer zurück. Warum habe ich es dann gemacht? Weil es längst nicht immer so war, oft waren es sehr ehrliche Begegnungen, zumindest bilde ich mir das ein. Ein weiterer Grund war, dass mit meiner Partnerin sexuell nichts mehr lief, ich sie aber nicht verlassen wollte. Aber das ist ein anderes Thema.

Pseudoliebe

Pseudoliebe basiert auf einem unbewussten Vertrag: Wir zeigen nur, was dem anderen gefällt, um die gegenseitige Zuneigung zu sichern. Es findet kein gegenseitiges Erkennen oder Annehmen statt, sondern ein Deal: Ich gebe dir, was du brauchst, und du mir, was ich brauche. Ein Deal muss nicht per se ein Problem darstellen, zu einer erfüllenden Beziehung gehört auch die Fähigkeit, Dinge fair auszuhandeln. Doch Deals können auch eine wenig entwickelte Liebesfähigkeit überlagern und uns davon abhalten, uns mit unseren Schattenseiten zu begegnen und uns mit unseren Fehlern und Schwächen anzunehmen. Eine typische Klage lautet dann: „Ja liebst du mich denn gar nicht mehr? Sonst würdest du doch …" Pseudoliebe ist trügerisch und kann sehr abrupt enden, wenn der Deal nicht mehr aufgeht. Hildegard erzählt:

Ich dich auch!

Nach 25 Jahren Monogamie hatte ich verlernt, mich auf dem Beziehungs-markt anzubieten. Oder geht das allen so? Es klingt schrecklich, aber so habe ich es erlebt: als einen Markt. Ich war eine Weile auf einer Partner-börse unterwegs und es war gelinde gesagt ernüchternd. Jeder versucht, das Beste für sich rauszuschlagen und sich selbst dabei in ein möglichst günstiges Licht zu stellen.

Was aber fast noch schlimmer war: Mir wurde so einiges klar, was in meiner Ehe abgelaufen war. Es soll Paare geben, die „Ich liebe dich" nie über die Lippen bringen. Bei uns war das anders. Wir haben uns das oft gesagt, fast immer mit einem reflexhaften „Ich dich auch!" Hätte mich das stutzig machen sollen? Vielleicht. Denn die Gefühle, die man landläufig Liebe nennt, sind ja nicht immer gleich und nicht immer spürbar. „Ich liebe dich" bedeutete oft nichts anderes als „Lass uns nicht näher hinschauen!" Und „Ich dich auch!" hieß „Einverstanden!" War das echte Liebe? Ich habe lange gedacht, dass meine Bitterkeit daher rührte, dass er Knall auf Fall ein-fach weg war, aber rückblickend habe ich meine Zweifel. Wir haben neben-einanderher gelebt. Deswegen ist mir Wahrhaftigkeit heute tatsächlich wichtiger als Liebe, auf einer Partnerbörse aber nicht leicht zu finden.

Pseudobindung

In einer Pseudobindung sind wir zwar fest liiert, doch es gibt kaum Spielraum für gemeinsames Wachstum. Wir sind weniger an das lebendige Gegenüber gebunden, mit dem wir unser Leben teilen, sondern an das jeweilige Bild, das wir vom anderen haben. Will einer sich weiterentwickeln, steht die Beziehung in Frage. Während die wesentliche Qualität einer erfüllenden Bindung darin liegt, Vertrauen in die Entwicklungsfähigkeit des gemeinsamen Lebens auf-zubauen, bewirkt Pseudobindung eher Misstrauen. Paare in Pseudobindung leben oft einfach nebeneinanderher und haben sich nicht mehr viel zu sagen. Sie sind wahrscheinlich nur zusammen, weil sie nicht den Mut haben, sich zu trennen oder weil das in ihrem Weltbild keine zulässige Option ist.

Die meisten von uns kennen mindestens eine der beschriebenen Pseudoformen innerhalb des Liebesdreiecks. Thomas kennt alle drei.

Das Land der Täuschungen

Ich habe nie verstanden, warum Frauen Orgasmen vortäuschen. Was soll das bringen? Wenn er es merkt, ist das superpeinlich, und wenn nicht … wird der Sex wohl kaum besser. Das würde ich nie tun, dachte ich, bis ich dahinter kam, dass ich viel mehr vortäusche als nur einen Orgasmus. Ganz egal, ob es mich erregt, was sie im Bett mit mir macht, ich tue immer so, als ob es mich anmacht. Sonst hört sie womöglich auf und macht gar nichts mehr. Wenn sie mich gefragt hat, ob ich nicht Lust auf fremde Haut hätte, habe ich das weit von mir gewiesen. Nicht weil ich keine solchen Fantasien gehabt hätte, sondern weil ich nicht wollte, dass sie auf dumme Gedanken kommt. Welche sie offensichtlich längst hatte, sonst hätte sie wohl kaum gefragt.

Und dann der Klassiker: Wie antwortest du, wenn sie sagt: „Ich liebe dich!"? Genau! „Ich liebe dich auch!" Ich habe in diesen Momenten immer ein leichtes Ziehen im Bauch verspürt, es aber nie ernst genommen. Natürlich liebte ich sie. Nur dass ich es in diesen Momenten gar nicht gespürt, aber trotzdem gesagt habe. Ich habe all dem keine besondere Aufmerksamkeit geschenkt und hätte es auch nie als Vortäuschen falscher Tatsachen bezeichnet.

Eines Tages ging sie fremd und das hat ihr anscheinend die Augen geöffnet. Sie kaufte mir meine „Performance" nicht mehr ab. Und warum? Weil der neue Lover ihre Performance durchschaut hatte. Zum Glück, sage ich heute, sonst wäre sie wohl mit ihm durchgebrannt. So aber kam sie zu mir zurück und wir betraten das Neuland echter, wahrhaftiger Begegnung. Es ging nicht ohne Tränen ab und auch nicht ohne Paartherapie. Aber nie im Leben möchte ich in das Land der Täuschung zurück.

Wenn eine Schattenseite ans Licht kommt, schreien die wenigsten „Hurra!". Eher verhalten wir uns wie die drei Affen: nichts sagen, nichts hören, nichts sehen. Doch die Pseudoformen von Sex, Herz und Bindung sind faule Kompromisse, welche Defizite nur mühsam überlagern. Die holen uns irgendwann wieder ein, nicht selten in Form von Fixierungen, die uns mit einem Tunnelblick ausstatten und unser Differenzierungsvermögen begrenzen. Damit beschäftigen wir uns im nächsten Kapitel.

10. Unterscheiden, nicht trennen

„Es kommt der inniglichen Liebe wie dem heißen Sex zugute,
wenn man erkennt, dass beide zusammenkommen können,
aber nicht müssen und es meistens auch nicht tun." (Stefan Hölscher)[67]

Es ist ein verbreitetes Missverständnis, dass die klare Unterscheidung der drei Dimensionen des Liebeslebens bedeutet, sie voneinander abzukoppeln oder getrennt voneinander zu erleben. Es geht jedoch um Differenzierung. Erst eine differenzierte Wahrnehmung der verschiedenen Komponenten einer Beziehung ermöglicht es uns, sie je nach Intention und Kontext in unterschiedlicher Gewichtung sinnvoll miteinander zu verbinden. Ein Überwiegen beispielsweise des sexuellen Aspekts in einer Begegnung schließt Herz und Bindung keineswegs aus; sie nehmen dann lediglich eine untergeordnete Rolle ein.

Als Analogie kann unser Körper dienen: Der Fokus auf bestimmte Körperteile für spezifische Tätigkeiten impliziert nicht, die anderen abzutrennen. Zum Laufen brauchen wir die Füße, zum Schreiben die Hände. Man kann auch auf Händen laufen und mit Füßen schreiben, aber dafür sind sie nicht besonders gut geeignet. Die Fokussierung unserer Aufmerksamkeit hilft, die jeweiligen Funktionen effektiver zu nutzen.

Dementsprechend können wir je nach Anliegen den Fokus mehr auf Sex, Herz oder Bindung richten. Die weniger dominanten Seiten bleiben dabei nicht unberührt. Zwischen Herz, Sex und Bindung besteht eine dynamische Interaktion. Je weniger uns bewusst ist, welche Seite gerade die Führung innehat, desto weniger können wir Wechselwirkungen erkennen und beeinflussen. Wir bemerken sie erst durch die Konsequenzen, die sich aus ihnen ergeben.

Eine gefährliche Unausweichlichkeit

„Simone springt von der Couch auf und stürmt die Wendeltreppe hinauf.
»Simone, renn jetzt nicht weg! Lass es mich doch bitte erklären … es ist
ganz anders!«, schreit Alex hinter ihr her.
Keine Antwort.

»Simone!« Seine Stimme ist jetzt kaum mehr als ein Wispern. Er denkt kurz daran, ihr zu folgen. Sein ganzer Körper zittert. Sie wird sich in ihr Zimmer einschließen und ... Scheiße! Er lässt sich zurück auf das Sofa sinken und starrt ins Leere. »Du verdammtes schwanzgesteuertes Arschloch!«, hat sie ihm eben noch entgegen geschleudert. »Wie soll ich dir jemals wieder vertrauen!« Ihre Worte hängen wie beißende Rauchschwaden in der Luft.

In seiner Lunge brennt es, sein Magen fühlt sich an wie ein schwerer, heißer Stein. In seinem Kopf jagen düstere Gedanken wild durcheinander. Ja, er hat mit dieser Martina geschlafen. Ja, sie haben die Nacht zusammen verbracht. Aber scheiße, es ist doch nichts Ernstes! Keine Chance, Simone das verständlich zu machen. Da wird nichts weiter laufen! Aber bring das mal einer Frau bei, die gerade komplett ausrastet! Alex legt eine Hand auf seine Stirn, aber das nützt nichts gegen seine wild durcheinander brüllenden Gedanken. "

aus: „Die gefährliche Unausweichlichkeit der Liebe"[68]

Aus dieser Episode könnten wir schlussfolgern, dass es keine gute Idee sei, eine rein sexuelle Begegnung zu haben, schon gar nicht, wenn wir anderweitig liiert sind. Alex' Drama entsteht aber eher daraus, dass er in seiner Begegnung mit Martina Herz und Bindung beiseitegeschoben hatte. Es ist die Abspaltung, die ihn in der Konfrontation mit seiner Partnerin Simone schmerzhaft einholt.

Wenn wir uns verlieben, sind anfangs meist alle drei Seiten beteiligt. Wir fühlen uns erotisch angezogen, öffnen unser Herz und träumen von einer Zukunft. Das wäre ein guter Moment, genau in uns hineinzuhorchen: Bin ich eher scharf auf dich? Berührst du mein Herz, ohne dass unbedingt mehr daraus werden muss? Oder weckst du die Hoffnung, endlich eine Lebensgefährtin zu finden?

Das romantische Skript „Alles mit einem für immer" („AMEFI") verführt dazu, uns vom Rausch der Gefühle davontragen zu lassen und davon auszugehen: Wenn es sich so wundervoll anfühlt, dann ist es von Dauer und alles wird gut.

Diese Naivität ist rührend und verständlich, denn wer will seinen Verstand einschalten, wenn er frisch verliebt ist? Der Kopf macht nur alles kaputt, denken wir. Das kann passieren, insbesondere wenn der Verstand sich die Oberhoheit über Fühlen und Handeln anmaßt. Bewusstsein ist da bescheidener.

Warum wir uns gerne etwas vormachen

Zunehmendes Bewusstsein lässt uns bemerken, welches Bedürfnis gerade dominant ist. Doch gestehen wir uns unsere tatsächlichen Motive überhaupt ein? Wenn sie mit unseren Wünschen, Ängsten und Wertvorstellungen in

Konflikt geraten, laufen wir Gefahr, uns und unserem Partner etwas vorzumachen. Wir verschweigen, dass wir liiert sind, täuschen sexuelles Interesse vor, obwohl wir gar keine Lust haben oder sagen „Ich liebe dich", nur um nicht verlassen zu werden. Statt transparenter, ehrlicher Kommunikation werfen wir Nebelkerzen, um Differenzierung zu verhindern. Dafür sehe ich vor allem drei Gründe:

1. Wir haben **Angst** vor einer Abfuhr, wenn wir uns klarer mitteilen.
2. Unsere **Wünsche** geraten in Konflikt mit unserem Selbstbild.
3. Verinnerlichte **Liebesideale** verschleiern unsere wahren Motive.

Viele Menschen scheuen eine klare Ansage, um was es ihnen wirklich geht, denn damit machen wir uns verletzlich. Das vermeiden zu wollen, ist verständlich, hat aber gravierende Folgen. Wenn wir unsere Motive maskieren, verlieren sie ihre Anmut. Sexuelle Wünsche kommen schmierig rüber, Bindungswünsche wie ein Klammern und die Sehnsucht nach Liebe als defizitär. Uns offen zu zeigen und dann abgewiesen zu werden, tut weh, aber abgewiesen zu werden, weil wir uns nicht oder nur verstellt gezeigt haben, birgt eine gewisse Tragik, denn wir haben die Möglichkeit echter Gegenliebe selbst sabotiert.

Oft steckt Scham dahinter, wenn wir nicht zu uns stehen, so als wäre sexuelles Begehren Schweinkram, Bindungswünsche ein Zeichen kindlicher Bedürftigkeit oder der Wunsch, geliebt zu werden, ein Symptom mangelnden Selbstwertes. Doch kommt es besser rüber, wenn wir uns reifer präsentieren als wir uns fühlen? Vielleicht gelingt es uns, eine Weile damit zu imponieren, aber wohin soll das führen? Hier einige Beispiele für die Herausforderung, zu sich zu stehen:

Zu sich stehen

- **Tom** *ist ein feinfühliger Mann, #metoo hat ihn tief erschüttert und er will auf keinen Fall eine Frau sexuell belästigen. Doch er hat oft Lust auf Sex und in seinen Fantasien geht es schnell und wild zur Sache. Im Zusammensein mit Frauen hält er diese Seite sorgfältig zurück. Kürzlich bekam er ein Feedback, das ihm zu denken gab: „Tom, ich mag dich sehr gerne, aber bitte schaue mich nicht immer so an wie ein treuherziger Dackel. Das törnt total ab." Tom war geschockt und brachte kein Wort mehr heraus. Dann setzte die Frau noch einen drauf: „Wenn du schon auf den Hund kommst, dann sei bitte ein Schäferhund!"*

- **Dieter und Renate** *sind seit 32 Jahren ein Paar. Der letzte Sex liegt mehr als zehn Jahre zurück. Dieter erinnert sich: „Als der Sex seltener wurde, hat mir das Angst gemacht. Ich war fest davon überzeugt, dass das nicht lange gut geht. Also habe ich sie immer wieder bedrängt, was entweder zu Streit oder zu lausigem Sex geführt hat. Mit der Zeit habe auch ich die Lust verloren, aber es blieb ein schlechtes Gewissen zurück, so als wäre immer der Mann zuständig, dass der Sex nicht einschläft. Sonst ging es uns prima, wir sind zärtlich, wir lieben ausgedehnte Spaziergänge in der Natur, wir führen tiefe Gespräche, wir kochen zusammen. So richtig gut geht es mir aber erst, seit wir das alles offen ausgesprochen haben: Sex muss nicht immer sein. Emotionale Intimität ist uns wichtiger. Aber wenn ich das vor anderen zugeben müsste, wäre sofort wieder das schlechte Gewissen da. Es ist ein Tabuthema."*

- **Yvonne** *ist seit drei Jahren mit einer Frau zusammen, die mit einem Mann verheiratet ist und sich von keinem der beiden trennen will. „Im Grunde ist das für mich vollkommen okay, ich weiß aus eigener Erfahrung, dass man mehrere Menschen lieben kann. Ich komme nur nicht damit klar, dass ihr Mann im Zweifelsfall immer den Vorzug bekommt. Das ist schon rein rechtlich so. Ich weiß, dass sie mich nicht weniger liebt, aber wie soll ich damit umgehen, dass er tatsächlich mehr Rechte auf sie hat als ich? Neulich war sie ein paar Tage im Krankenhaus und sie haben mir keinerlei Auskunft geben dürfen. Soll ich von ihr fordern, dass sie mich heiratet? Dafür müsste sie sich erstmal scheiden lassen. Aber darum geht es mir gar nicht."*

- **Daniel** *ist katholischer Priester, seit 5 Jahren lebt er mit seinem Geliebten zusammen. Offiziell handelt es sich nur um eine Wohngemeinschaft. Auf die Frage, wie er mit dieser Doppelmoral umgeht, antwortet er traurig: „Der Zölibat ist nicht meine Moral, er wird mir aufgezwungen. Es mag sein, dass der Verzicht auf eine Liebesbeziehung und auf Sex den Weg zu Gott verkürzt, aber bei mir ist das sicher nicht so. Ja, ich lebe gewissermaßen in einer Lüge, aber das ist nichts gegen die Lüge, die ich mir jahrelang selbst erzählt habe, nämlich dass ich gut auch ohne Partner leben könnte. Wo das am Ende hinführt, kann man doch an all diesen furchtbaren Missbrauchs-Skandalen ablesen."*

Von der Projektion zur Polarisierung

Je weniger wir unsere wirklichen Motive kennen, desto mehr neigen wir zu Projektionen. Wir sehen im anderen, was wir bei uns selbst nicht wahrhaben wollen. Wir identifizieren uns mit einer oder zwei Seiten des Dreiecks und projizieren eine andere Seite nach außen. Einer Frau, die ihre eigene Lust nicht so leicht spürt, kommt es dann so vor, als wollten Männer immer nur das Eine. Ein Mann, der seiner Mutter „ihr ein und alles" war, entwickelt die fixe Idee, eine Frau wolle ihn gleich vor den Traualtar schleppen, wenn sie ihn nur nett anschaut. Solche Projektionen erweisen sich als erstaunlich langlebig.

Wechselseitige Projektionen führen oft in eine Polarisierung.[69] Je mehr er seine Vorliebe offenbart, desto mehr wünscht sie sich etwas Anderes oder gar das Gegenteil. Je mehr er klammert, desto mehr will sie fliehen. Je mehr sie von Liebe spricht, desto enger wird es ihm ums Herz. Aus der Polarisierung entwickelt sich eine Negativ-Spirale, aus der wir nicht herausfinden, indem wir deutlicher zu unseren Wünschen stehen. Wichtiger ist in diesem Fall die Bereitschaft, sich in die andere Person einzufühlen und sich zu fragen: Spiegelt sie mir ein Bedürfnis, welches ich abwerte oder verdränge?

Vorliebe oder Fixierung?

Manchmal entspricht es unserem Bedürfnis, dass wir uns in einer Begegnung primär auf einen der drei Pole ausrichten. Wenn wir eine solche Präferenz tabuisieren, wandert sie in den Untergrund, und aus der tabuisierten Vorliebe wird eine Fixierung. Dann wollen wir entweder immer nur das *Eine* – was auch immer das *Eine* für uns ist – oder wir kämpfen gegen das Eine. Fixierungen sind die Kehrseite von Defiziten. Anstatt das, was uns fehlt, zu betrauern und ggfs. loszulassen, versteifen wir uns in besonderer Weise darauf und blenden alles andere aus.

Uns dauerhaft auf nur einen Pol auszurichten, ist selten erfüllend. Keine der drei Dimensionen kann die Erlebnisqualitäten ersetzen, welche die beiden anderen eröffnen. Wir können uns höchstens darüber hinwegtäuschen, was uns fehlt. Wenn wir Sexualität dauerhaft vermeiden – z. B. aus alten Verletzungen heraus – können wir zwar versuchen, das mit mehr Liebe oder Bindung zu kaschieren oder diese Qualitäten einzuklagen. Einen echten Ersatz wird das kaum bieten. Wir könnten nun versucht sein, die Flucht nach vorne anzutreten: Jetzt erst recht! Fixierungen können sich zu einer Sucht entwickeln, ohne dass wir durch die Droge jemals echte Erfüllung finden. Spielen wir das für die drei Suchtvarianten einmal durch.

Wie im Porno: Süchtig nach Sex:

Sexuelle Motivation ist ein lebendiger Impuls, der ein erotisches Spiel initiieren und sich zu intensivem, lustvollem Begehren verdichten kann. Wenn wir auf

Sex fixiert sind, treten die beiden anderen Pole nicht nur in den Hintergrund, sondern wir spalten sie ab, damit sie unseren Gelüsten bloß nicht in die Quere kommen. Das kann bewusst und mit beiderseitigem Einverständnis geschehen, meistens spielen sich diese Prozesse allerdings unbewusst ab.

- Wenn wir die Bindungsdimension abspalten, blenden wir die Konsequenzen aus, die Sex nach sich ziehen kann. Wir leben Lust ohne Verantwortung, ignorieren Bedürfnisse unseres Gegenübers, überschreiten uns gesetzte Grenzen oder gehen nachlässig mit dem Thema Verhütung um. Vorbilder dafür finden wir im Mainstream-Porno, in dem jeglicher Kontext regelmäßig ausgeblendet wird.
- Wenn wir unser Herz verschließen, lassen wir Gefühle nicht an uns heran; vielleicht manipulieren oder benutzen wir auch die Gefühle des anderen, um zum Ziel zu kommen. Oft endet die sexuelle Begegnung dann kurz nach dem Orgasmus, wenn wir emotionale Leere nicht mehr mit Geilheit überlagern können.

Bodo und Rafaela waren jahrelang begeisterte Besucher von Erotikpartys, bis sich der Verdacht einschlich, dass ihnen etwas fehlt:

Wirklich aufeinander einlassen

Bodo: *„Wenn der Lockdown zwei Jahre vorher gekommen wäre, hätte es mich vernichtet. Ich konnte mir nicht vorstellen, darauf zu verzichten."*
Rafaela: *„Ganz so krass war es bei mir nicht, aber ich habe die Events sehr genossen, die Atmosphäre, die Vorfreude und die Aufregung, vorher nie zu wissen, was wir diesmal erleben werden."*
Bodo: *„Okay, es gab auch Flops, aber ich finde fremde Haut einfach mega sexy und zum Glück geht es Rafaela auch so."*
Rafaela: *„Bei mir hat sich da etwas verändert. Wir waren uns immer einig, dass es ‚nur Sex' ist, was wir mit anderen teilen. Aber je besser ich mich selbst spüre, desto weniger weiß ich, was das eigentlich sein soll: nur Sex."*
Bodo: *„Es gab zunehmend Konflikte. Eine Weile wollte ich einfach nicht verstehen, was das heißt: ‚Es erfüllt dich nicht mehr'. Dann kam Corona, und wir mussten uns wohl oder übel wieder mehr aufeinander einlassen. Was am Anfang gar nicht funktioniert hat."*
Rafaela: *„Stimmt. Wir dachten, wir kennen schon alles voneinander, wie langweilig. Was für ein Irrtum! Wir haben coole Seiten an uns neu entdeckt. Allerdings, ohne Unterstützung von außen hätten wir das nicht geschafft."*
Bodo: *„Und damit ist jetzt nicht Sex mit anderen gemeint, sondern eine Beratung bei einer Sexualtherapeutin. Danke, dass du nicht lockergelassen hast. Ich hatte gewaltige Vorurteile gegenüber Psychotherapie."*

Im Luftschloss ewiger Harmonie: Süchtig nach Liebe

Sich gegenseitig aus ganzem Herzen anzunehmen, schafft innige Verbundenheit. Wir dürfen so sein, wie wir sind. Wenn wir jedoch auf dieses Gefühl fixiert sind, neigen wir zur Idealisierung des anderen oder der Beziehung. Wir blenden Störfaktoren aus und begeben uns in eine Traumwelt, aus der wir niemals aufwachen wollen: Und sie lebten glücklich bis ans Ende ihrer Tage …

- Von der Bindungsdimension abgeschnitten vermeiden wir die Auseinandersetzung mit realen Hindernissen, die sich aus unseren Lebensumständen ergeben und die der Liebe in die Quere kommen könnten. Sie holen uns später umso heftiger ein.
- Von der sexuellen Dimension abgeschnitten erliegen wir der Illusion, dass beide das Gleiche wollen. Wir halten an unserem Bild vom anderen fest und blenden unterschiedliches Begehren aus. Indem wir uns gegenseitig schonen, reduziert sich die Polarität, wir fühlen uns nicht mehr inspiriert, uns weiter zu entwickeln und es stellt sich Langeweile ein.

Das Aufwachen aus symbiotischer Trance kann hart sein. Paula berichtet:

Out of the blue

„Ich bin verzweifelt. Marcel hat mit mir Schluss gemacht, völlig unerwartet, nach nur sechs Monaten. Beim letzten Mal sind es immerhin zwölf gewesen. Geht das jetzt immer so weiter?
Das Schlimmste für mich ist, dass ich es einfach nicht verstehe. Klar, wir hatten manchmal Streit und der Sex war auch nicht mehr so häufig wie am Anfang, aber das waren in meinen Augen Kleinigkeiten. Wir haben so gut zueinander gepasst, dass ich schon nach wenigen Wochen bei ihm eingezogen bin. Er hat mich mit Liebeserklärungen regelrecht überschüttet.
Aber letzten Sonntag, als wir mal wieder wandern waren, zog er plötzlich das Tempo an, sodass ich nicht mehr mithalten konnte. Keine Chance, er trainiert schließlich für den Marathon. Ich rief ihm hinterher, aber er ließ sich nicht bremsen. Zuerst dachte ich noch, es sei ein Spiel, aber als er dann doch auf mich wartete, erkannte ich ihn nicht wieder. Sein Gesicht war völlig versteinert und kein Wort kam über seine Lippen, bis wir wieder zuhause waren. Dort angekommen sagte er nur: „Ich glaube, das wird nichts mit uns. Ich kann es dir nicht erklären. Bitte zwinge mich nicht, grob zu werden. Bitte packe deine Sachen und geh einfach."
Später, als ich darüber nachgrübelte, fiel mir die Situation ein, als ich ihn beim Pornoschauen überrascht habe. Er tat so, als wäre das völlig belanglos. Aber es steckte doch mehr dahinter. Wie sexuell frustriert muss er gewesen sein, dass er sich auf so eine üble Weise von mir trennen musste?"

Der Durchmarsch zu zweit: Süchtig nach Bindung

Mit einem anderen Menschen durchs Leben zu gehen, kann ein Gefühl von Sicherheit schaffen. Gemeinsam fühlen wir uns womöglich zuversichtlicher, mit den Wechselfällen des Lebens klarzukommen. Doch wenn wir uns aus der Unsicherheit heraus auf den Bindungsaspekt fixieren, wird die Vermeidungshaltung früher oder später selbst zum Beziehungsrisiko.

- Wenn wir die sexuelle Ebene unterdrücken, geht die spielerische Erotik verloren. Wir meiden das Risiko, Vorlieben oder abweichende Bedürfnisse mitzuteilen, die den anderen überfordern könnten oder wir verweigern die Resonanz auf bedrohliche Wünsche des anderen. Gefangen in der Komfortzone verkümmert die Polarität und Kreativität.
- Vom Herzen abgeschnitten reduziert sich die Basis der Beziehung auf den kleinsten gemeinsamen Nenner. Was wir nicht annehmen können, blenden wir aus, was nicht auf Gegenliebe stößt, behalten wir ängstlich für uns. Je mehr wir aus der Kommunikation heraushalten, desto weniger fühlen wir uns gesehen und geliebt, was die Angst weiter verstärkt. Wir vergewissern uns ewiger Treue, während unterhalb unseres Bewusstseins das ungelebte Leben anklopft, das draußen auf uns wartet.

Tanja berichtet, wie die Bindungsfixierung ihrer Eltern bei ihr das genaue Gegenteil bewirkt hat: eine Art Bindungsphobie.

Der Fluch der Gemütlichkeit

„Ich habe noch nie eine längere Beziehung auf die Reihe bekommen. Vielleicht ist das nicht mein Ding, denn nach einem oder zwei Jahren kriege ich die Krise und will nur noch weg. Manchmal frage ich mich, ob mich meine Eltern durch ihr Beispiel ungewollt immunisiert haben. Ihre Lebensmaxime in einem Wort zusammengefasst: gemütlich. Alles soll so bequem und angenehm sein wie möglich. Sie haben ihr Eigenheim schön eingerichtet und sich einen Freundeskreis aufgebaut, in dem immer die gleichen Geschichten aufgewärmt werden. Inzwischen sind sie in Rente. Genau genommen gibt es nur ein Thema: Urlaub. Der vergangene, der nächste und natürlich die Erinnerung an all die besonderen Momente in Venedig, auf Gran Canaria oder an der Algarve. Ob die beiden noch Sex haben? Ich kann es mir nicht vorstellen, wobei Kinder sich das bei ihren Eltern nie vorstellen können. Aber nein, ich glaube, Sex wäre viel zu anstrengend. Ob sie sich noch lieben? Ich sehe ihr erstauntes Gesicht vor mir, wenn ich sie fragen würde: „Wie kannst du daran zweifeln?" Für sie ist es wahrscheinlich Liebe, wenn man zu zweit gemütlich durchs Leben geht. Ich weiß nicht, ich kann das nicht. Aber als Single bin ich auch nicht wirklich glücklich."

Fixierungen gibt es in zwei Varianten: Wir brauchen etwas unbedingt, so wie Tanjas Eltern ihre Gemütlichkeit, oder wir meiden es wie der Teufel das Weihwasser. In beiden Fällen sind wir nicht frei. Die Bedürfnisse nach Sex, Herz und Bindung sind nicht immer gleich stark, unterschiedliche Vorlieben und Schwerpunkte sind normal und ändern sich je nach Lebensphase und Lebensumständen. Fixierungen oder Obsessionen gehen über reine Vorlieben hinaus, sie halten uns gefangen. Es ist nicht leicht, sich Fixierungen einzugestehen, für uns selbst sind sie ja normal. Es sind die anderen, die ein Problem haben …

Fixierungen haben in aller Regel unangenehme Nebenwirkungen, z. B. in Form von chronischen Konflikten, Einsamkeit oder Depressionen. An ihren Symptomen lassen sie sich erkennen und von Vorlieben und deren bewusster Differenzierung unterscheiden. Letztere eröffnet uns Möglichkeiten, anstatt sie zu reduzieren. Je besser wir die drei Dimensionen in ihrer Eigenheit verstehen, Verwechslungen vermeiden und Defizite sowie Fixierungen überwinden, umso leichter wird es uns fallen, sie erfolgreich zu kombinieren. Um erfolgreiche Zusammensetzungen kümmern wir uns im nächsten Kapitel.

Übung 7: Dein Beziehungsverhalten erkunden

Ziel: Die Übung hilft dir, dein Verhältnis zu Sex, Herz und Bindung in deinen Beziehungen besser zu verstehen. Was ist deine jeweilige Resonanz, wann agierst du zwanghaft und welche Tabus engen dein Sichtfeld ein?

1. **Reflexion deiner Beziehungshistorie.** Sorge für eine ruhige, ungestörte Umgebung. Denke an deine vergangenen und aktuellen Beziehungen. Identifiziere die dominanten Themen und Muster in Bezug auf Sex, Herz und Bindung, indem du dich fragst:
   ✘ Wo liegt der Schwerpunkt in deinen Beziehungen? Liegt er auf sexueller Anziehung, emotionaler Tiefe oder auf der Sicherheit und Stabilität der Bindung?
   ✘ Wie reagieren deine Partner*innen auf deine Schwerpunktsetzung? Empfinden sie ähnlich wie du oder ganz anders? Fühlen sie sich davon angezogen, überfordert oder vernachlässigt?

2. **Stärken und Schwächen.** In welchen Gefilden fühlst du dich besonders wohl? Welche Fähigkeiten helfen dir, deine Beziehungen erfüllend zu gestalten? Wo siehst du deine Schwächen, wo spürst du Wachstumspotenzial

3. **Entdeckung von Fixierungen.** Gehe der Frage nach, bei welchen Themen und in welchen Situationen du möglicherweise zwanghaft handelst. Gibt es Muster oder Verhaltensweisen, die du wiederholst, obwohl sie weder deinem Wohlbefinden noch dem deiner Partnerinnen dienen? Beispiele könnten sein:

✗ Du suchst nach sexueller Bestätigung, um primär dein Selbstwertgefühl zu steigern.

✗ Dein Sicherheitsbedürfnis hält dich davon ab, deine Autonomie und Persönlichkeit weiterzuentwickeln.

✗ Aus Angst vor allzu großer Nähe brichst du immer wieder Konflikte vom Zaun.

✗ Du orientierst dich lieber an den Wünschen des anderen als an deinen eigenen, oder umgekehrt.

4. **Tabus und Einschränkungen.** Reflektiere über ungeschriebene Gesetze, die dein Verhalten in Beziehungen steuern. Welche persönlichen, familiären, gesellschaftlichen oder kulturellen Überzeugungen begrenzen deine Fähigkeit, dich frei in den Terrains von Sex, Herz und Bindung zu bewegen? Welche Tabus schränken dein Sichtfeld ein und hindern dich daran, zu dir und deinen Bedürfnissen zu stehen?

5. **Kreative Verarbeitung.** Nutze eine kreative Methode deiner Wahl, um deine Erkenntnisse zu verarbeiten, sei es durch Schreiben, Zeichnen oder eine andere Form des kreativen Ausdrucks. Wie könntest du die drei Dimensionen in einer Geschichte oder einem Bild darstellen? Wie interagieren sie miteinander? Welche Konflikte treten auf?

6. **Dialog und Austausch.** Wenn du dich bereit fühlst, teile deine Erkenntnisse und kreativen Ausdrucksformen mit einer vertrauten Person oder in einer Gruppe und bitte um Feedback. Der Austausch kann weitere Perspektiven eröffnen und dich dabei unterstützen, deine Muster besser zu verstehen und in deinen Beziehungen neue Wege einzuschlagen.

11. Selbstbestimmt kombinieren

> „Sex ist nicht Liebe. Liebe ist nicht Sex. Aber es ist
> wie im siebenten Himmel, wenn eins zum anderen kommt." (Madonna)[70]

Die verschiedenen Komponenten unseres Liebeslebens voneinander zu unterscheiden, bedeutet nicht, sie voneinander zu trennen, das kann ich kaum oft genug betonen. Ganz im Gegenteil geht es mir darum, dass wir sie bewusst und bedarfsgerecht miteinander verbinden können. Dafür müssen wir jedoch wissen, mit welchen Bestandteilen wir es zu tun haben.

Wir können das mit der Zusammenarbeit von Experten verschiedener Fachrichtungen an einem gemeinsamen Projekt vergleichen. Das Team ist besonders effizient, wenn die jeweiligen Kompetenzen bekannt sind und entsprechend eingebracht und gewichtet werden. Bei geisteswissenschaftlichen Fragen hält sich der Naturwissenschaftler dann eher zurück und umgekehrt. So entstehen sinnvolle *Kooperationen* und *Kombinationen*.

Als weitere Analogie kann die Farbenlehre dienen. Wir können Farben auch ohne Kenntnis der Farbenlehre mischen und damit experimentieren, aber das Ergebnis wird dann eher zufällig ausfallen und oft nicht unseren Wünschen entsprechen. Erst die Kenntnis der drei Grundfarben und der Wirkung verschiedener Mischungsverhältnisse erlaubt es, die Farbgestaltung zielgenau anzugehen. Jeder Farbdrucker funktioniert auf dieser Grundlage.

Auch in unseren Liebesbeziehungen kann uns Klarheit bezogen auf die drei „Grundfarben" weiterhelfen. Das Zusammenspiel von jeweils zwei der drei Grundqualitäten bringt weitere grundlegende Erlebnisqualitäten hervor, vergleichbar den Komplementärfarben in der Farbenlehre. Jede Kombination kann wünschenswerte und weniger wünschenswerte Auswirkungen haben, sie bietet Chancen und Risiken. Unser Erleben hängt davon ab, inwieweit wir in der Lage sind, die Komponenten bewusst miteinander zu verbinden oder ob ihre Verknüpfung eher das Ergebnis von Verwechslungen, Kompensationen oder Fixierungen ist. Schauen wir uns die drei „Komplementärfarben der Liebe" genauer an.

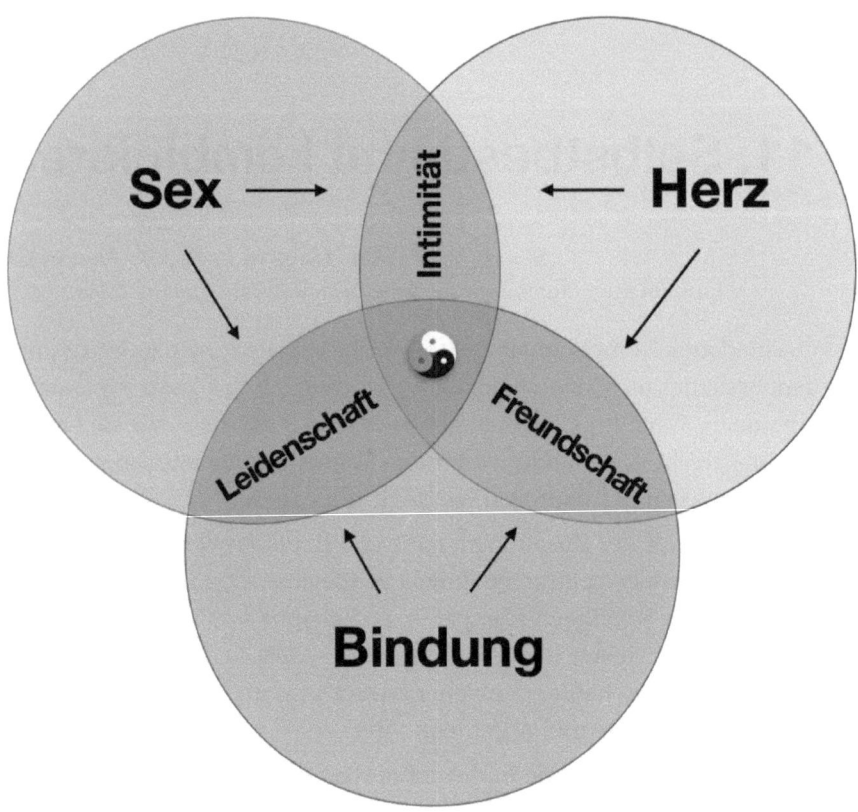

Abb. 12: Die drei grundlegenden Kombinationen von Sex, Herz und Bindung

Sex und Herz verbinden sich zu Intimität

Die Verbindung von Sex und Herz kann zu einer tiefen Intimität führen. Beide Qualitäten leben von der Präsenz im Hier und Jetzt, und nur dort können wir Intimität erleben. Intimität, so wie ich sie verstehe, geht über das rein Sexuelle oder das rein Emotionale hinaus.

Die erotische Energie bringt Lebendigkeit und Dynamik bis hin zu Geilheit, während die Herzenergie uns hilft, uns emotional zu öffnen, uns der Erfahrung hinzugeben und mit unserer Partnerin zu verschmelzen. Diese Kombination kann unsere Verbundenheit auf eine fast unbeschreibliche Weise steigern und schafft Momente von außerordentlicher Nähe und Schönheit. Die Kenntnis der beiden Grundenergien hilft uns dabei, mitten in dieser hohen Intensität noch navigieren zu können. Mit sexueller Energie steigern wir das Erregungsniveau, mit Herzenergie entspannen wir in den Moment hinein und lassen los. Mithilfe dieser beiden „Flügel" können wir lernen zu fliegen, vergleichbar einem Paraglider, der die Thermodynamik nutzt, um aufzusteigen, der aber auch weiß, wie er sicher wieder herunterkommt.

Ein solch wunderbares intensives Erleben birgt auch Risiken. Eine Abhängigkeit davon, die Intensität stets aufrecht erhalten zu müssen, weil wir sonst in ein Loch fallen, kann die Beziehung instabil machen. Wir könnten glauben, Liebe und Verlangen immer wieder beweisen zu müssen, was auf Dauer zu Druck und Enttäuschungen führt. Ohne eine solide Grundlage kann sich die Konzentration allein auf Sex und Herz als unzureichend erweisen. Uns fehlt die Erdung und womöglich fliehen wir in Träume und Illusionen.

Ein Kipppunkt wird erreicht, wenn wir uns nicht mehr gemeint fühlen. Immer seltener erscheinen wir einander als gut genug, wenn die Bindung mehr den Träumereien gilt als der realen Beziehung mit ihrem natürlichen Auf und Ab. Das Erwachen aus diesem Traum kann schmerzhaft sein. Ein beeindruckendes cineastisches Beispiel der Konstellation „Sex und Herz" stellt der Film „Intimacy"[71] dar.

Eine vollständige Konzentration auf das Hier und Jetzt wird in spirituellen Kreisen teilweise hoch geschätzt, hat jedoch ihre Schattenseiten. Shalima berichtet von ihren Erkenntnissen:

Ganz entspannt im Hier und Jetzt

Ich wollte endlich ich selbst sein und nur noch meinen eigenen Impulsen folgen. Ich lebte nur noch im Hier und Jetzt, so bildete ich es mir ein, und hielt das für eine Vorstufe der Erleuchtung. Ich hatte wunderbare Begegnungen, lebte meine Sexualität frei aus und lernte, meine Bedürfnisse klar und deutlich zum Ausdruck zu bringen. Die meisten Männer, mit denen ich ins Bett ging, waren begeistert, und ja, es waren wirklich viele. Wenn sie mehr wollten als ich oder anfingen, an mir zu kleben, belehrte ich sie sanft, aber bestimmt, dass ich mit meiner Energie gehen wolle und dass ihnen das sicher auch guttäte.

Nicht alle waren damit einverstanden. Ich sei herzlos, bekam ich zu hören. Doch das stimmte nicht, das wusste ich genau, mein Herz floss oft über vor Liebe.

Ich musste erst krank werden, um zu begreifen, auf was für einem Trip ich unterwegs war, denn was ich immer propagiert hatte, machte mir jetzt eine Heidenangst. Ich war monatelang so schwach, dass ich mich nicht mehr

selbst versorgen konnte, aber ich konnte doch niemanden bitten, mir zu
helfen, wenn er das nicht von allein anbot. Ich machte mich dafür fertig,
dass ich so bedürftig war, und das machte es umso schlimmer.
Was damals wirklich passiert ist, habe ich erst Jahre später begriffen. Ich
hatte Angst gehabt, mich zu binden, ich hatte Angst, meine Freiheit zu
verlieren, wenn ich mich auf irgendeine Verbindlichkeit einlassen würde.
Doch ich war nicht frei. Ich saß im Gefängnis meiner Vorstellung vom Leben
im Hier und Jetzt und musste erst schmerzhaft erleben, wie unfrei und von
Angst getrieben ich darin war.

Sex und Bindung kreiert Leidenschaft

Die Kombination von Sex und Bindung kann intensive Leidenschaft hervor-
bringen. Das Begehren bringt eine starke Dynamik in die Beziehung, während
die Bindung dem Begehren einen stabilen Rahmen gibt, in dem es sich entfalten
und vertiefen kann. Der Gegensatz zwischen der Risikofreude erotischer
Dynamik und der stabilisierenden Wirkung einer Bindung stellt eine Herausforderung dar. Wenn diese bewusst angenommen wird, entsteht intensive
Lebendigkeit. Eine Variante dieser Kombination stellt das „Swingen" dar, bei
dem Paare durch gemeinsame erotische Erfahrungen mit fremden Menschen
Abwechslung suchen, z. B. im Rahmen von Clubbesuchen. Die emotionale
Ebene wird dabei oft ausgeblendet, um nicht Gefahr zu laufen, Eifersucht aus-
zulösen oder konkurrierende Beziehungen einzugehen.

Die Schattenseite dieser Konstellation stellt die sogenannte „amour fou" dar,
eine ungestüme, „verrückte" Liebe, die durch zügelloses Begehren, ständiges
Drama und Machtkämpfe um Zugehörigkeit geprägt ist. Die Sucht danach,
immer wieder zu erobern oder erobert zu werden, führt zu einem konstanten
Hin und Her, das es schwierig macht, entspannte Zweisamkeit zu genießen.
Diese Art der Beziehung ist auf Dauer kräftezehrend, insbesondere wenn die
Liebe fehlt und es dementsprechend schwerfällt, sich selbst und einander mit
den jeweiligen Eigenheiten anzunehmen.

Die Dramatik der Leidenschaft wurde in dem Film „Eine verhängnisvolle
Affäre"[72] spannungsvoll in Szene gesetzt.

Herz und Bindung münden in Freundschaft

Wenn wir gemeinsam durchs Leben gehen und uns gegenseitig so annehmen,
wie wir sind, entsteht eine tiefe Freundschaft. Wir können gut gemeinsame Projekte verwirklichen, entwickeln Vertrauen und halten als Familie zusammen.

Krisen sind in dieser Kombination eher selten. Die größte Herausforderung besteht darin, eine weniger leidenschaftliche Sexualität oder geringere Libido zu akzeptieren, die im Kontrast zum romantischen Liebesideal steht. Doch auch sanfte, zärtliche Körperlichkeit kann tief erfüllend sein, wie sie z. B. im Slow Sex praktiziert wird.

Als Schattenseite dieser Kombination tendieren wir dazu, Risiken zu sehr aus dem Weg zu gehen. Wir fordern uns kaum heraus, sondern suchen stets den kleinsten gemeinsamen Nenner, bei dem möglichst keiner dem anderen wehtut. Das Vermeidungsverhalten bremst die Libido immer weiter aus, was langfristig zu Unzufriedenheit und Frustration führen kann. In dieser Konstellation bricht oft einer aus der vermeintlich friedlichen Idylle aus und „geht fremd".

Der Kinoklassiker „Harry und Sally"[73] thematisiert humorvoll die Frage, ob platonische Liebe zwischen Mann und Frau möglich ist. Auf der Leinwand kommt diese Konstellation seltener vor als in der Realität, weil sie sich weniger für fesselnde Unterhaltung eignet.

Mythen und Dogmen

Das Erforschen von Sex, Herz und Bindung und das Verständnis möglicher Dynamiken, Hindernisse und Kombinationen ist ein komplexer Prozess, der durch persönliche Prägungen, aber auch durch kollektive Einflüsse wie Mythen, Dogmen und gesellschaftliche Normen erschwert wird. Ideologien, die uns vorgeben, wie wir lieben, begehren und uns binden sollen, verzerren unsere Wahrnehmung der Realität und führen uns in die Irre. Das gilt selbstverständlich nicht nur für die Themen dieses Buches. Wie wir als Menschheit mit unserer „Umwelt" umgehen, illustriert deutlich, was passiert, wenn wir natürliche Prozesse und deren Eigendynamik ignorieren. Im Liebesleben sind die Konsequenzen oft nicht so deutlich sichtbar, weil sie sich überwiegend im privaten Bereich abspielen, sind aber kaum weniger bedeutsam.

Wenn Beziehungen verunglücken oder vergiftet sind, sehen wir die Ursache oft nur bei den jeweils Beteiligten. Doch es sind auch kollektive Mechanismen am Werk, die toxische Wirkung zeitigen können. Wir sitzen an den kürzeren Hebeln, wenn wir Gesetzmäßigkeiten des Lebens und der Liebe außer Acht lassen. Ideologien als solche zu erkennen, um sich nicht unbemerkt von ihnen leiten zu lassen, ist ein weiterer wichtiger Schritt auf dem Weg bewusster Beziehungsgestaltung und rückt im nächsten Kapitel in unseren Fokus.

Teil 4

Deine
Beziehungen
bewusst gestalten

12. Wie Ideologie
den Blick verstellt

„Sex ist einer der neun Gründe für die Wiedergeburt.
Die anderen acht sind unwichtig."(Henry Miller)[74]

Unser Leben und insbesondere unsere Beziehungen bilden ein dynamisches Geschehen zwischen Innen und Außen, zwischen uns und der Welt um uns herum. Die nachfolgende Grafik illustriert das Spektrum zwischen Selbstbehauptung und Fremdbestimmung. In der Mitte dieses Spektrums finden wir den Bereich, in dem Kontakt stattfindet. Was uns ausmacht und womit wir uns identifizieren, begegnet dem, was auf uns einwirkt und nicht unserer Kontrolle unterworfen ist. Mithilfe dieser Grafik können wir uns fragen, inwieweit wir anderen Menschen und der Welt unseren Stempel aufdrücken wollen oder uns als das Produkt äußerer Einflüsse und Konventionen erleben.

Abb. 13: Unsere Beziehung zur Welt – zwischen Durchsetzung und Anpassung

Zwischen den beiden Polen aus Durchsetzung und Anpassung finden wir das Terrain, in dem echte Begegnung geschieht. Einflussnahme geschieht wie die Atmung stets in beide Richtungen, von innen nach außen und von außen nach innen. Oft sind wir mehr mit einer Seite identifiziert als mit der anderen, was sich in unseren Beziehungen widerspiegelt: Wer gibt eher die Regeln vor und wer passt sich an? Wer beansprucht die Deutungshoheit und wer gibt nach? Auf einer eher kulturellen Ebene heißt die Frage: Wer bestimmt, wie und mit wem ich Lust und Liebe lebe und/oder eine Beziehung eingehe?

Unsere Erfahrung spiegelt, woran wir glauben

Unsere Überzeugungen spiegeln unsere Erfahrungen und umgekehrt. Die prägende Wirkung von Erfahrungen ist den meisten Menschen klar, doch oft ist uns die Wirkung unserer Überzeugungen nicht klar: Unsere Erfahrungen reflektieren bis zu einem gewissen Grad die Art und Weise, wie wir auf die Welt schauen, wie wir Ereignisse interpretieren und wie wir sie deuten. Das betrifft auch und gerade unser Liebesleben. Anders gesagt: Wir erleben vorzugsweise das, was wir aufgrund unserer Überzeugungen erwarten, und zwar bis zu einem gewissen Grad unabhängig davon, was wirklich geschieht. Um nichts anderes handelt es sich bei der Wirkung von Placebo-Medikamenten, die keinen Wirkstoff enthalten und trotzdem wirken.

Überzeugungen sind selten einzigartig; sie sind vielmehr tief in der Kultur verankert, in der wir aufwachsen. Die Normen rund um Liebe und Beziehungen haben sich in den letzten Jahrzehnten erheblich gewandelt. Bis vor Kurzem wäre es beispielsweise unvorstellbar gewesen, dass lesbische oder schwule Paare ihre Beziehung offen leben oder gar heiraten. Noch undenkbarer war es, sein Geschlecht unabhängig von der Physiognomie des eigenen Körpers aussuchen zu können. Die Diversität der Geschlechter stößt oft auf Unverständnis und Ablehnung, ähnlich wie Lebensmodelle, die ganz offen Liebesbeziehungen mit mehreren Partnern umfassen, wie es bei Polyamorie der Fall ist. An diesen Themen lässt sich verdeutlichen, wie uns Ideologien – die innere Logik unserer Ideen – so weit in ihren Bann schlagen können, dass sie den Blick auf die Wirklichkeit verstellen, nach der Devise: „Weil nicht sein kann, was nicht sein darf!"[75] Doch die Wirklichkeit interessiert sich nicht immer für unsere Vorstellungen von der Welt und fordert uns heraus, über den eigenen Tellerrand hinauszuschauen.

Monogamie, Polyamorie oder mir doch egal?

Die Frage, ob wir mehr als einen Menschen lieben können und wollen, ist eine des eigenen Tellerrandes und führt oft in ein Minenfeld. Die romantische Idee exklusiver Zweisamkeit kollidiert mit der Wirklichkeit von Bedürfnissen nach Freiheit und Abenteuer; die Idee der freien Liebe kollidiert mit der Wirklichkeit von Eifersucht und Verletzlichkeit. Beziehungskonflikte gerade auch zu diesem Thema spiegeln nicht nur persönliche Unterschiede wider, sondern auch einen tiefgreifenden ideologischen Diskurs innerhalb der Gesellschaft. Nils' leidvolle Erfahrungen mit diesem „Kulturkampf" sind ein Beispiel dafür.

Weltbilder im Konflikt

Nach 12 Jahren inniger, exklusiver Bezogenheit auf meine Frau Britta meldete sich in mir der Wunsch, neue und andere Erfahrungen zu machen. Ich habe versucht, das Thema anzusprechen, manchmal ging das gut, aber andere Male reagierte sie so unwirsch, dass ich mich damit zurückgezogen habe. Doch je einsamer ich mich mit meinen Wünschen und Fantasien fühle, desto drängender wurden sie. Ich möchte gerne mal gefesselt und sexuell dominiert werden, nicht gequält, aber an meine Grenzen gebracht werden. Ich will anderen beim Sex zuschauen oder Sex zu dritt oder zu viert erleben. Keine Ahnung, wie das sein würde, aber wie soll ich das herausfinden, ohne es zu probieren?

Wie gesagt, meine Versuche, das Thema anzusprechen, verliefen allesamt unerfreulich. Als ich dann – noch vorsichtiger – versuchte herauszufinden, ob sie von meinen Experimenten unbedingt erfahren müsse („Don't ask, don't tell" nennt man solche Arrangements, glaube ich), brach ein Sturm der Entrüstung über mich herein. Wie sie mir jetzt noch vertrauen solle, wenn ich sie hintergehen wolle.

Jetzt sitze ich in der Falle und sehe nur noch drei Optionen: a) den Wunsch beerdigen, meine Fantasien auszuleben. b) meine Fantasien heimlich ausleben und c) die Trennung.

Das fühlt sich alles beschissen an. Je mehr ich mich damit beschäftige, wie man mit einer solchen Situation sinnvoll umgehen kann, Bücher lese, Podcasts höre und so weiter, desto klarer wird mir: Es geht nicht nur um den Konflikt zwischen Britta und mir. Es geht um einen grundlegenden Konflikt zwischen verschiedenen Weltanschauungen.

In meinem Weltbild ist Liebe ein Kind der Freiheit. Meine Freiheit findet ihre Grenze dort, wo sie die Freiheit eines anderen einschränkt. Mit anderen Menschen intim zu werden, ist Ausdruck meiner Freiheit. Wenn sie mich lieben würde, könnte sie mir diese Freiheit zugestehen.

In ihrer Welt sieht das ganz anders aus: Liebe braucht bedingungsloses Vertrauen, welches nur auf der Basis von Treue wachsen und gedeihen kann. Der Wunsch fremdzugehen ist für sie ein deutliches Signal, dass es an echter Liebe und Respekt für ihre Grenzen mangelt.

Fremdgehen oder Polyamorie ist nichts für jeden, es kann alte Verletzungen in einem Ausmaß aktivieren, die nicht zu verkraften sind. Ich wäre bereit, darauf Rücksicht zu nehmen. Doch so weit kommen wir gar nicht, weil sie meine Wünsche nicht anders interpretieren kann denn als Beweis, dass ich sie nicht mehr liebe. Ihr Verbot kann ich wiederum kaum anders interpretieren, als dass sie mich nicht wirklich liebt. Sonst würde sie doch gemeinsam mit mir nach Wegen suchen, unsere jeweiligen Bedürfnisse, Begrenzungen und Verletzungen angemessen zu berücksichtigen, und mir nicht einfach ihre Bedingungen auferlegen.

Nils Bericht ist aufschlussreich. Einmal mehr wird deutlich, wie schwer es wird, gemeinsam eine differenzierte Lösung zu finden, wenn Sex, Herz und Bindung in einen Topf geworfen werden. Der Konflikt wird jedoch umso weniger lösbar, je inniger wir mit unseren jeweiligen Weltanschauungen, Überzeugungen, Denkgewohnheiten und Moralvorstellungen identifiziert sind. Oft betrachten wir einander durch unsere persönlichen Filter, unfähig, diese abzulegen – meist, weil wir uns nicht einmal bewusst sind, dass wir solche Filter in uns tragen. Diesen gesamten Komplex bezeichne ich als „Ideologie".

Ideologien werden oft negativ beurteilt, als abwertender Begriff für Ansichten, die nicht der eigenen Überzeugung entsprechen. Doch auch die eigenen Überzeugungen basieren meist auf einer „Ideologie". Unsere Sicht auf die Welt ist niemals ein exaktes Abbild der Realität, sondern bestenfalls eine Annäherung. Eine Ideologie ist an sich nichts Schlechtes, sofern wir sie als das begreifen, was sie ist: ein System von Ideen. Ideologie, verstanden als „Ideenlehre", kann hilfreich sein, um die Grundannahmen und daraus resultierenden Konsequenzen einer Weltanschauung zu untersuchen. Die Dreieckstheorie der Liebe 2.0 ist in diesem Sinne ebenfalls eine Ideologie. Die Realität ist komplexer, aber gerade aufgrund ihrer Komplexität kann ein Modell, ähnlich einer Landkarte, gute Orientierung bieten. Die Karte bildet das Land nie vollständig ab, hilft uns aber, uns darin zurechtzufinden.

Es macht wenig Sinn, eine Landschaft danach zu bewerten, ob sie der Karte entspricht, und schon gar nicht, die Landschaft der Karte anzupassen. Doch das ist die Gefahr einer Ideologie: Dass wir uns ihrer Grenzen nicht bewusst sind und sie als vermeintlich objektive Wahrheit überhöhen oder moralische

Imperative aus ihr ableiten. Dann wird aus Orientierungshilfe Bevormundung, aus der Beschreibung häufiger Beziehungs-Strukturen werden Vorschriften, an die man sich zu halten habe.

Normative Ideologien sind weit verbreitet, insbesondere im Kontext unseres Liebeslebens. Einige, wie das kirchliche Verbot von vor- oder außerehelichem Sex, sind als solche offensichtlich. Andere sind so tief in unserer Kultur und damit in unserem Denken, Fühlen und Handeln verwurzelt, dass wir sie nicht als Ideologien wahrnehmen, sondern als universelle Wahrheiten missverstehen. Ideologien mit normativem Anspruch erkennen wir daran, dass sie uns vorgeben, was richtig und falsch ist, was gut und was böse ist und wie wir fühlen und handeln sollten. Doch Wertungen sind niemals Teil der Wirklichkeit -dessen, was sie bewerten, sondern bilden eine eigene Wirklichkeit. Ein Baum ist als solcher weder gut noch schlecht. Wir finden ihn gut, wenn er CO_2 aus der Luft filtert und schlecht, wenn er direkt vor unserem Fenster steht und uns die Sicht nimmt. In beiden Fällen hat die Bewertung nichts mit dem Baum zu tun, sondern mit unseren Intentionen, denen er dienen oder im Wege stehen kann. Auch verschiedene Beziehungsformen sind an sich weder gut noch schlecht, es kommt darauf an, aus welcher Perspektive wir sie betrachten.

Dass Monogamie immer noch das vorherrschende Modell in unserer Gesellschaft darstellt, liegt nicht daran, dass sie besonders gut funktioniert, sondern dass wir gewohnt sind an sie zu glauben, sogar wenn wir mehrmals daran gescheitert sind, sei es in Form von Trennungen oder Seitensprüngen. Scheitern verstehe ich hier nicht als moralische Kategorie, sondern pragmatisch. Wir verhalten uns nicht so, wie wir es uns vorgenommen oder einander versprochen haben. Aus lebenslanger Monogamie wird „serielle Monogamie".

Warum passen wir unser Verständnis von Treue nicht dieser Realität an? Manche Trennung müsste dann nicht unbedingt sein. Wenn Liebe nicht immer lebenslang währt, warum erwarten das so viele Menschen? Geheime Affären gehören zur Monogamie wie das Naschen zur Diät. Statistisch betrachtet sind sie eher die Regel als die Ausnahme, doch ihre Akzeptanz hält sich in Grenzen. Wenn fremde Haut unwiderstehlich werden kann: Warum erweitern wir nicht unser Verständnis von Treue? Wenn mehr als zwei Menschen verbindlich füreinander da sein wollen, warum dürfen sie nicht heiraten?[76] Die Antwort heißt: Ideologie. Wir halten an einer Idee oder einem Ideal fest, auch wenn die Realität eine andere Sprache spricht.

Das nachfolgende Labyrinth gibt einen Einblick, welche Prozesse wir durchlaufen bei der Frage, ob wir treu sein wollen bzw. was Treue für uns bedeutet. Die Frage ist eng verbunden mit unserer Selbstliebe (vgl. Grafik Seite 77).

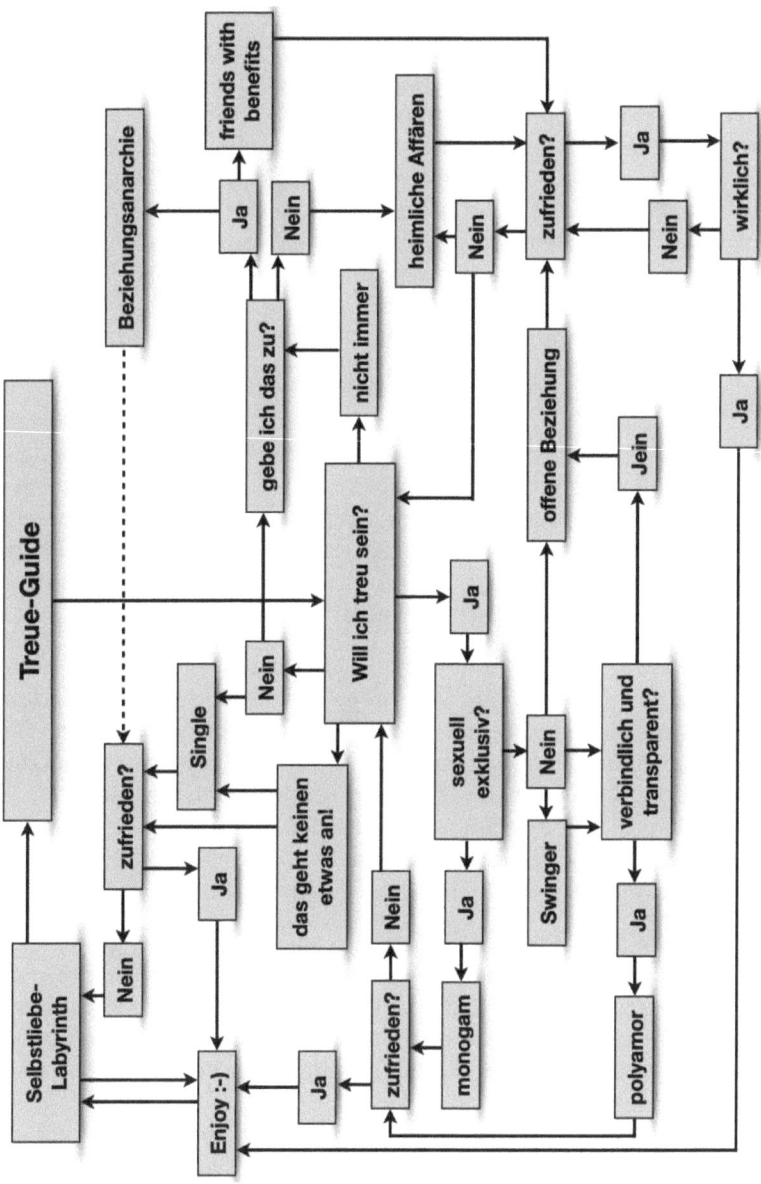

Abb. 14: Der Treue-Guide: Wie hältst du es mit der Treue?

Neben der Monogamie können auch andere Beziehungsmodelle sowohl pragmatisch verstanden als auch ideologisch aufgeladen werden. Hier eine kleine Übersicht (es gibt natürlich noch viele weitere Modelle und Vereinbarungen[77]):

- **Offene Beziehungen.** Immer mehr Paare erkunden die Möglichkeiten offener Beziehungen. Sie gestatten sich neben der Partnerschaft weitere Liebes- oder sexuelle Beziehungen, was von den Beteiligten nicht nur toleriert, sondern oft als Bereicherung empfunden wird. Manche fühlen sich von offenen Beziehungen auch überfordert, vor allem, wenn das Bedürfnis danach nicht von beiden ausgeht. Die Vorstellung, dass der Partner sexuelle Erlebnisse mit anderen hat, kann allerdings die erotische Anziehung auch steigern – ein Phänomen, das als „Hotwifing" oder „Cuckolding" bezeichnet wird.
  Wenn es Konflikte gibt, ist ein offenes Gespräch über die Ursachen der Überforderung und die jeweiligen Bedürfnisse sicher hilfreicher als Prinzipiendebatten zu führen.

- **Swinger** leben eine besondere Form der offenen Beziehung. Gemeinsame sexuelle Erlebnisse mit anderen Menschen sind ausdrücklich erwünscht sind, während Liebe und Bindung der Hauptpartnerschaft vorbehalten bleiben. Entgegen weit verbreiteter Vorurteile findet innerhalb der Swinger-Szene ein reger Austausch Gleichgesinnter statt, und zwar nicht nur sexueller, sondern auch verbaler Art.

- **Polyamorie.** Eine wachsende Zahl an Menschen bekennt sich zur Polyamorie, einem Lebensmodell, das es erlaubt, Sex, Liebe und Bindung bewusst mit mehreren Partnern zu leben. Diese Beziehungsform ist durch Transparenz und gegenseitige Akzeptanz geprägt und setzt keine festen Regeln bezüglich Treue voraus, sondern man vertraut eher auf offene Absprachen. Polyamor lebende Menschen sehen sich selbst manchmal als Avantgarde an, außerhalb ihrer Blase treffen sie oft auf Unverständnis, Abwertung oder gar Hass.

- **Anarchische Beziehungen.** Einige Menschen lehnen aus grundsätzlichen Erwägungen heraus jede Form von Beziehungshierarchie und Reglementierung ab. Es wird bei mehreren Beziehungen keine Rangfolge vereinbart, es gibt also auch keine „Nummer Eins". „Beziehungsanarchie" geht in ihrer Radikalität deutlich über Polyamorie oder offene Beziehungen hinaus.
  Das Konzept wirft die spannende Frage auf, ob absolute Freiheit in der Liebe uns eher egoistischer oder eher verantwortungsvoller und empathischer macht.

- **Singles.** Das Leben als Single ist nicht immer unfreiwillig oder einsam, wie oft unterstellt wird. Manche Singles sind gerne allein und möchten sich niemanden gegenüber verpflichtet fühlen. Auch unverbindliche erotische Kontakte können Teil des Single-Daseins sein.
  Nicht wenige Menschen entscheiden sich bewusst, sich primär an sich selbst zu binden oder heiraten sich sogar. Das kann ultimativer Ausdruck von Selbstliebe sein, aber auch Protest gegen die gesellschaftliche Norm der Paarbeziehung. Eine Idealisierung des Single-Daseins kann aber auch den Versuch darstellen, schmerzhafte Bindungserfahrungen oder die Angst davor zu vermeiden und zu verdrängen.

Der Umgang mit unseren Ideologien ist eine besondere Herausforderung, weil wir insbesondere die eigenen regelmäßig nicht als solche erkennen. Welches Beziehungsmodell sagt dir zu, liebe Leser*in? Aus eher pragmatischen oder ideologischen Gründen? Klaffen die Gründe auseinander und du wärst gerne monogam, schaffst es aber nicht? Oder umgekehrt? Die folgende Übung kann mehr Klarheit bringen.

Übung 8: Deine Idee von Beziehung

Ziel: Deine Präferenzen identifizieren, deren Gründe tiefer erforschen und sie den Dimension von Sex, Herz und Bindung zuordnen.

1. **Welches Beziehungsmodell bevorzugst du?**

   Bringe die nachfolgenden Optionen in diejenige Reihenfolge, die deine Bedürfnisse am besten bis am wenigsten berücksichtigt.

   a) Single ohne feste Bindung
   b) Lebenslange Monogamie
   c) Serielle Monogamie
   d) Offene Beziehung
   e) Friends with Benefits
   f) Polyamorie
   g) Beziehungsanarchie

2. **Welche deiner Bedürfnisse finden darin Berücksichtigung?**

   Du hast maximal 100 Punkte zu vergeben, verteile diese auf die drei Dimensionen Sex, Herz und Bindung je nachdem, auf welche Bedürfnisse deine 1. Präferenz zurückzuführen ist.

Hinweis: Die Präferenzen können positiv, aber auch negativ mit der jeweiligen Dimension verknüpft sein. Verheiratet sein zu wollen gehört z. B. ebenso zum Thema Bindung wie das Alleinsein zu bevorzugen. Zur Klarheit zwei Beispiele:

Beispiel 1: Du bevorzugst eine offene Beziehung.

- Sex bekommt von dir 55 Punkte, weil du deine Lust mit unterschiedlichen Menschen frei ausleben kannst.
- Herz bekommt 15 Punkte. Du hast Mühe, dich emotional zu öffnen und weichst gerne auf andere Kontakte aus.
- Bindung bekommt 30 Punkte. Durch die Offenheit für andere hält die Beziehung mehr aus, denn wir erwarten nicht zu viel voneinander.

Beispiel 2: Du bevorzugst es, als Single zu leben.

- Sex bekommt von dir 25 Punkte, weil du als Single nicht unter Druck kommst, Sex haben zu sollen, zugleich aber offen dafür sein kannst.
- Herz bekommt 30 Punkte. Du spürst dein Herz am besten, wenn du allein bist oder in zeitlich begrenzten Kontakten ohne gemeinsamen Alltag.
- Bindung bekommt 45 Punkte. Deine Autonomiebedürfnisse sind stärker als die nach Lust und Liebe.

3. Reflexion

Notiere deine Ergebnisse und nimm dir etwas Zeit, den Gründen für deine Wahl nachzuspüren. Welche Bedürfnisse spielen für dich eine Rolle. Welche Erfahrungen? Welche Ideologie?

Wenn uns unsere Ideologie nicht bewusst ist, werden wir oft erst durch eine besondere Erfahrung auf sie aufmerksam. Irene berichtet, wie sie in einem Tantra-Seminar ihren Glaubenssätzen auf die Spur kam:

Du Schlampe!

Ich hatte gerade eine Trennung hinter mir, war nach langen Jahren wieder Single und insofern niemandem gegenüber verpflichtet. Daher hatte ich mich sehr auf das Seminar gefreut, ich würde nur meinen eigenen Impulsen folgen und im Moment leben. Danach hatte ich mich lange gesehnt, doch mir war auch etwas mulmig. Würde ich mich auf diese Freiheit überhaupt einlassen können?

Besonders aufschlussreich war eine Übung, in der ich drei verschiedenen Männern für jeweils 45 Minuten begegnen sollte, oder durfte, müsste ich eigentlich sagen, es gab ja keinen Zwang. Wir hatten für die Begegnung jeweils eine Matte zur Verfügung, darüber hinaus waren wir frei in unserer Gestaltung. Die Übung bestand schlicht darin, miteinander zu tun, worauf wir Lust hatten. Da diese Einladung für beide galt, mussten wir uns erstmal verständigen, wie wir zu einem Konsens kommen, verbal oder nonverbal, um die Begegnung angenehm für beide zu gestalten. Ein grundlegendes Beziehungsthema komprimiert auf 45 Minuten. Ob das wohl gelingen würde?

Die Auswahl der drei Partner geschah nach dem Zufallsprinzip, was mir entgegenkam, weil es meine Erwartungen reduzierte. Irgendwie würden wir die 45 Minuten schon herumkriegen, es gab ja nichts, was geschehen musste.

Zu meiner Freude und Überraschung waren alle drei Begegnungen wunderschön. Sie waren achtsam, sinnlich, humorvoll und immer wieder erotisch prickelnd, jede auf ihre eigene Weise. Dann meldete sich in der zweiten, vor allem aber in der dritten Runde eine innere Stimme, die mich beschimpfte. Während der Übung konnte ich sie noch zurückdrängen, doch danach legte sie los: „Wie konntest du nur? Mit drei wildfremden Männern! Du Schlampe!"

Ich hätte nicht gedacht, dass solche Vokabeln noch irgendeine Relevanz für mich haben, aber ich fühlte mich tatsächlich wie eine Schlampe oder ein Flittchen, und nicht nur das. Ich hatte jedem der drei Männer das Gefühl gegeben, etwas ganz Besonderes zu sein, und in dem Moment stimmte das ja auch. Aber im Nachhinein musste ich mir eingestehen: Es war gar nicht so besonders. Wahrscheinlich könnte ich noch mit viel mehr Männern etwas Ähnliches erleben.

Ich war total durcheinander und mir wurde ein bisschen schlecht. Erst in der Nachbesprechung am nächsten Tag wurde mir klar, was passiert war. Ich war auf eine tief in mir verankerte Überzeugung gestoßen, dass Erotik außerhalb von Beziehung verwerflich sei, vor allem für mich als Frau. Auf die Idee, den Männern dafür einen Vorwurf zu machen, mich so weit gebracht zu haben, kam ich zum Glück gar nicht erst.

Ist Erotik außerhalb einer festen Bindung verwerflich oder einer Frau unwürdig? Wäre Irene vorab diese Frage gestellt worden, hätte sie dem Satz vehement widersprochen, aber dennoch lebte er in ihr. Wir können uns aus liebes- und lustfeindlichen Ideologien erst befreien, wenn wir sie überhaupt als solche zu fassen bekommen.

Männer und Frauen

Noch mehr als unsere Beziehungsideale verstellen uns die Geschlechterrollen den Blick für das, was uns tatsächlich bewegt. Tagein, tagaus prüft ein innerer Zensor, ob unser Denken, Fühlen und Handeln zu unserem Frau- oder Mannsein passt. Wenn die Antwort „Nein" lautet, kommen manche eher auf die Idee, das Geschlecht zu wechseln als das Verständnis der Geschlechterrolle. Unser gesamtes Liebesleben ist von dieser Überwachung kontaminiert. Die mit ihr verbundene Ideologie der natürlichen Zweigeschlechtlichkeit begleitet uns von Geburt oder sogar schon vom pränatalen Ultraschallbild an.

Es würde den Rahmen dieses Buches sprengen, die Thematik näher auszuleuchten, aber so viel scheint sicher: Alles, was du hier in diesem Buch liest, hat auch einen Bezug zu unserem Verständnis von Mann und Frau und was es inmitten oder jenseits dieser Binarität noch so alles gibt. Wie erlebst du dich als sexuelles Wesen? Wen oder was liebst du? Mit wem möchtest du dein Leben teilen? Wir können diese Frage nicht beantworten, ohne sie zuvor – meist unbewusst – durch die Brille des eigenen sozialen und biologischen Geschlechts betrachtet zu haben.

Zu behaupten, alle Menschen trügen eine weibliche und eine männliche Seite in sich und seien insofern wieder gleich, mag gut gemeint sein in der Intention, uns aus den Festlegungen auf geschlechtertypische Rollenvorschriften zu befreien. Aber warum bezeichnen wir die beiden Seiten weiter als *männlich* bzw. *weiblich*, wenn sie angeblich nichts darüber aussagen sollen, was uns als einzelnem Mann oder einzelner Frau eher entspricht?

„Es ist ein Junge!" oder „Es ist ein Mädchen!" sind die Antworten, wenn nach einer Geburt gefragt wird „Was ist es denn?" Es scheint subjektiv schwer oder gar unerträglich zu sein, die herausragende Bedeutung des Geschlechtes für unser Selbstbild tatsächlich zu relativieren. Durch die Hintertür schleichen sich alle möglichen Klischees wieder ein: Männer sind nun mal zielstrebiger, kraftvoller und dominanter. Frauen, die gut mit ihrer „Weiblichkeit" in Kontakt sind, sind sensibler, passen sich leichter an und sind eher zur Hingabe fähig. Ausnahmen bestätigen die Regel? Eben nicht, sie zeigen uns, dass diese Regeln überflüssig sind. Darüber hinaus werden sie zu sich selbst erfüllenden Prophezeiungen, denen wir uns kaum entziehen können.

Die Zuordnungen allgemein menschlicher Eigenschaften zum einen oder anderen Geschlecht sind unverwüstlich und verursachen viel Leid, doch sie loszulassen scheint für die meisten Menschen nicht nur undenkbar, sondern eine Provokation. „Willst du etwa bestreiten, dass Männer und Frauen zumindest rein körperlich typische Unterschiede aufweisen?" wird süffisant bis verächtlich gefragt, wer über die Binarität der Geschlechter hinausgehen will. Eine Antwort könnte lauten: „Nein, aber ich bestreite, dass der Penis aktiv und die Vulva passiv sind, oder es sein sollten". Nicht der Mann muss sie nehmen, auch sie kann ihn nehmen. In der gelebten Sexualität passiert das auch, und dennoch bleiben die Klischees in unseren Köpfen quicklebendig.

So manches Geschlechter-Klischee wird auch im Kontext von Tantra aufgewärmt, z. B. mit der unterkomplexen Theorie vom männlichen „Pluspol" im Penis und dem weiblichen „Minuspol" an der Vulva.[78] Dieser Theorie zufolge wird auch noch dem männlichen Herzen ein Minuspol und dem weiblichen Herz ein Pluspol zugeordnet, so scheint die Geschlechterwelt wohl geordnet. Ich bin immer wieder überrascht, wie vielen Menschen dieses Modell auf den ersten Blick plausibel erscheint, obwohl es nur in der Vorstellung existiert. Bedient es das menschliche Bedürfnis, die Geschlechterwelt überschaubarer zu machen? In der Realität können alle Herzen sowohl Liebe geben als auch Liebe empfangen und ein Penis kann vor Energie sprühen, aber auch sensibel Energie aufnehmen. Ich sehe keinen Grund, warum ich als Mann eines von beiden bevorzugen oder als *männlich* bezeichnen sollte. Und warum sollten Eigenschaften wie Sensibilität und Hingabe *weiblich* sein, wenn Frauen durchaus auch erotische Dominanz genießen können?

Die Realität ist komplexer als alle diese Zuordnungen und wir können lernen, diese Komplexität zu genießen. Wenn wir es uns erlauben, können wir uns in verschiedene Perspektiven hineinversetzen und auf vielfältige Weise mit unserer Energie spielen, anstatt erfundenen Regeln zu folgen.

Andere als die gewohnten Perspektiven einzunehmen ist leichter gesagt als getan. Oft führen frühere Verletzungen dazu, dass wir in unserer Meinung gefangen sind und uns das Thema mit unserer Bewertung vom Hals halten. Neben Prostitution eignet sich das Thema Pornografie hervorragend, um typische Polarisierungen zwischen Männern und Frauen zu verdeutlichen. Je mehr wir uns in eine Sichtweise hineinsteigern und von ihr *überzeugt sind,* desto eher erklären wir unseren Maßstab für allgemeingültig und sind in der eigenen Perspektive gefangen. Lisa und Mario erzählen, wie sie aus dieser Falle herausgefunden haben.

Beim Porno erwischt

Lisa: *Als ich Mario bei einem Porno erwischt habe, war ich schockiert. Ich konnte tagelang nicht darüber sprechen.*

Mario: *Ich dachte, das war's. Sie wird mich verlassen. Dann kam die Wut. Warum spricht sie nicht mit mir darüber? Es ist doch kein Verbrechen, einen Porno anzuschauen. Geschämt habe ich mich aber doch.*

Lisa: *Zuerst habe ich mit einer Freundin gesprochen. Die sah das voll entspannt und konnte mich überzeugen, das Gespräch mit Mario zu suchen. Aber würde das helfen? Denkt er beim Sex mit mir an irgendwelche Pornosternchen? Würde er mich gerne so behandeln, wie Frauen im Porno behandelt werden?*

Mario: *Lisa dachte, alles über Pornos zu wissen, hatte aber kaum je einen gesehen. Sie war sich sicher, dass Pornos frauenfeindlich sind und Männer, die darauf abfahren, ebenso. „Schau mal hin!", schlug ich ihr vor. „Glaubst du, dass Männer auf monotones Ficken stehen, bei dem sie keinen Mucks von sich geben? Wenn schon, dann sind Pornos genauso männerfeindlich wie frauenfeindlich!", schleuderte ich ihr entgegen.*

Lisa: *Das fand ich abstrus. Warum schauen Männer sich das Zeug dann an?*

Mario: *Das war rein rhetorisch gemeint, aber ich konnte Lisa dazu bewegen, die Frage ernst zu nehmen. „Glaubst du, dass der wunderbare Sex, den wir haben, mich weniger erfüllt als Pornos zu schauen?", fragte ich sie. „Dass ich Sex haben möchte wie im Porno?"*

Lisa: *Ich war verwirrt, tatsächlich konnte ich das nicht glauben. Aber warum schaute er sich das an? Ich weiß nicht mehr genau, wie es dazu kam, aber plötzlich wurde aus meiner Ablehnung Neugier. Ich wollte es wissen. Was zum Teufel macht ihn dabei an?*

Mario: *Als sie es wirklich wissen wollte, merkte ich, dass ich es selbst nicht so genau wusste. Ich war auch nicht stolz darauf, im Gegenteil, vor lauter Scham machte ich es immer heimlich. Langsam tastete ich mich vor und stieß auf unterschiedliche Schichten. Eine davon war, dass die Männer im Film nicht um Sex betteln müssen, sie bekommen ihn im Überfluss. Die Frauen wollen auch Sex. Ich war unersättlich, mir das anzuschauen, weil ich insgeheim nicht glauben konnte, dass Frauen Sex wollen.*

Lisa: *Mario hat geweint, als er mir das gesagt hat. Und ich kenne ja seine Mutter, ich konnte sehen, wo er das herhat. Das hat mich berührt.*

Mario: *Das war nur die erste Schicht. Es war nicht die ganze Wahrheit, denn tatsächlich hatte ich manchmal gedacht: Das würde ich auch gerne mal erleben, was ich da sehe, aber ich hatte zu viel Angst, das zuzugeben. Dass eine Frau geil davon wird, meinen Schwanz mit dem Mund zu verwöhnen, dass sie heiß darauf ist, Sperma auf sich zu spüren oder gar zu schlucken. Oder dass sie mich hinhält und mir nicht erlaubt zu kommen. Dass sie mir* *den Hintern versohlt. Dass ich ihr dabei zuschaue, wie sie sich selbst befriedigt. Oder mit ihrer Freundin Sex hat. Solche Sachen.*

Lisa: *Wenn Mario sowas auch nur angedeutet hat, war meine Reaktion: „No way!" Als ich merkte, dass er gar nicht im Ernst damit rechnet, dass ich da mitmache, entspannte ich mich etwas.*

Mario: *Das Aussprechen meiner Fantasien war viel wichtiger als sie auszuleben. Umso schöner ist es, dass Lisa an der einen oder anderen Idee inzwischen Gefallen gefunden hat.*

Lisa: *Ich hätte mir nicht vorstellen können, so offen und entspannt über Sex zu sprechen, schon gar nicht dezidiert über diverse Praktiken. Und vor allem, dass das nicht heißt, das dann auch machen zu müssen.*

Mario: *Es ist ein Segen, dass Lisa mich beim Pornoschauen erwischt hat … Wer weiß, ob wir sonst dahin gekommen wären, wo wir jetzt sind. Ganz ehrlich, ich kann mir manche Pornos heute selbst nicht mehr anschauen, sie machen mich nicht mehr an. Ich bin wählerischer geworden.*

Überzeugungen wie „Pornos sind frauenfeindlich" mögen ihre Berechtigung haben oder auch nicht, darüber lässt sich streiten. Doch erst wenn wir hinter die Kulissen schauen und erkunden, wie wir zu unseren jeweiligen Ansichten gekommen sind, wird Dialog und Verständigung möglich.

Neben der Geschlechtsidentität und dem eigenen Rollenverständnis ist auch die Frage der sexuellen Orientierung ideologieanfällig. Darauf bin ich im Kapitel „Was ist Sex" bereits eingegangen.

Wahrheit oder Ideologie?

Ideologien sind an sich nicht schlecht. Das eigentliche Dilemma entsteht, wenn sie fälschlicherweise als absolute Wahrheiten angesehen werden. Ist Wahrheit gar „die Erfindung eines Lügners"[79]? Die Frage, ob eine objektive Wahrheit existiert und ob wir diese erkennen können, gewinnt in Zeiten von Fake-News und „alternativen Fakten" eine besondere Brisanz, nicht nur im gesellschaftlichen Diskurs, sondern auch in persönlichen Beziehungen.

Viele unserer Überzeugungen sind tief in unserer Sozialisation verankert und oftmals sind wir uns ihrer Subjektivität nicht bewusst. Hier einige kontrovers diskutierte Ansichten im Bereich Liebe und Sexualität, die als ideologieverdächtig gelten können:

- Wenn du dich selbst liebst, ist es egal, wen du heiratest.
- Sexuelle Exklusivität ist Ausdruck repressiver Sexualmoral.

- Erotische Fantasien lenken ab und Sextoys sind nur armseliger Ersatz.
- Zur sexuellen Befriedigung braucht es (k)einen Orgasmus.
- Erotische Anziehung lässt mit der Zeit nach.
- Prostitution verletzt die Menschenwürde.
- Es gibt nur zwei Geschlechter: Männer und Frauen.
- Man kann nicht mehrere Menschen gleichzeitig lieben.

Einige dieser Aussagen mögen uns unlogisch erscheinen, andere halten wir möglicherweise für wahr. Sind wir bereit, uns empathisch in jemanden hineinzuversetzen, der eine völlig andere Sichtweise hat?

Hinsichtlich der Wahrheit unterscheiden wir oft zwischen subjektiver und objektiver Wahrheit. Subjektive „Wahrheiten", wie z. B. das Gefühl von Wut, könnten eher als Wahr*nehmungen* betrachtet werden. Objektive Wahrheiten, die als unzweifelhaft bewiesen gelten, sind oft auch nur Annäherungen an die Realität und nicht die Wirklichkeit selbst. Manche Annäherungen wie z. B. die Naturgesetze, die wir in der Schule gelernt haben, haben sich als praxistauglich erwiesen, sie sind aber nicht überall gültig, sondern nur innerhalb eines bestimmten Kontextes.

Die Überlegungen zur Relativität der Wahrheit führen zu der Frage, ob wir die Suche nach der Wahrheit lieber ganz aufgeben sollten. Ein kompletter Verzicht auf die Vorstellung einer objektiven Wahrheit oder Realität wäre jedoch nicht unproblematisch, da er die Grundlagen unserer liberalen Rechtsordnung und die Möglichkeit einer sachlichen Verständigung untergraben würde. Ohne Rücksicht auf diverse Fakten würde das Recht des Stärkeren oder die Diktatur der Mehrheitsmeinung herrschen. Wie schnell das auch für die Themen Lust und Liebe zur Wiederkehr von Restriktionen führen kann, sehen wir an der diskriminierenden Anti-LGBTQ-Gesetzgebung z. B. in Ungarn oder Bulgarien, beides Mitglieder der EU.

Zwei Dialoge

Nicht nur im gesellschaftlichen Raum, sondern auch im Liebesleben, spielt Wahrheitssuche eine nicht unwesentliche Rolle. Spielen wir das mal an einem konkreten Beispiel durch:

> **Sie:** *Hast du was mit einer anderen?*
> **Er:** *Da ist nichts!*
> **Sie:** *Aber ich fühle, dass etwas ist, sonst wäre ich nicht eifersüchtig.*

Er: *Was du fühlst, ist Eifersucht, das hat nichts mit mir zu tun.*
Sie: *Ich bin nicht ohne Grund eifersüchtig, ich spüre doch, da ist eine andere Frau im Spiel.*
Er: *Natürlich sind andere Frauen im Spiel, wir leben ja nicht auf einer einsamen Insel.*
Sie: *Sag mir ihren Namen! Barbara? Sibylle?*
Er: *Barbara. Sibylle. Hanna. Ingrid. Willst du noch mehr Namen hören? Ich habe mit keiner anderen Frau geschlafen.*
Sie: *Aber du wolltest es!*

Kennst du solche Dialoge? Was macht die Unterhaltung so deprimierend? Neben anderen Faktoren führen vor allem die unbewussten Annahmen in die Irre. Sie sucht den Grund für ihre Gefühle bei ihm, doch er weigert sich, ihr einen Grund zu liefern. Wie könnte demgegenüber ein hilfreicher Dialog aussehen?

Sie: *Ich spüre Eifersucht. Hast du etwas mit einer anderen Frau?*
Er: *Eigentlich nicht, zumindest hatte ich keinen Sex mit einer anderen. Aber vielleicht merkst du, dass ich Barbara ziemlich scharf finde.*
Sie: *Das kann sein. Vielleicht stammt mein Gefühl aber auch aus meiner letzten Beziehung, in der ich ständig hintergangen wurde.*
Er: *Das könnte ich verstehen.*
Sie: *Willst du Sex mit Barbara?*
Er: *Ich bin mir nicht sicher. Aber bevor ich das täte, gäbe es Gesprächsbedarf zwischen uns, oder?*
Sie: *Das sehe ich auch so.*

Was unterscheidet dieses Gespräch so fundamental vom vorherigen Dialog? Die beiden gehen aufeinander ein, zeigen Verständnis füreinander und die Bereitschaft, ihre Perspektive zu wechseln. Vor allem scheinen sie interessiert, die Wahrheit in ihrer Komplexität in Erfahrung zu bringen, anstatt ihre Vorannahmen bestätigt zu bekommen: „Ich spüre doch, dass da was ist" bzw. „Das hat nichts mit mir zu tun". Beide Annahmen sind nicht vollkommen falsch, aber auch nicht ganz wahr. Um sinnvoll miteinander zu kommunizieren, brauchen wir Folgendes:

1. Die eigenen Annahmen erkennen und relativieren
2. Die Perspektive des anderen verstehen wollen
3. Die Verschiedenartigkeit der Bedürfnisse anerkennen
4. Nach Lösungen suchen, denen beide zustimmen können

Zusammengefasst bedeutet das: Wir legen unsere Ideologie beiseite und wenden uns der Wirklichkeit in ihrer Komplexität zu. Dazu gehören nicht nur äußere Tatsachen, sondern auch unsere Gefühle und Gedanken. Wir entwickeln ein Bewusstsein für das, was ist, anstatt an Glaubenssätzen festzuhalten.

Ideologie – ein Gedicht [80]

Ideologie, ein flammend' Streben,
Ein Kompass uns im Menschheitsleben,
Sie gibt uns Halt, sie schenkt uns Sicht,
Ein Fenster oft, doch manchmal schlicht.

Im Herzen brennt das Ideal,
Verwandelt Schwaches in Loyal,
Der Glaube fest, die Richtung klar,
Ein Stern, der leuchtet, wunderbar.

Doch birgt die Glut der Überzeugung
Oft die Gefahr der Selbstverleugnung,
Denn was uns leitet, uns erhebt,
Schlägt leicht um, wenn das Feuer bebt.

Die Vorzüge? Gemeinschaft, Ziel,
Ein Sinn in allem, ein Gefühl.
Es eint die Menschen, formt die Kraft,
Verleiht der Seele große Macht.

Doch wo das Dogma hart regiert,
Wo Widerspruch sich selbst negiert,
Verblasst die Freiheit, stirbt der Raum,
Ein Käfig wird der schlaue Traum.

Denn Ideologie erstickt oft Fragen,
Will sichern, statt den Zweifel tragen,
Und wo nur eine Wahrheit gilt,
Da wird das Menschsein kaum gechillt.

So bleib im Glauben stets gewandt,
Mit Augen klar und offner Hand,
Denn Ideologie, so stark sie sei,
Verengt den Geist, macht selten frei.

Das Streben, edel wie es scheint,
wird oft zur Last, die uns verneint.
Lass zu die Zweifel, off'ne Fragen,
So musst' die Ideologie nicht gleich begraben

Übung 9: Sehnsüchte und Werte in Besitz nehmen

Ziel: Diese Übung kann helfen, tiefer in die Logik deiner Sehnsüchte und Werte einzutauchen und deine Wünsche und Bedürfnisse in Bezug auf Liebe, Sexualität und Bindung als deine eigenen anzuerkennen.

Halte Stift und Papier oder ein digitales Gerät zum Schreiben bereit und begib dich an einen ruhigen, ungestörten Ort.

1. **Einleitung zur Selbstreflexion.** Beginne mit einigen tiefen Atemzügen, um dich zu zentrieren. Gib dir die Erlaubnis, diese Zeit ausschließlich der Selbsterkundung zu widmen, frei von Urteilen oder Erwartungen.

2. **Sehnsüchte erkunden.** Schreibe auf, wonach sich dein Begehren, dein Herz und dein Bedürfnis nach Bindung sehnen. Sei so ehrlich und detailliert wie möglich. Diese Sehnsüchte können sich auf körperliche Nähe, emotionale Intimität, Abenteuer, Zuverlässigkeit oder etwas ganz anderes beziehen. Betrachte jede Dimension (Sex, Herz und Bindung) einzeln und reflektiere, wie diese Sehnsüchte dein Leben und deine Beziehungen bisher geprägt haben.

3. **Wertmaßstäbe definieren.** Notiere, welche Werte für dich in den Bereichen Sexualität, Liebe und Bindung wichtig sind. Dies können Werte wie Ehrlichkeit, Treue, Offenheit, Freude, Freiheit oder Respekt sein. Wie beeinflussen diese Werte deine Beziehungen und welche Rolle spielen sie bei der Auswahl von Partner*innen?

4. **Beziehungsformen und Partnerwahl.** Finde heraus, welche Beziehungsformen für dich in Frage kommen (z. B. monogam, polyamor, offen) und welche du ausschließt. Aus welchem Grund sind bestimmte Formen für dich attraktiv und andere problematisch? Inwiefern beeinflusst dein eigenes oder das Geschlecht deiner Partner*innen deine Sehnsüchte in Bezug auf Beziehungen?

5. **Innere Konflikte beleuchten.** Identifiziere innere Konflikte, die für dich in Bezug auf Sexualität, Liebe und Bindung relevant sind. Dies könnten Konflikte zwischen deinen Sehnsüchten und Werten oder zwischen verschiedenen Sehnsüchten sein. Schreibe auf, wie du in der Vergangenheit mit diesen Konflikten umgegangen bist und welche Lösungsansätze du dir vorstellen kannst.

6. **Verhandelbares und Unverhandelbares.** Liste deine „Must-Haves" und „No-Gos" in Beziehungen auf. Unterscheide dabei klar zwischen allem, was für dich unverhandelbar ist, und dem, wobei du eher flexibel bist. Wie beeinflussen deine Voraussetzungen deine Beziehungsgestaltung? Wie hast du in der Vergangenheit Kompromisse gefunden oder wie könntest du sie finden?

7. **Abschluss und Reflexion.** Nimm dir einen Moment Zeit, um auf dich wirken zu lassen, was du aufgeschrieben hast. Gibt es Überraschungen oder neue Erkenntnisse? Wie kannst du deine Einsichten nutzen, um Beziehungen bewusster und erfüllender zu gestalten?

Diese Übung kann ein Prozess fortlaufender Selbsterkenntnis werden. Du kannst sie regelmäßig wiederholen, um Veränderungen und Entwicklungen in deinen Sehnsüchten, Werten und Beziehungspräferenzen zu reflektieren. Doch das ist nicht das Ende vom Lied. Danach wartet ein entscheidender weiterer Schritt auf dich: Beziehungsglück braucht die Bereitschaft, andere Perspektiven vorurteilsfrei kennenzulernen und die eigene Perspektive zu relativieren. Darum geht es im nächsten Kapitel.

13. Ich, Du und Wir

> „Einfach, oder?
> Ich liebe dich. Du liebst mich. Wir lieben uns.
> So einfach ist das. Leider nicht."
> (Ernst Ferstl)[81]

Perspektivenwechsel – eine Kernkompetenz

Unsere Vorurteile in Bezug auf Sexualität, Liebe und Bindung sind wie eine unsichtbare Brille, die unsere Wahrnehmung färbt, ohne dass wir sie abnehmen könnten. Das bedeutet jedoch nicht, dass wir sie einfach als gegeben hinnehmen müssen. Entscheidend für ein erfülltes Liebesleben ist die Fähigkeit, unsere Perspektive zu wechseln und uns in andere Menschen einzufühlen. Folgende Schritte können helfen, aus der Befangenheit unserer eigenen Sichtweise herauszufinden.

1. **Anerkennung der eigenen Perspektive:** Der erste Schritt besteht darin, zu erkennen und anzuerkennen, dass wir die Dinge immer aus einer bestimmten Warte heraus betrachten und nicht über den Dingen stehen.

2. **Bewusstsein für Subjektivität:** Als Nächstes gilt es zu verstehen, dass unsere Sichtweise subjektiv und unsere Subjektivität kulturell geprägt ist. Ein weißer Mann beispielsweise nimmt Themen wie Sexismus und Rassismus anders wahr als eine Frau oder eine Person of Color.

3. **Empathie und Perspektivwechsel:** Unter Berücksichtigung unserer eigenen Begrenztheit können wir lernen, uns in andere hineinzuversetzen.[82] Dies kann bedeuten, eigene Diskriminierungserfahrungen heranzuziehen, um schmerzliche Erfahrungen und Gefühle anderer nachzuvollziehen, und die daraus gewonnenen Mutmaßungen dann im Dialog zu überprüfen.

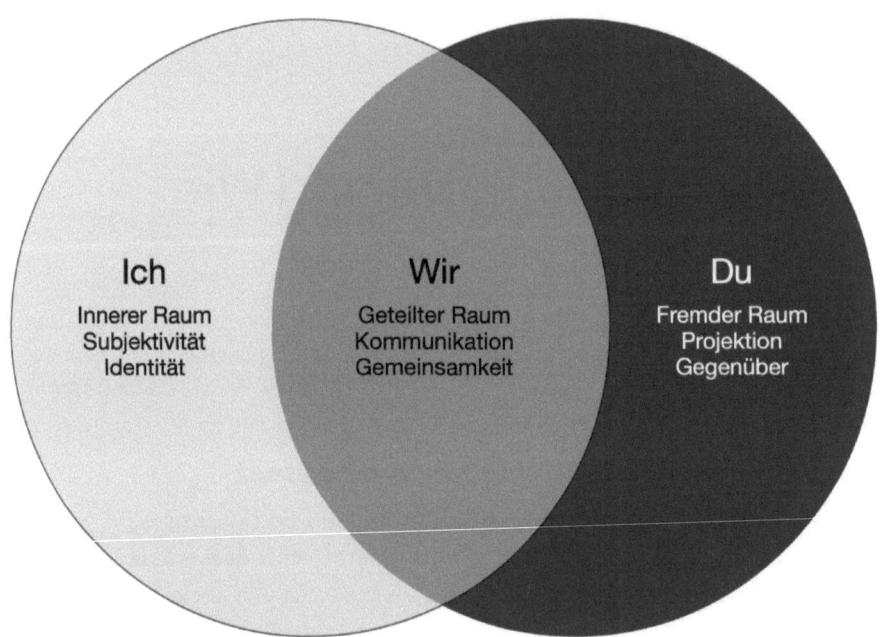

Abb. 15: Ich, Du und Wir – 3 Räume, 3 Perspektiven

Im Kontakt mit anderen Menschen spielen vor allem drei Perspektiven eine Rolle: Ich, Du und Wir. Wir können die Dimensionen Sex, Herz und Bindung aus jeder dieser drei Perspektiven betrachten und dementsprechend den Fokus auf unsere eigenen Bedürfnisse, die Bedürfnisse des anderen oder auf das gemeinsame Wohl ausrichten. Die meisten Menschen wechseln selten bewusst zwischen diesen Perspektiven, obwohl das hilfreich wäre. Schauen wir uns also das jeweilige Potenzial von *Ich, Du* und *Wir* genauer an.

Wer bin ich? Was brauche ich?

> „Alle Liebe dieser Welt ist auf Eigenliebe gebaut. Ließest du die Eigenliebe, so ließest du leicht die ganze Welt." (Meister Eckhart)[83]

> „Ihr haltet es mit euch selber nicht aus und liebt euch nicht genug: nun wollt ihr den Nächsten zur Liebe verführen und euch mit seinem Irrtum vergolden." (Friedrich Nietzsche)[84]

In der Ich-Perspektive konzentrieren wir uns auf unser individuelles Dasein und unsere persönlichen Bedürfnisse, unabhängig von externen Erwartungen oder Normen. In dieser Sichtweise geht es darum, eigene Wünsche, Grenzen und Verantwortlichkeiten zu erkennen und für das eigene Wohlbefinden zu sorgen. Wir erforschen unsere Lust und Sexualität, kultivieren Selbstakzeptanz und Selbstliebe und gestalten Beziehungen so, dass wir eine Balance zwischen Zugehörigkeit und Autonomie finden. Obwohl die Ich-Perspektive essenziell für befriedigende Beziehungen ist, führen wir oft einen inneren Kampf gegen sie, beeinflusst durch negative Kindheitserfahrungen – „Eigenlob stinkt!" – und gesellschaftliche Botschaften, die Selbstliebe abwerten. Derartige Botschaften können uns in der Ich-Perspektive gefangen halten oder dazu verführen, sie zu verschleiern. Durch die Heilung innerer Verletzungen öffnen wir uns für den Übergang zum Du und zum Wir.

Wer bist du? Was brauchst du? Wer bin ich mit dir?

„O Karl, Wie arm bist du, wie bettelarm geworden,
Seitdem du niemand liebst als dich!" (Friedrich Schiller)[85]

„In der Hinwendung zum Du gewährst du deinem Ich Urlaub."
(Helga Schäferling)[86]

In der Du-Perspektive stellen wir uns Fragen wie „Wer bist du?" und „Wer bin ich in Beziehung zu dir?" Diese Sichtweise erlaubt es uns, unsere Identität in der Interaktion mit anderen zu hinterfragen und weiterzuentwickeln, wodurch unser Selbstbild und unsere Selbstwahrnehmung herausgefordert und bereichert werden. In unterschiedlichen Begegnungen sind wir jeweils jemand anderes. Die Erkenntnis, dass unser Selbstbild keine Entdeckung, sondern eine fortlaufende Konstruktion[87] ist, ermöglicht uns eine flexiblere Anpassung an die Vielfalt unserer Begegnungen. **Auf der sexuellen Ebene** nehmen wir das Begehren des anderen wahr und erkunden, wie es uns berührt und wie es uns vom anderen unterscheidet. Das ermöglicht das kreative Spiel mit erotischer Polarität. **Auf der emotionalen Ebene** erkennen wir empathisch die Bedürfnisse des anderen nach Akzeptanz, nehmen aber auch seine Begrenzungen wahr. Das fördert die gegenseitige Annahme und die Entwicklung von Liebesfähigkeit. **Auf der Bindungsebene** klären wir, inwieweit der andere an einer Bindung interessiert ist und dies mit unseren eigenen Bedürfnissen übereinstimmt oder nicht. Offenheit und Verständnis können zu mehr Vertrauen in die Beziehung führen. Den anderen Menschen in seinem Sosein zu erkennen, lässt uns Unterschiedlichkeit als Bereicherung begreifen, allerdings nur dann, wenn wir uns dabei nicht selbst verlieren.

Wer sind wir? Wer bin ich als Teil von uns?

> „Wenn sich Ich und Du erlösen,
> sind wir endlich eins." (Hans-Christoph Neuert)[88]

In der Wir-Perspektive begreifen wir uns gemeinsam mit anderen als Teil eines größeren Ganzen, vergleichbar mit Organen in einem Körper, die sowohl eigenständig funktionieren als auch essenziell miteinander verbunden sind. Die Wir-Perspektive lädt uns dazu ein, unsere Identität nicht nur aus individueller Sicht zu betrachten, sondern auch im Kontext verschiedener Beziehungen und Zugehörigkeiten zu verstehen und zu definieren. Indem wir erkunden, was uns als Gruppe ausmacht und wie wir uns innerhalb dieser Gemeinschaft wahrnehmen, erweitern wir unser Selbstverständnis über das persönliche Ich hinaus zu einem kollektiven Wir, das von Paarbeziehungen über Gruppenzugehörigkeiten bis hin zur globalen Gemeinschaft reichen kann.

Das Bewusstsein, Teil eines größeren Zusammenhangs zu sein, ermöglicht es uns, individuelle Erfahrungen als Elemente eines umfassenderen Geschehens zu sehen. Dabei stehen wir vor der Herausforderung, uns als integralen Bestandteil des Wir zu fühlen, ohne dabei unsere individuelle Identität aufzugeben. Letzteres ist allerdings leichter gesagt als getan.

- **In sexuellen Begegnungen** können wir eine dynamische Interaktion und Verschmelzung erleben, die über unsere Individualität hinausgeht und tiefere Verbundenheit schafft, vergleichbar mit einem innigen Tanz der Polaritäten. Die Erfahrung eines gegenseitigen Eintauchens ermöglicht uns eine beglückende Hingabe an ein gemeinsames Wir.
- **Auf emotionaler Ebene** führen die Anerkennung und Umarmung unserer Unterschiedlichkeit zu einer besonders innigen Verbundenheit. Die Erfahrung einer Zusammengehörigkeit, die nichts von uns ausschließt, erleichtert uns ein vertrauensvolles Miteinander und die Möglichkeit, uns ohne Erwartungen aneinander zu verschenken und durch den Kontakt verwandelt zu werden.
- **In einer Wir-Bindung** entsteht das Empfinden von Sicherheit weniger durch unser individuelles Bemühen, sondern eher durch das Vertrauen darauf, gemeinsam kreative Lösungen zu finden. Diese Form einer Bindung fühlt sich oft mehr nach Freiheit als nach Verpflichtung an. Das Gefühl bezieht sich möglicherweise nicht nur auf nahe Beziehungen, sondern kann sich auch auf größere Gemeinschaften ausdehnen, denen wir uns zugehörig fühlen.

Indem aus einem Ihr ein Wir wird, an dem wir teilhaben und das wir mitgestalten, entdecken wir neue Dimensionen der Selbstverwirklichung und erleben die Freiheit *zu* etwas, anstatt *von* etwas. Unseren persönlichen Beitrag als Teil eines größeren, gemeinsamen Ganzen zu erleben, entspricht einer grundlegenden menschlichen Sehnsucht und erweitert unser Gefühl von Selbstwirksamkeit, ist in unserer individualistischen Kultur aber oft tief verschüttet.

Die Perspektive wechseln

Um unser Liebesleben bewusst gestalten zu können, reicht es nicht aus, Sex, Herz und Bindung zu differenzieren, auch wenn das der Hauptfokus dieses Buches ist. Wesentlich ist auch, uns auf die Perspektive eines anderen einlassen zu können. Caroline beschreibt, wie sie das gelernt hat.

Weil mit den Männern etwas nicht stimmt

Lange dachte ich, ich sei besonders begabt in Sachen Liebe, stets offen und bereit, mich voll und ganz auf einen Mann einzulassen. Verliebtheiten waren mir nicht fremd, doch der ersehnte Ankerplatz in einer langfristigen Beziehung entzog sich mir. Irgendwann kam mir der Gedanke, dass vielleicht mit den Männern etwas nicht stimmt, dass sie unfähig sind, sich wirklich auf tiefe Bindungen einzulassen. Ich warf ihnen das nie vor; meine Empathie für ihre erlernte emotionale Distanz war groß. Doch wieso schien niemand bereit, mit mir gemeinsam zu wachsen, zu heilen?

Die Wende kam durch eine Frage meiner Therapeutin, die so einfach und doch so folgenreich war: „Willst du bei deiner Einschätzung bleiben oder die Männer selbst fragen?" Erst da wurde mir klar, dass ich Männern nie wirklich auf Augenhöhe begegnet war. Meine Überheblichkeit in psychologischen Dingen war mir verborgen geblieben.

So begann ich, echte Gespräche zu führen. „Was hältst du eigentlich von Psychotherapie?", fragte ich, gespannt auf ihre Antworten. „Du meinst, ich sollte zu einer Psychotante?", kam es zurück, doch ich ließ nicht locker, blieb dran, blieb neugierig. „Woher kommt dein Misstrauen?", wollte ich wissen. Als ich nicht mehr versuchte, ihre Bedenken wegzudiskutieren, sondern wirklich verstehen wollte, öffneten sie sich. „Ich habe Angst, in einer Sitzung als der letzte Trottel dazustehen, der gar keine Worte für sein Innenleben hat", gestand einer. Solche Geständnisse überraschten mich und ließen mich allmählich begreifen, was ich selbst zur Blockade beigetragen hatte. Ich hatte tatsächlich geglaubt, Männer seien gefühlsmäßig nicht auf der Höhe der Zeit, emotionale Neandertaler. Dieses Vorurteil löste sich auf, als ich begann, mich wirklich in die männliche Perspektive hineinzufühlen.

*Meine neue Offenheit war die Basis dafür, dass mit Mark ein echtes „Wir"
entstehen konnte, ein Zusammensein, das auf gegenseitiger Neugier und
Verständnis beruht und uns beide wachsen lässt.*

In Beziehungen immer mal wieder die Perspektive zu wechseln, gleicht einer
Gratwanderung, es ist nicht immer leicht, die Balance zu halten:

- Zu sehr in der eigenen Welt verhaftet zu sein, kann dazu führen, dass
  wir in unseren Vorstellungen gefangen bleiben und andere Menschen
  lediglich in unsere Welt einbinden, ohne deren Andersartigkeit zu
  würdigen. Die Voreingenommenheit kann eine Zeit lang funktionieren,
  besonders wenn der andere die ihm zugedachte Rolle bereitwillig an-
  nimmt, aber oft endet sie in einer schmerzhaften Ernüchterung, wenn
  die Rollenzuschreibung nicht mehr passt.
- Wenn ich mich selbst zu sehr zurücknehme, um mich auf *dich* einzulassen, fühle ich mich vielleicht angenommen, aber langfristig wird die
  Beziehung flach und unbefriedigend. Ich verliere den Kontakt zu mir
  selbst und kann dir nicht mehr als echtes Gegenüber entgegentreten.
- Wenn wir uns beide zu sehr dem gemeinsamen „Wir" unterordnen,
  kann das zwar harmonisch wirken, führt aber zu einem Leben auf dem
  kleinsten gemeinsamen Nenner, weil ohne die eine oder andere Herausforderung kaum individuelles Wachstum stattfindet.

Wenn wir als Baby auf die Welt kommen, sind wir noch nicht in der Lage, die
Perspektive zu wechseln, denn es gibt noch gar keine Perspektive. Es gibt nur
Wahrnehmung, es gibt noch kein Ich und dementsprechend auch kein Du und
kein Wir. Alles ist eins.

Langsam wachsen wir aus der Symbiose mit Mama heraus und begreifen, dass
sie jemand anderes ist als wir selbst. Wir lernen uns abzugrenzen, nein zu sagen
und unseren eigenen Willen zu entwickeln. Was wir in Interaktionen erleben,
können wir erst viel später als ein Wir identifizieren, das weder mit uns selbst
noch mit Mama identisch ist, sondern etwas Drittes. Bis dahin verinnerlichen
wir dieses Wir als sogenannte Objektbeziehung, es wird ein Teil unseres Selbstbildes. Was wir später Ich nennen, ist von Anfang an nichts vom Du und vom
Wir Unabhängiges, sondern ein Produkt erlebter Interaktion. Am Du werden
wir zum Ich.[89]

Unser Ich hat wesentliche Facetten früherer Du's in sich aufgenommen. Leider
tendieren wir dazu, diesen Vorgang zu vergessen. Gerade wenn wir in nahen
Beziehungen schmerzhafte Erfahrungen machen, verinnerlichen wir einerseits

unsere Erfahrungen und andererseits schützen wir uns vor weiterem Schmerz, indem wir sie verdrängen und uns nach außen abschotten. Wir vermeiden den Perspektivwechsel. Überwiegen jedoch positive Erfahrungen, verinnerlichen wir mit diesen auch die Fähigkeit und Bereitschaft zur Empathie und damit zum Perspektivwechsel. Wir können mit den unvermeidlichen zwischenmenschlichen Risiken umgehen und schätzen die Freude, immer wieder etwas Neues zu entdecken, uns aufeinander einzulassen und über uns hinauszuwachsen. Wiederholt verlieren wir uns im gemeinsamen Tanz, um uns darin neu und anders wiederzufinden.

- Für unseren Sex kann das heißen, fremdartigen, erotischen Impulsen mit Neugier zu begegnen. Die Welt wird zu einer freundlichen Einladung zum erotischen Abenteuer. Wir dürfen dosieren und gestalten, sodass sie uns weder unter- noch überfordern.
- Unser Herz kann uns dafür öffnen, unsere Wahrnehmung in der Begegnung mit anderen Menschen zu erweitern, Neues zu umarmen und so unsere Liebesfähigkeit auszudehnen. Mit Wohlwollen und Zuversicht integrieren wir auch unsere Schattenseiten und Geben und Nehmen verschwimmen: Was ich dir tue, habe ich mir getan. Wir sind in Liebe verbunden.
- Auf der Ebene der Bindung können wir lernen, uns etwas Größerem anzuvertrauen, nicht blind, sondern in bewusster Wahl. Wir erleben uns zunehmend als Paar, als Familie, als Gruppe, als Freundeskreis und womöglich darüber hinaus als individueller Ausdruck der einen Existenz. Wir lernen, Unsicherheiten zu tolerieren und uns zu binden, auch wenn sich die Beziehungsdynamik unserer Kontrolle entzieht. Wir freuen uns, kleineren und größeren Gemeinschaften anzugehören, unsere Zugehörigkeit zu gestalten und immer wieder zu Unerwartetem herausgefordert zu werden.

Etwas formelhaft ausgedrückt: Die Fähigkeit, das eigene Liebesleben erfüllend zu gestalten, ist direkt proportional zur Fähigkeit, zwischen Sex, Herz und Bindung zu differenzieren und die Perspektive zwischen Ich, Du und Wir zu wechseln. Welche Möglichkeiten ergeben sich für uns daraus? Wie nutzen wir die dadurch gewonnene Freiheit?

Übung 10: Gemeinsam Beziehungskompetenz entwickeln

Ziel: Einen gemeinsamen Forschungsraum gestalten.

Verabredet euch zu zweit oder in einer Kleingruppe und reserviert einen passenden Zeitrahmen für einen offenen Austausch zum jeweiligen Thema. Schafft einen Rahmen, der es euch ermöglicht, nicht nur mit euren Gedanken, sondern auch mit eurem Körper und euren Gefühlen in Kontakt zu sein. Das erleichtert es, auch subtilere Wahrnehmungen einzubeziehen. Es geht weniger um konkrete Ergebnisse oder Erkenntnisse, sondern um eine gemeinsame Erkundung, die den Weg für neue Perspektiven und Erfahrungen öffnet.

1. **Kontaktzyklen erforschen**
   - Wie nimmst du Kontakt auf, wie gestaltest du Kontakt? Wer führt und wer folgt?
   - Wie beendest du einen Kontakt? Welche Rolle spielen dabei Sex, Herz und Bindung?
   - Zur Orientierung und Vertiefung könnt ihr die Grafik Kontaktzyklen nutzen (siehe Abbildung 9, Seite 88).

2. **Sich zeigen und Resonanz finden**
   - Wie signalisiert ihr euer Interesse an Sex, Herz oder Bindung?
   - Welche Signale braucht ihr jeweils vom Gegenüber, damit euer Interesse geweckt wird? Führt darüber ein offenes Gespräch.

3. **Erotik und Sexualität initiieren**
   - Wie und auf welche Weise initiierst du einen erotischen und/oder sexuellen Kontakt? Wie antwortest du auf entsprechende Kontaktangebote? Was macht dich an, was törnt dich ab oder macht dir Angst?

4. **Liebe geben und empfangen**
   - Wie drückst du deine Liebe aus? Wie kommt das bei anderen an? Wie erlebst du es, geliebt zu werden? Was ist für dich mit Liebe verknüpft?
   - Ihr könnt auf spielerische Weise Liebeserklärungen formulieren und ausprobieren, wie es sich anfühlt, diese auszusprechen oder anzuhören.

5. **Bindung bewusst gestalten**

- Welche Form von und welches Maß an Bindung und Beziehung wünschst du dir? Wie gehst du damit um, wenn deine Wünsche nicht erwidert werden oder Differenzen auftauchen? Inwieweit hast du Spielraum, wo liegen deine Grenzen?
- Als Anregung für das Gespräch darüber könnt ihr den Treue-Guide nutzen (siehe die Abbildung auf Seite 141)

6. **Mit Polaritäten und Identitäten spielen**

- Schau dir die Grafik „Polaritäten-Mischpult" (Seite 59) an: Welche Seite ist dir jeweils vertrauter, welche eher fremd? Du kannst auch jeweils eine Zahl zwischen 0 und 10 finden, die deine Präferenz zum Ausdruck bringt.
- Experimentiert dann mit den verschiedenen Reglern des Mischpults und wechselt dabei die Rollen. Was fällt dir leicht? Wo „klemmt" der Regler und begrenzt deinen Handlungsspielraum?

7. **Ich, Du, Wir: die Perspektive wechseln**

- Findet ein Thema, das euch beide (oder euch alle) interessiert und emotional berührt. Beginnt ein offenes Gespräch über das Thema, ohne feste äußere Struktur. Dabei wechselt jeder von euch immer mal wieder die Perspektive zwischen Ich, Du und Wir, wie oben erläutert. Nimm wahr, welche Wirkung die jeweilige Perspektive auf deine Selbstwahrnehmung, dein Gefühl und das Gespräch hat. Tauscht euch anschließend darüber aus, was euch besonders auf-gefallen ist und ob und ggfs. wodurch ihr jeweils bemerkt habt, in welcher Perspektive sich der / die andere gerade befindet, oder auch nicht.

8. **Entwicklung einer gemeinsamen Ausrichtung**

- Erstellt jeweils eine Liste eurer Wünsche für euer Liebesleben und ordnet sie nach eurer persönlichen Priorität. Lest euch die Listen vor, achtet dabei auf die innere Resonanz und tauscht euch darüber aus.

Wenn ihr beide (oder alle) dazu bereit seid (und nicht zu sehr durch das Gehörte aufgewühlt), sprecht inhaltlich über eure Wünsche. Welche Gemein-samkeiten und Unterschiede werden sichtbar? Sucht nach einer gemeinsamen Ausrichtung, welche eure unterschiedlichen Sichtweisen berücksichtigt.

14. Bewusst gewählte Beziehungsformen

„Realitätssinn, Lustprinzip, Konkurrenzfähigkeit, permanente Herausforderung, Sex und soziale Stellung, all dies ist nicht gerade geeignet, um in laute Hallelujas auszubrechen." (Michel Houellebecq)[90]

Das Liebesleben selbst in die Hand nehmen

Wir haben heute in Mitteleuropa die Freiheit, unsere nahen Beziehungen individuell nach unseren Vorstellungen zu gestalten, doch für manche Menschen fühlt sich das eher nach Fluch als nach Segen an. Beziehungen sind nicht nur eine Quelle tiefer Befriedigung, sondern auch Schauplatz von Schmerz, Enttäuschung und Resignation bis hin zu Missbrauch und Gewalt.

Die größte Herausforderung sind wir uns oft selbst. Wenn wir berührbar und verletzlich sind, ist Schmerz bis zu einem gewissen Grad unvermeidlich. Wer liebt, wird irgendwann auch verletzt. Wie wir jedoch mit Schmerz umgehen, liegt weitgehend in unserer Hand. Wir können alte Wunden heilen und lernen, achtsamer mit Sex, Herz und Bindung umzugehen.

Infolge wachsender Fähigkeit zur Differenzierung treffen wir bewusstere Entscheidungen. Wir können immer wieder innehalten, unsere Ausrichtung überprüfen und gegebenenfalls verändern. Wir können lernen, in der manchmal lichtdurchfluteten Landschaft oder im undurchdringlichen Dschungel unseres Beziehungslebens den eigenen Weg zu finden. Obwohl wir nie die vollständige Kontrolle erhalten, gibt es viele Einflussmöglichkeiten, die wir erkennen und nutzen können.

Die meisten Menschen haben sich nicht bewusst für die Form von Beziehungen entschieden, in denen sie leben. Sie sind mehr oder weniger hineingeschlittert und haben sich mehr oder weniger darin zurechtgefunden. Sie folgen romantischen Skripts der Zweisamkeit, oft ohne das überhaupt zu bemerken. Sie missverstehen sexuelle Exklusivität als vertrauensvolle Bindung oder den

Verzicht auf Autonomie als Liebesbeweis. Sie benutzen Treue als Bollwerk gegen die Angst davor, ihr Liebesschiff nicht mehr steuern zu können. Sie verstehen nicht, dass Sex, Herz und Bindung unterschiedlichen Gesetzmäßigkeiten folgen und daher unterschiedliche Navigations-Fähigkeiten erfordern.

Ich hoffe sehr, in diesem Buch gezeigt zu haben, wie unser Liebesleben von spezifischen Kompetenzen profitieren kann, die in unserer Kultur kaum gelehrt oder gelernt werden. Je mehr wir uns diese Fähigkeiten zu eigen machen, desto eher sind wir in der Lage, aus unserem vermeintlich sicheren Hafen gewohnter Bindungsmuster zu neuen Ufern aufzubrechen. Die verbreitete Ideologie, dass unsere Bedürfnisse nach Lust und Liebe sich am besten und nachhaltigsten erfüllen, wenn jeder „Topf seinen Deckel" findet, verengt dramatisch unseren Spielraum und führt zu einer künstlichen Verknappung eines kostbaren Gutes: einander liebe- und lustvolle Resonanz zu schenken. Wie wäre es, wenn wir auch andere Bedürfnisse als Sex nur in Anwesenheit eines festen Partners befriedigen dürften? Würden wir eifersüchtig darüber wachen, dass unsere Liebste nicht „fremdessen" geht, weil wir sonst verhungern würden?

Die Erkenntnis der Absurdität, Vertrauen auf Besitzansprüchen aufzubauen, kann dazu verleiten, ins gegenteilige Extrem zu verfallen, wie es zu Zeiten der 1968er versucht wurde: „Wer zweimal mit derselben pennt …" Wenn wir uns aus der romantischen Trance zu befreien versuchen, indem wir das Bedürfnis nach Bindung vollständig negieren, kommen wir vom Regen in die Traufe. Wir verletzen einander, indem wir die Verantwortung verleugnen, die Vertrautheit mit sich bringt. Ich kann es kaum treffender formulieren als der kleine Prinz: „Du bist ewig für das verantwortlich, was du dir vertraut gemacht hast."[91]

Jenseits von Monogamie und Polyamorie

Verantwortung kann Angst machen und wird oft mit Schuld assoziiert, doch bei näherer Betrachtung ist sie ein wesentliches Element von Freiheit: die Fähigkeit, zu antworten (engl. „responsibility"). In dieser Fähigkeit sind wir alle durch unsere Prägungen mehr oder weniger begrenzt. Ein wachsendes Bewusstsein für unsere Muster und Begrenzungen im Kontakt mit anderen Menschen eröffnet jedoch neue Optionen. Wie bei einem Blick in den Spiegel braucht es dafür etwas Abstand, aber auch die Bereitschaft, sich selbst mit Licht und Schatten darin zu erkennen. Es braucht wohlwollende Identifikation (Ja, so bin ich!), aber auch ein wenig Distanz (Ich könnte auch anders!).

Hier ein paar Beispiele, wie unsere Kontaktmuster uns bestimmte Beziehungsformen nahelegen, ohne dass wir uns bewusst dafür entschieden hätten:

- Je schwerer wir uns tun, Kontakte zu knüpfen oder Angst davor haben, verlassen zu werden, desto weniger wollen wir eine einmal gefundene Liebe wieder loslassen. Unser Beziehungsideal tendiert in Richtung Monogamie.
- Eine Vorliebe zum Flirten oder für die aufregende Anfangsphase einer Beziehung lässt uns eher zu kurzen Affären oder offenen Beziehungen neigen.
- Wenn wir Probleme haben, Nähe und Distanz im direkten Kontakt zu balancieren, bleiben wir vielleicht lieber unverbindlich oder regulieren die Intensität durch räumliche Distanz oder parallele Beziehungen.

Nicht wenige Menschen entwickeln aus ihren persönlichen Mustern eine Art Beziehungs-Ideologie und hegen die Erwartung, dass andere ihr Beziehungsideal teilen müssten, was häufig zu Konflikten führt. Es erscheint manchmal wie ein Naturgesetz der Beziehungsdynamik: Diejenigen Phasen im Kontaktzyklus, die wir selbst lieber vermeiden, werden vom anderen gerade betont.

- Wenn wir selbst beständig Nähe einfordern, „muss" der andere für Distanz sorgen, um ein Gleichgewicht herzustellen.
- Wenn wir vor allem Freiheit brauchen, fordert der andere mit hoher Wahrscheinlichkeit mehr Verbindlichkeit.

Indem wir erkennen, wie wir unsere Schwachstellen delegieren und wie sie uns zurückgespiegelt werden, beginnt der eigentliche Lernprozess. Wir lernen, Verantwortung für unsere Begrenzungen zu übernehmen und die Beziehung einerseits bedürfnisorientiert – im Sinne unserer persönlichen Bedürfnisse und Grenzen – und andererseits wachstumsorientiert – mit dem Ziel, uns weiterzuentwickeln und neue Fähigkeiten zu erproben – zu gestalten. In der Regel brauchen wir beide Orientierungen. Erst wenn grundlegende Bedürfnisse ausreichend berücksichtigt sind, fühlen wir uns bereit, uns auf neues Terrain zu begeben und zu wachsen. Und je mehr auch unsere Partnerin bereit ist, sich weiterzuentwickeln, desto eher sind wir bereit, uns auch auf ihre oder seine Bedürfnisse einzulassen.

Auf Basis dieser doppelten Orientierung können wir kreativ werden und das Steuer in die Hand nehmen, doch manches wird unkontrollierbar bleiben und unsere Fähigkeit zur Hingabe herausfordern. Wir können diesen Prozess als einen Zyklus von Wünschen und Loslassen betrachten. Ohne zu wünschen, verbleiben wir im Gewohnten, ohne loszulassen erzeugen wir Druck oder Fixierungen. Es ist das Wechselspiel, das uns flexibler werden lässt.

Die Vision der Vielfalt

Vielleicht fragst du dich gegen Ende dieses Buches, was nun eine ideale Liebesbeziehung ausmacht. Das ist nicht leicht zu beantworten, denn erfüllende Liebe sieht für jeden Menschen anders aus. Ich begrüße eine Vielfalt an Beziehungsformen, welche Individualität und Originalität wertschätzt.

Erfüllung ist etwas Subjektives: Was dem einen glänzende Augen bereitet, zieht beim anderen bleischwer die Mundwinkel nach unten. Der eine träumt von der großen Liebe ein Leben lang, die andere von möglichst vielen und wilden Abenteuern, um nur zwei Pole zu nennen. Es geht nicht darum, einen kleinsten gemeinsamen Nenner zu finden, auf den wir uns alle einigen können, sondern die Vielfalt an Möglichkeiten auszuloten, uns unserer eigenen Wünsche gewahr zu werden und sie klar zu kommunizieren.

Insbesondere unsere Liebespartner haben regelmäßig andere Präferenzen als wir selbst. Das muss kein Problem sein, sondern kann innerhalb verkraftbarer Grenzen zu einer großen Bereicherung werden. Die Vielfalt an Möglichkeiten stellt uns insbesondere in diesen fünf Bereichen vor Herausforderungen:

1. **Beziehungsformen:** Sind wir bereit anzuerkennen, dass es grundverschiedene Modelle und Vorstellungen von einem erfüllenden Liebesleben gibt?

2. **Liebesfähigkeit:** Können wir in der Liebe ein potenziell grenzenloses Phänomen erkennen und zugleich persönliche Grenzen respektieren?

3. **Geschlechtsidentität:** Sind wir an traditionelle Vorstellungen von Mann- und Frausein gebunden oder möchten wir sie hinter uns lassen?

4. **Sexuelle Orientierung:** Sind wir in unserem Begehren auf das andere oder das eigene Geschlecht festgelegt oder offen für ein Spektrum an erotischen Erlebnismöglichkeiten?

5. **Vorlieben und Abneigungen:** Wie finden wir aus unendlich vielfältigen Möglichkeiten und Gelegenheiten diejenigen, die wir in unserem Leben tatsächlich erleben wollen?

Die Vielfalt bietet Chancen, birgt aber auch Risiken und stößt an Grenzen. Jenseits überkommener Gebote und Verbote, Normen und Regeln finden wir unsere Freiheit – und mit der Freiheit die Freude an der Verantwortung, unser Liebesleben bewusst und respektvoll zu gestalten.

Individuelle und kollektive Verantwortung

Das Pflegen persönlicher Beziehungen, in denen wir Liebe empfinden und Sexualität ausleben, ist für die meisten Menschen zentraler Bestandteil eines erfüllten Lebens. Es gibt jedoch kein universelles Handbuch dafür; Vorbilder, die wir in unserer Kindheit miterlebt haben, können sowohl bereichernd als auch belastend wirken. Als Erwachsene stehen wir nun vor der Aufgabe, den eigenen Weg zu gestalten. Es gibt keine feststehenden Normen mehr; was für eine Person normal ist, kann für eine andere unvorstellbar sein. Wir haben zwar die Freiheit, unsere Beziehungen selbst zu gestalten und zu verhandeln, aber unsere Beziehungskonzepte stoßen nicht immer auf Verständnis oder Toleranz. Das haben auch Julia und Tobias erfahren, als sie begannen, gesellschaftliche Konventionen zu hinterfragen.

Neue Pfade

Julia: *Weißt du noch? Unsere Hochzeit war wie aus einem Märchenbuch, mit dem ganzen „Bis dass der Tod uns scheidet"-Tamtam.*

Tobias: *Ja, und wir waren so naiv, haben nichts in Frage gestellt. So hat man das eben gemacht.*

Julia: *Irgendwie war mir schon mulmig zumute, aber ich hätte das nie aussprechen können. Es hätte nicht in unsere romantische Traumwelt gepasst. An diesen Traum zu glauben, darin waren wir Weltmeister.*

Tobias: *Hm, du hattest also schon damals deine Zweifel? Kein Wunder, dass du diejenige warst, die als Erste fremdgegangen ist.*

Julia: *Dass du völlig ausgeflippt bist, war leider zu erwarten. Wir hatten beide keine Ahnung, wie wir mit so einer Situation umgehen sollten.*

Tobias: *Ich bin damals in den Wald gestürmt und habe die Bäume angebrüllt: „Was steht ihr hier so rum, als ob nichts wäre!" Als ich schließlich außer Atem war, da ... es klingt verrückt ... schien es, als würden die Bäume mir zuflüstern: „Glaubst du, deswegen geht die Welt unter? Wir haben schon schlimmere Stürme überstanden. Julia ist frei. Akzeptiere es, denn ändern kannst du es nicht."*

Julia: *Haben sie das wirklich gesagt? Das hast du mir noch nie erzählt! Sonst hast du's ja nicht gerade mit Eso und Schamanismus.*

Tobias: *Ja, normalerweise halte ich nichts von solchen Sachen. Aber dieser Moment hat alles verändert. Mir wurde klar, dass ich nur mit dir gemeinsam einen Weg finden kann, nicht gegen dich. Auch wenn es schmerzt.*

Julia: *Das habe ich lange nicht begriffen... bis du dann das erste Mal ... naja, du weißt schon. Zuerst dachte ich, du willst dich nur rächen. Aber dann spürte ich, dass mehr dahintersteckt.*

Tobias: *Genau, und so begann unsere Reise zu einer Beziehung, die uns beiden die Freiheit lässt, ohne egoistisch zu sein. Ein Balanceakt.*

Julia: *Es war nicht leicht, unsere Gefühle im Einklang mit unseren Idealen zu halten. Eifersucht verschwindet nicht einfach, nur weil wir Monogamie hinter uns lassen. Aber es entlastet mich total, nicht für all deine Bedürfnisse verantwortlich zu sein.*

Tobias: *Wir reden hier so locker darüber, als wäre es das Normalste der Welt, uns Freiräume zu lassen und trotzdem zusammen zu sein. Aber in Wirklichkeit sind wir vorsichtig, wen wir einweihen. Auf der Arbeit bin ich da inzwischen zurückhaltend, nachdem ich mir schon üble Kommentare anhören musste. Und auch die Kinder müssen nicht alles wissen.*

Julia: *Da sind wir noch nicht einer Meinung, aber wir nähern uns langsam an. Vielleicht sind die Kids offener dafür, als wir denken. Oder sie könnten es zumindest lernen. Sie müssen doch nicht dieselben starren Vorstellungen erben, die wir mitbekommen haben.*

Tobias: *Solange wir uns beide klar sind, dass wir das Wichtigste füreinander sind, bin ich dabei. Aber wer kann das schon garantieren? Freiheit ist nicht nur ein Segen, sondern manchmal auch ein Fluch.*

Julia: *Fluchen hilft. Definitiv.*

Manche Menschen fühlen sich davon bedroht, dass es in unserer Kultur kein allgemeingültiges Liebesideal mehr gibt. Diese Gefühle der Bedrohung sollten wir ernstnehmen. Sie zu bekämpfen oder lächerlich zu machen, lässt sie nur weiter anwachsen. Veränderungen können Ängste auslösen, das ist menschlich. Wenn wir ihnen mit Empathie begegnen, können wir sie leichter integrieren.

Ich persönlich begrüße die Entwicklung zur Vielfalt und ich fühle mich davon weniger bedroht, sondern eher beflügelt. Die damit einhergehenden Freiheiten bergen jedoch Herausforderungen auf vielen Ebenen, individuell und gesellschaftlich. Die größten Herausforderungen sind mit Fragen unserer Identität verbunden. Wer bin ich oder wer sind wir denn noch, wenn …? Mit den Worten meiner Großmutter: „Wo kämen wir denn dahin!"

Wenn wir Lust und Liebe frei und einvernehmlich mit anderen Menschen teilen wollen, sind wir gefordert, immer wieder Einvernehmlichkeit herzustellen, ohne die Differenzen zu verleugnen. Der eine mag es sanft, die andere leidenschaftlich, die eine braucht es möglichst nah, der andere genügend Abstand, die eine liebt mehr als einen, den anderen konfrontiert das zu sehr mit seiner Eifersucht.

Dieses Buch bietet dir eine Hilfestellung, dich in diesem Prozess wachsender Diversität nicht heillos zu verirren oder – wenn das doch mal passieren sollte – immer wieder Wege aus dem Labyrinth heraus zu finden. Wenn du andere in diesem Prozess unterstützt, nimmst du vielleicht auch die eine oder andere wertvolle Anregung mit. Auch wir Profis sind vor Scheuklappen nicht gefeit und können uns gegenseitig darauf aufmerksam machen.

Was uns weiterhilft, ist wachsendes Bewusstsein gepaart mit Einfühlung – in uns selbst und in unsere Mitmenschen. So können wir mehr und mehr akzeptieren, was geschieht, und darauf aufbauend beginnen zu verändern, was wir ändern wollen und können.

Erlebnisräume für Erwachsene

Ein Buch ist nur ein Buch, geronnene Sprache, die uns zunächst nur mental anspricht. Je mehr wir uns von den Worten auch emotional berühren lassen, desto eher kann die Lektüre auch einen Erlebnisraum öffnen, doch das wird kaum reichen, um die in diesem Buch gesammelten Erkenntnisse tatsächlich in dein Leben zu bringen. Wie wir inzwischen aus der Neurophysiologie wissen: Das Gehirn entwickelt sich ein Leben lang weiter, doch das ist kein Selbstläufer. Nur Erlebnisse, die uns körperlich, emotional und mental tief berühren, sind in der Lage, tiefgreifende und nachhaltige Veränderungen in uns anzustoßen. Derartige Erlebnisse – zumindest der positiven Art – haben die meisten Menschen nur in Liebesbeziehungen, wenn überhaupt.

Sie sind die Ausnahme in unserer Kultur und werden mit großer Skepsis beäugt, doch es gibt sie: Veranstaltungen, in denen erwachsene Menschen zusammenkommen, um intime Themen wie Liebe, Sexualität und Beziehungsgestaltung gemeinsam zu erforschen. Ich habe in diesen Erfahrungsräumen Wesentliches gelernt, was wahrscheinlich die Beziehung, in der ich heute glücklich lebe, erst möglich gemacht hat.

In meiner mehr als dreißigjährigen Tätigkeit als Seminarleiter und Tantralehrer habe ich viele Menschen in ihrem Entwicklungsprozess begleiten dürfen und miterlebt, wie sich für sie eine neue Welt öffnete, die sie sich vorher kaum hätten vorstellen können. Nein, es handelt sich dabei nicht um das Paradies auf Erden und auch nicht um eine heile Welt. Entwicklung kann schmerzhaft sein und es gibt Erfahrungsräume – auch unter dem Label Tantra – von denen ich abraten würde, weil sie z. B. zu wenig Respekt vor Grenzen praktizieren. Da diese Veranstaltungen weitgehend in einer gesellschaftlichen Nische stattfinden, gibt es leider auch zu wenig Transparenz, was Ausbildungsstandards angeht. All diese Bedenken ändern aber nichts daran, dass Erfahrungsräume für Erwachsene, die nicht nur den Kopf, sondern auch den Körper und die Gefühle mit einbeziehen, zum Turbo für die persönliche Entwicklung von Liebesfähigkeit werden können. Wenn die dort mögliche Intensität des Erlebens allein unseren Liebesbeziehungen vorbehalten bleibt, laufen wir Gefahr, immer wieder in unseren Mustern hängen zu bleiben, denn unsere Beziehungen sind nicht zuletzt Spiegel unserer Muster. Wollen wir sie überwinden, brauchen wir neue Impulse, Impulse wie die aus diesem Buch. Sie werden aber nicht allein aus dem begrenzten Raum zwischen zwei Buchdeckeln wirksam, sondern erst inmitten der prallen Fülle des Lebens.

Gesellschaftliche Dimension und Ausblick

Ein Plädoyer für Diversität und Vielfalt in Sex, Herz und Bindung wird nicht jedem gefallen. Manche Menschen fühlen sich davon so bedroht, dass sie in den sozialen Medien hasserfüllte Posts absetzen oder Parteien wählen, die ihnen einen Weg zurück versprechen in die Zeit, in der angeblich noch alles „in Ordnung" war. In vielen Ländern werden unkonventionelle Ausdrucksformen von Liebe und Sexualität wieder diskriminiert oder kriminalisiert. Steht uns das auch bevor? Wie gehen wir damit um? Woran orientieren wir uns?

Wer sich orientierungslos fühlt, könnte geneigt sein zu fragen: Ist eine Gesellschaft, in der jeder und jede so liebt, wie sie gerade lustig ist, nicht auch etwas beliebig? Wohin soll die Reise gehen? Gibt die Evolution denn keine Richtung an, in die wir uns in Liebesdingen entwickeln sollten? Bei den Vokabeln *sollen* und *müssen* geht bei mir regelmäßig eine Alarmlampe an: Vorsicht, Ideologie! Wer will denn das wissen, wohin die Reise geht? Wer will wem Vorschriften machen?

Vorschriften erscheinen mir nicht hilfreich, doch ich sehe in der Entwicklung von Liebesfähigkeit auch eine Dimension, die wertvolle gesellschaftliche und politische Orientierung geben kann. Vieles von dem, was in unseren Liebesbeziehungen für Erfüllung, Klarheit und Frieden sorgt, ist auch auf kollektiver Ebene relevant. Das gilt besonders für die Fähigkeit zur Differenzierung, die ich als eine Kernkompetenz ansehe und für die ich mit diesem Buch werben möchte. Konflikte auf ein simples „Entweder-oder" zu reduzieren, führt uns nicht nur privat, sondern auch gesellschaftlich immer tiefer in die Krise.

In einer Liebesbeziehung verlieren in der Tiefe immer beide, wenn – oberflächlich gesehen – nur einer gewinnt. Könnte das auch auf gesellschaftlicher Ebene Gültigkeit haben? Ich sehne mich nach dem Tag, an dem im öffentlichen Bewusstsein angekommen ist, dass individueller Profit auf Dauer nur dann ein echter Gewinn ist, wenn er nicht auf Kosten anderer geht oder das Gemeinwesen schwächt oder gar zerstört. Unser Gemeinwesen ist nicht nur unsere Partnerschaft, sondern auch unsere Familie, unsere Kultur, es ist die gesamte Menschheit, die ihre Probleme nur gemeinsam lösen kann. Dass die Menschheit augenscheinlich nicht in der Lage ist, den Planeten Erde ausreichend als ihre gemeinsame Heimat zu würdigen und zu schützen, macht mich immer wieder rat- und fassungslos.

Individuelles und kollektives Glück bedingen sich gegenseitig, sie sind untrennbar miteinander verbunden, und zwar auch dann, wenn sie sich oberflächlich gesehen diametral gegenüberstehen. Ich habe vielfältige Schwierigkeiten benannt, die uns auf unserem Weg begegnen können und hoffe dennoch, dir Mut gemacht zu haben, dich mithilfe größerer Differenzierung weiter fortzubewegen.

Was auf der persönlichen Ebene nicht immer leicht umzusetzen ist, scheint auf der gesellschaftlichen umso schwerer zu sein. Doch wie wäre es, diesen Gedanken umzudrehen. Auf persönlicher Ebene liebesfähiger zu werden und die Verantwortung dafür nicht nur zähneknirschend hinzunehmen, sondern als Ausdruck unserer Freiheit willkommen zu heißen, könnte das zu einer ansteckenden Gesundheit werden, weit über in unser Liebesleben hinaus? Wo, wenn nicht im Zusammensein mit unseren Liebsten, können wir lernen, dass Glück nicht bedeutet, immer zu bekommen, was wir gerade wollen, sondern in lebendiger und respektvoller Resonanz miteinander zu leben, zu lieben und das Wunder des Leben zu feiern?

Zur Person

Saleem Matthias Riek ist Autor mehrerer Sachbücher („Herzenslust", „Leben, Lieben und Nicht Wissen", „Herzensfeuer", „Lustvoll Mannsein" und „Mysterien des Lebens"), zweier Romane („Die gefährliche Unausweichlichkeit der Liebe" und „Liebe, Sex und Wahrheit") sowie zahlreicher Podcasts und Texte in Fachzeitschriften und in seinem Blog.

Schon früh faszinierten ihn die Themen Liebe, Sexualität und Beziehung. Er studierte Sozialpädagogik im Berlin der 1980er Jahre, gründete eine Männerberatungsstelle und absolvierte verschiedene Ausbildungen in körperorientierter Psychotherapie und Tantra. Seit 1987 ist er als Heilpraktiker mit Schwerpunkt Paar- und Sexualtherapie tätig, seit 2002 auch als Supervisor.

Seit 1987 leitete er hunderte Seminare und Trainings zu den Themen Liebe, Eros und Bewusstsein, seit 2010 unter dem Dach des von ihm gegründeten Seminar-Instituts "Schule des Seins". Im Rahmen des „Being-with-People-Trainings" hat er zahlreiche Gruppenleiter*innen, Beraterinnen und Coaches darin ausgebildet, Menschen auf der Grundlage der „Kunst des Seins" in ihrem Entwicklungsprozess zu begleiten. Die Inhalte dieses Buches wurden u. a. im Intensivseminar „Sex, Herz und Bindung" entwickelt und erprobt.

Kontakt: saleem@schule-des-seins.de

Website: www.schule-des-seins.de

Blog: blog.saleem-matthias-riek.de.

YouTube: https://www.youtube.com/c/SaleemMatthiasRiek

Spotify: https://open.spotify.com/show/56qwgxrsNv8QGq7BFSnvJy

Facebook: https://www.facebook.com/Schule.des.Seins

Danke!

Ein Buch zu schreiben ist niemals eine rein individuelle Leistung. Es ist ein Prozess, der durch viele Menschen bereichert wird. Ich danke all jenen, die dazu beigetragen haben, dass dieses Projekt Wirklichkeit werden konnte.

Mein erster Dank gilt den Teilnehmerinnen und Teilnehmern meiner Seminare und Trainings. Eure Neugier, eure vielfältigen Fragen und euer Mut, euch zu offenbaren, haben mir neue Perspektiven eröffnet und dazu beigetragen, die Inhalte dieses Buches zu formen und zu vertiefen.

Ein ebenso herzlicher Dank meinen Klientinnen und Klienten, deren Offenheit, Vertrauen und Bereitschaft zur Selbstreflexion mich tief berührt haben. Eure Geschichten, Herausforderungen und eure Entwicklung haben mir gezeigt, wie wesentlich Liebe, Sexualität und Bindung für unser Lebensglück sind.

Ich danke meinen Kolleginnen und Kollegen, die mich herausgefordert, mit mir diskutiert und mich unterstützt haben. Eure kritischen Impulse und der fachliche Austausch haben meinen Blick geschärft und den Horizont erweitert.

Ein besonderer Dank gilt Robert Sternberg und vielen anderen Autorinnen und Autoren, die mich inspiriert und mir gezeigt haben, wie hilfreich es ist, komplexe Themen zu durchdringen und anderen Menschen zugänglich zu machen.

Nicht zuletzt möchte ich meinen Testleserinnen und -lesern danken, die mit kritischem Auge und wohlwollender Geduld dieses Manuskript gelesen haben. Eure Rückmeldungen waren unbezahlbar und haben geholfen, das Buch klarer, präziser und ansprechender zu machen. Danke Anja Mebus, Adriana Feldhege, Birgit Franzke, Heidi Förster, Grischa, Udo, Rainer und Sandra!

Dieses Buch ist ein Gemeinschaftswerk, und ich bin zutiefst dankbar für jede Unterstützung, jedes Feedback und jede Begegnung, die mich auf diesem Weg begleitet hat. Danke von Herzen!

Literaturverzeichnis

Angelika Eck: Schlafzimmerblick: Liebe, Sex und Partnerschaft, 2016
Betty Martin: The Art of Receiving and Giving. The Wheel of Consent, Luminare Press 2021
Christoph Joseph Ahlers: Himmel auf Erden, Hölle im Kopf, Goldmann 2015
David Schnarch: Intimität und Verlangen, Klett-Cotta 2012
David Schnarch: Die Psychologie sexueller Leidenschaft, Klett-Cotta 2006
Dossie Easton und Janet W. Hardy: Schlampen mit Moral, PapyRossa 1997
Emilia Roig: Lieben, Hanser 2024
Ernst Ferstl: Zusammen wachsen. Beziehungsgedichte, Freya Verlag 1999
Esther Perel: Was Liebe braucht. HarperCollins 2020
Eva Illouz: Warum Liebe wehtut, Suhrkamp 2011
Friedemann Karig: Wie wir lieben: Vom Ende der Monogamie, Blessing 2018
Gunther Schmidt: Liebesaffären zwischen Problem und Lösung: Carl-Auer 2023
Heike Pourian: Wenn wir wieder wahrnehmen, Ideen3, 2022
Heinz-Jürgen Voß u.a. (Hg.): Grundlagen des Sexocorporel, Psychosozial 2024
Jack Morin: Erotische Intelligenz, Goldmann 1999
Jessica Fern: Polysecure. Bindung, Trauma und konsensuelle Nicht-Monogamie, Thorsons 2023
John Bowlby: Bindung als sichere Basis, Grundlagen d. Bindungstheorie, Ernst Reinhardt 2024
Leo Borman:s Liebe: The World Book of Love
Margot Anand: Tantra oder die Kunst der sexuellen Ekstase, Goldmann 1990
Pere Estupinya: Sex. Die ganze Wahrheit, Riemann 2014
Regina Heckert: Frauen im Kommen, Kamphausen 2023
Richard David Precht: Liebe. Ein unordentliches Gefühl, Goldmann 2010
Robert J. Sternberg: A triangular theory of love. In: Psychological Review, Vol. 93 (1986
Saleem Matthias Riek: Herzenslust, Kamphausen 1999
Saleem Matthias Riek: Herzensfeuer, Hans-Nietsch-Verlag 2006
Saleem Matthias Riek: Leben, Lieben und Nichtwissen, bod 2004
Saleem Matthias Riek und Rainer Salm: Lustvoll Mann sein, Kamphausen 2016
Saleem Matthias Riek: Die gefährliche Unausweichlichkeit der Liebe, Kampenwand 2020
Saleem Matthias Riek und Adriana Feldhege: Erfüllende Beziehungen, bod 2023
Saleem Matthias Riek: Liebe. Sex und Wahrheit, bod 2023
Stefanie Stahl: Das Kind in dir muss Heimat finden, Kailash 2015
Svenja Sörensen: Offen lieben: Wie offene Beziehungen wirklich gelingen, Kailash 2023
Thomas Hübl: Die heilsame Kraft unserer Beziehungen, Irisiana 2023
Ulrich Clement: Systemische Sexualtherapie, Vandenhoeck & Ruprecht 2000
Ulrich Clement: Dynamik des Begehrens, Carl-Auer 2016
Vivian Dittmer: beziehungsweise, VCS Dittmar 2015
Yella Cremer: Liebe würde Slow Sex machen, Lovebase Media 2024

Quellen und Anmerkungen

Hinweis: die angegebenen URL's wurden am 15.11.2024 abgerufen

1 Mit der KI von ChatGPT generierte Antwort auf die Frage „Was ist der Unterschied von Sex, Herz und Bindung?"

2 vgl. Stefanie Stahl: Das Kind in dir muss Heimat finden, Kailash 2015

3 Zitiert nach: https://www.herzerobern.de/liebesgedichte/

4 Brüder Grimm: Rumpelstilzchen, zitiert nach: https://www.grimmstories.com/de/grimm_maerchen/rumpelstilzchen

5 vgl. https://de.wikipedia.org/wiki/Philia

6 vgl. https://www.taste-of-power.de/zahlenmystik-3-die-drei/

7 Saleem Matthias Riek: Herzenslust, Aurum/Kamphausen 1999

8 Saleem Matthias Riek: Herzensfeuer, Hans-Nietsch-Verlag 2006

9 Robert J. Sternberg: A triangular theory of love. In: Psychological Review, Vol. 93 (1986), pp. 119–135. vgl. https://de.wikipedia.org/wiki/Dreieckstheorie_der_Liebe und http://lexikon.stangl.eu/15509/dreieckstheorie-der-liebe/

10 Whitney Houston, zit. n. https://zitate.net/beziehung-zitate

11 Johanna Haarer: Die deutsche Mutter und ihr erstes Kind. J. F. Lehmanns, München, 1936, S. 173; Laetare 1949, S. 158

12 Vgl. https://praxistipps.focus.de/bindungstheorie-von-john-bowlby-definition-und-zusammenhaenge_121112

13 Vgl. http://www.traumaheilung.de/entwicklungstrauma/

14 Willy Meurer, zit. n. https://www.aphorismen.de/zitat/184092

15 John Barrymore, zit. n. https://www.aphorismen.de/zitat/192213

16 vgl. https://de.wikipedia.org/wiki/Geschlechtliche_Fortpflanzung

17 Saleem Matthias Riek und Rainer Salm: Lustvoll Mann sein, Kamphausen 2016

18 Gabriele Roth: Totem: Das Praxisbuch zu den Fünf Rhythmen, Allegria 2019

19 Zum Ansatz von Yves Dejardin vgl. https://www.ziss.ch/sexocorporel-konzept/jean-yves-desjardins/

20 Vibration kann auch als Sonderform des mechanischen Modus angesehen werden.

21 „Unsere sexuelle Lust ist unserem Willen fast völlig entzogen; wer uns erregt, suchen wir uns nicht aus. In wen wir uns verlieben, daran sind wir nicht ganz unbeteiligt." in Richard David Precht: Liebe. Ein unordentliches Gefühl, Goldmann 2010

22 Das „Wheel of consent" wurde von Betty Martin entwickelt, vgl. https://bettymartin.org/videos/

23 Zum Brückenexperiment (Dutton & Arron 1974) und zum Erregungstransfer vgl. https://www.repetico.de/card-63527262

24 Jack Morin: Erotische Intelligenz, Goldmann 1999

25 Vgl. https://www.tattva.de/lebenslust-die-erleuchtung-der-fulle/

26 Saleem Matthias Riek: Herzenslust, a.a.O.

27 Erich Mühsam, zit. n. https://www.aphorismen.de/zitat/15469

28   Chuck Spezzano: Wenn es verletzt, ist es keine Liebe, Goldmann 2005

29   Leo Bormans (Hg.): Liebe. The World Book of Love. DuMont 2013

30   Richard David Precht: Liebe. Ein unordentliches Gefühl, a.a.O.

31   Vgl. https://www.audimax.de/ein-kessel-buntes/was-ist-liebe/

32   Leo Bormans (Hrsg.): Liebe, a.a.O.

33   Zu Paradoxien vgl. Saleem Matthias Riek: Herzensfeuer, a.a.O.

34   Zur Verantwortung für die Liebe vgl. Saleem Matthias Riek: Herzenslust, a.a.O.

35   Die Paradoxie der Liebe sollte nicht verwechselt werden mit der Polarität des Sex. Letztere spannt sich auf zwischen zwei entgegengesetzten Polen, erstere verbindet, was uns lediglich als entgegengesetzt erscheint.

36   David Schnarch: Intimität und Verlangen, Klett-Cotta 2012

37   Alles ist mit allem verbunden: vgl. https://www.pflanzenforschung.de/de/pflanzenwissen/journal/das-jena-experiment-alles-ist-mit-allem-verbunden-warum-10881

38   Yella Cremer: Liebe würde Slow Sex machen, Lovebase Media 2024

39   Ernst Ferst, zit. n. https://gutezitate.com/zitat/108695

40   Stangl, W.: Online Lexikon für Psychologie und Pädagogik (2021). Stichwort: 'Dreiecks theorie der Liebe'. https://lexikon.stangl.eu/15509/dreiecksthorie-der-liebe/ (2021-01-24)

41   Zu Projektionen vgl. https://www.ekke-scholz.de/projektionen-in-der-psychologie-und-bedeutung/

42   Vgl. Saleem Matthias Riek: Herzenslust, a.a.O.

43   Vivian Dittmer: beziehungsweise, Verlag VCS Dittmar 2015

44   Vgl. https://www.suhrkamp.de/buecher/resonanz-hartmut_rosa_29872.html

45   Vgl. https://de.wikipedia.org/wiki/Resonanz_(Soziologie)

46   Groucho Marx, zit. n. https://beruhmte-zitate.de/zitate/1975730-groucho-marx-wieso-sagt-man-liebe-wenn-man-eigentlich-sex/

47   Aus dem Hohelied der Liebe (1 Korinther 13,8)

48   Erich Fromm, zit. n. https://gutezitate.com/zitat/253835

49   Erich Segal, zit. n. https://natune.net/zitate/sex

50   Siegmund Freud zit. n. https://www.aphorismen.de/zitat/174645

51   Aus Friedrich Nietzsche: Also sprach Zarathustra

52   Coolidge-Effekt vgl. https://de.wikipedia.org/wiki/Coolidge-Effekt

53   Michael Rumpf, zit. n. https://gutezitate.com/zitat/276736

54   Siegmund Freud, zit. n. https://gutezitate.com/zitat/173568

55   Verfasser unbekannt.

56   Die Fernsehserie „Sex around the world" portraitiert die Besonderheiten einzelner Länder in 24 Folgen.

57   Hermann Hesse, zit. n. https://liebeschenken.net/liebeszitate/

58   Stendhal, zit. n. https://gutezitate.com/zitat/241026

59   John Updike, zit. n. https://gutezitate.com/zitat/118720

60   Gabriel García Márquez, zit. n. https://beruhmte-zitate.de/zitate/2000271-gabriel-garcia-marquez-sex-ist-der-trost-den-sie-haben-wenn-sie-keine-l/

61   Saleem Matthias Riek und Rainer Salm: Lustvoll Mann sein, a.a.O.

62   Vgl. https://www.freundin.de/interview-wir-muessen-aufhoeren-dem-orgasmus-hinterher-zu-jagen-91371.html

63   Albert Camus, zit. n. https://gutezitate.com/zitat/232157

64   Graham Greene, zit. n. https://gutezitate.com/zitat/246645

65   Zsa Zsa Gabor, zit. n. https://gutezitate.com/zitat/231200

66   Paul Watzlawik, Anleitung zum Unglücklichsein, 1983

67   Stefan Hölscher, zit. n. https://beruhmte-zitate.de/zitate-uber-sex/

68   Saleem Matthias Riek: Die gefährliche Unausweichlichkeit der Liebe (Roman), Kampenwand 2020

69   Vgl. zum Thema Polarisierung: Saleem Matthias Riek: Herzenslust, a.a.O.

70   Madonna, zit. n. https://gutezitate.com/zitat/254955

71   Vgl. https://de.wikipedia.org/wiki/Intimacy

72   Vgl. https://de.wikipedia.org/wiki/Eine_verh%C3%A4ngnisvolle_Aff%C3%A4re

73   Vgl. https://de.wikipedia.org/wiki/Harry_und_Sally

74   Henry Miller, zit. n. https://gutezitate.com/zitat/232629

75   Christian Morgenstern, zit. n. https://gedichtefreund.de/weil-nicht-sein-kann-was-nicht-sein-darf/

76   Verantwortungsgemeinschaft: https://www.zdf.de/nachrichten/politik/verantwortungsgemeinschaft-2023-buschmann-ampel-koalition-100.html

77   http://beziehungsgarten.net/blog/wp-content/uploads/2013/10/Alternativen_zur_Monogamie_2012.png

78   Vgl. Regina Heckert: Frauen im Kommen, Kamphausen 2023, S. 204f

79   Vgl. https://www.lernvisionen.ch/buchtipps/images/foersterwahrheitistdieerfindung.jpg

80   Das Gedicht wurde mit Hilfe einer KI (ChatGPT 4.0) erstellt. Der Prompt hieß: Schreibe ein Gedicht über die Vor- und Nachteile von Ideologie

81   Ernst Ferstl: Zusammen wachsen. Beziehungsgedichte, Freya Verlag 1999

82   Vgl. Redensart: "Urteile nie über einen anderen, bevor Du nicht einen Mond lang in seinen Mokassins gegangen bist!"

83   Meister Eckhart (1260 - 1327), zit. n. https://www.aphorismen.de/zitat/95592

84   Friedrich Nietzsche, Also sprach Zarathustra, zit. n. https://www.aphorismen.de/zitat/95783

85   Friedrich Schiller, Don Carlos, zit. n. https://www.aphorismen.de/zitat/19009

86   Helga Schäferling, zit. n. https://www.aphorismen.de/zitat/42721

87   vgl. Bernhard Pörksen: Die Gewissheit der Ungewissheit. Gespräche zum Konstruktivismus. Carl Auer 2011

88   Hans-Christoph Neuert: Sinnenfeuer, 2003, zit. n. https://www.aphorismen.de/gedicht/38555

89   Vgl. Martin Buber, zit. n. https://www.hagalil.com/2021/05/buber-6/

90   Michel Houellebecq, zit. n. https://gutezitate.com/zitat/281830

91   Antoine de Saint-Exupéry: Der Kleine Prinz, 1958

Saleem M. Riek: Die gefährliche Unausweichlichkeit der Liebe

Karoline ist lange genug allein und sehnt sich nach verbindlicher Liebe. Warum interessiert sie sich dann ausgerechnet für Alex? Der will nämlich nie wieder zulassen, dass konventionelle Treue die Lust erstickt.

Ihr erstes Date endet trotz intimer Momente im Desaster. Doch das beidseitige Verlangen ist stark und so geben sie sich im Tantra-Workshop eine zweite Chance. Ihre emotionale Achterbahnfahrt bringt sie an ihre Grenzen und darüber hinaus. Dürfen sie sich der Unausweichlichkeit der Liebe überlassen?

»Wunderbar, wie der Autor typische Konflikte zwischen Mann und Frau herausarbeitet, und zwar in Bezug auf die Gefühle wie auch auf den Sex.«

Softcover: 340 Seiten * € 12,90 (D) * ISBN 978-3-969-663776
E-Book: € 4,99 (D) * ISBN 978-3969696439

Saleem Matthias Riek: Liebe, Sex und Wahrheit

Karoline und Alex sind frisch verliebt. Alex ist fasziniert von der Idee eines sexpositiven Tempels und möchte seine sexuellen Wünsche ausleben, Karoline geht es eher um Liebe, Nähe, Vertrauen und Verbindlichkeit.

Der Roman thematisiert auf ewegende Weise, was viele umtreibt:

- Was tun, wenn wir sexuell ungleich gestrickt sind?
- Wie können wir zugleich uns selbst und einander treu sein?
- Was heißt es, wirklich zu lieben?
- Wieviel Wahrheit können wir einander zumuten und verkraften?

„Ich bin begeistert im Roman versunken. Ich kenne die Dynamiken und das Thema der unbelasteten Sexualität pflügt auch durch meine Beziehung."

Softcover: 356 Seiten * € 17,50 (D) * ISBN 978-3 7578 79150
E-Book: € 9,99 (D) * ISBN 978-3 7583 59477